有趣的时代

美国应如何处理中美关系

[美] 傅立民（Chas W. Freeman, Jr.） / 著

王柏松 王在亮 / 译

INTERESTING
TIMES

China, America,
and the Shifting Balance
of Prestige

社会科学文献出版社
SOCIAL SCIENCES ACADEMIC PRESS (CHINA)

本书根据 Just World Books 出版社 2013 年版译出

《有趣的时代：美国应如何处理中美关系》是对中美关系正常化进程和前景的广泛感知的历史分析，认为中国能够基于其经济上的成功和不断增长的防御能力来承担像美国在上个世纪行使的全球政治领导角色。

——尼古拉斯·拉迪
彼得森国际经济研究所安东尼—所罗门高级研究员

傅立民对中国的深入理解……及其对自己国家的政治和发展前景的把握一定会激发读者的阅读兴趣。本书对试图了解在未来世纪的最重要的双边关系的任何人都是非常有用的。

——陈庆珠
新加坡前驻美国大使

傅立民是一位知识渊博且能直言不讳的难得一见的公职人员。作为美国最有经验的汉学家之一，他对崛起的中国所带来的挑战做出了非常有见地的评判，甚至没有比这更深刻的了。傅立民的作品会让读者为其广度和深度而折服。

——爱德华·卢斯
《金融时报》驻美国首席评论员

目　录

引　言
处于"有趣时代"的中国和美国*
2012 年 10 月

　　这是一本关于美中建立正式关系前 40 年取得的进展和对未来 40 年前景预测的书。本书在互联网上有进一步的补充材料。该作者亲历过中美关系发展历程的一些重大事件。此作品不是借助学术理论或深厚学识，而是凭其在公共政策舞台上的经验与经历写成的。书中的一些分析不是肯定美国对中国所持有的传统观念，而是向这种观念发起挑战。

　　情感与幻想总是对美国的中国政策起着很大作用。它们曾使富兰克林·德拉诺·罗斯福在二战期间高估了中国的战略效用并想象中国会致力于民主建设，也引导美国接受当时由于贫困、孤立及弱势而与全球治理毫不相干的中国成为联合国的一个创始会员国和安理会的常任理事国。美国对蒋介石仍念旧情导致华盛顿在 30 年内迟迟未承认北京，而是承认台北作为中国的实际首都。

---

　　* 这篇介绍性文章的译文（意大利语）被发表在 2012 年 12 月出版的意大利地缘政治杂志 *Limes* 上。

1

40 年前，美国在理查德·尼克松、吉米·卡特和罗纳德·里根任职期间对中国的迟来的再发现，导致他们开始普遍对中国人产生迷恋之情，大多数美国人认为，中国人正在形成符合自己特色的民主与消费模式，以及在某些方面正在使自己美国化。1989 年政治风波后，美国对中国的看法就受到广泛的意识形态对立的思维模式影响，包括对这个人民共和国及其执政的共产党在中国人民中可能享有合法性地位的怀疑。

然而，中国持续的政治稳定与其不断增长的财富和权力挫败了美国政治家和专家学者的教条式预测。在应对全球化挑战和当前的大萧条时，中国的政治体制在很多方面看起来优于世界的民主政体。中国持续的成功也因此令美国的思想家们十分困扰，因为这对他们自认为公理的并再三重申的见解提出了质疑。市场经济的技术革新与成功真的需要充分的言论自由？生产力和生活水平的不断提高必然会导致民主化形成？政府精心策划的工业政策必定抑制而不是激发创业活力？越来越多的证据表明这些也许不会发生。

中国目前的财富与权力 40 年前简直难以想象，那时，尼克松先生不顾中国内部动乱和"文化大革命"扩大化的事实，求助中国以制衡苏联。过去 40 年出现的很多奇怪现象表明[①]，没有人能确定未来 40 年中国将会是一番什么景象。一些人认为中国注定会获得成功，另一些人却想象中国也许会像苏联一样解体或至少像 20 世纪的阿根廷，因为它缺乏领导世界所应具有的超前规划。无论做何预测，处在政治瘫痪、限制工业化、生活水平下降、社会停滞、缺乏自信、商业萎靡期间的美国的政治家们都对中国的不断进步深感不安，而且随着中国经济的发展和她逐渐成为全球繁荣的中心，这种不安将不断加剧。

二战后，美国精心安排并在某种程度上掌握了世界秩序和印度洋—太平洋的地区秩序。由于远离对这些安排的威胁，中国现在完全融入了

---

① 例如，《对中国变化的预测：中国在 1980 年看来正往何处去》，参见网址：ht-tp：//bit. ly/interestingtimes。

这一秩序。但是，中国政治经济不断增长的影响力必然对美国的统治地位构成挑战并带来致命威胁。

中国昔日财富与权力的恢复已成为驱使印度洋—太平洋地区演变的决定性因素，这一地区由此再次成为世界经济的重心。中国的经济规模正驱使西亚、中亚和南亚与其形成日益活跃的关系，在历史上首次促成了某种接近于作为单一地缘政治区域的亚洲的事物。中国已是亚太地区最具吸引力和最具活力的经济力量。随着其日渐成为经济中心，她在西太平洋地区的政治和文化影响力也正在快速增长。然而，中国的邻国对其军事潜力倍感不安并采取绥靖或抵制的方式加以应对。

在某种有限的意义上，中国已是一个世界强国，它的商业和金融利益不容忽视，而且必须在全球每个地区或世界经济领域的经济问题管理上对其给予重视。一国经济实力决定其政治影响力。每个人，包括中国人自己，都认为中国注定将在全球治理中发挥特殊作用。中国的政治影响力仍是极小的，但在军事上，它即使不是一支不可抗拒的力量，也已经是难以撼动的力量。

美国人对中国人将会取代他们的世界和亚洲秩序的恐惧，以及对中国不会积极运用其影响力干涉地区冲突的挫败感交替上升。这引起美国的多种回应，包括在西太平洋地区恢复军事对峙（“重返亚洲”政策）和中美共同治理模式（形成中美“两国集团”）的策划。尽管这些回应外在形式相差甚远，但它们普遍有把中国视为美国的模拟或镜像的趋向，并且在军事上解读与之有关的种种趋势，这不禁让人联想起冷战两极对峙的零和博弈情景。

美国“重返亚洲”的思维逻辑与中美在“军事竞争”上的加剧有关，或者说，就是美国要把“中国版的门罗主义”强加给亚洲。但是很少有证据表明，中国正运用其政策和政治话语这两种方式中的任何一种来推行“中国版的门罗主义”。中国人民解放军仍注重国家内部安全，重视对历史上曾侵略中国的邻国的防御，而且不断地谋划和探索其沿海防御策略以对抗强大的美国海军和空军。

中国曾像美国那样管理世界事务的思想使其国家领导人拥有一定程度上的自信与坚定，这与他们在对外国干预和反对冒着自己和中国共产党政治生存的危险上表现出来的脆弱感相差甚远，也与中国对外国内政坚决不干涉的做法有较大差异。不论中国在全球治理中会发挥什么样的作用，（中国）遵循中国模式而不是美国模式都将是必然的。

美国对中国的了解遭遇到用有色眼镜来观察中国的发展进而产生的持续误读的倾向，而中国人若对美国采取如此"镜像思维"的分析，就一定会有内疚之感。中国的政治文化彰显了宏观战略与策略的重要性，这导致很多中国人把美国的政策误认为是连贯性战略的体现（实际上，美国的政策是许多冲突的特殊利益的载体，即一个没有形成战略的多个战术冲动的融合）。这样，中国当局就会按惯例把美国的行动和结果归因于与其说是偶然的不如说是精心策划的计谋和手段。如有不同，那就是中国人比运用"后发者因之而发"的逻辑谬论的美国人更有内愧感，因为他们在解读重大事件时善于把恶意的动机和阴险的操纵推到实际上没有发挥作用的人那里。

中美在台湾与中国其他地区关系问题上的互动困境已像其他问题一样或比其他问题更好地显示了它们之间的互不理解。这个悬而未决的问题一直是阻碍中美关系顺利发展的一个重要因素。理查德·尼克松、毛泽东和周恩来对此巧妙地应对，吉米·卡特、罗纳德·里根和邓小平对此能相互关照，这些解决问题的方式可谓治国方略与外交艺术的杰出典范，值得我们更仔细地研究。

台湾问题长期被认为是破坏中美关系的唯一导火索。中美双方不时进行剑拔弩张的军演。这个问题解决起来虽然仍然很困难，但现在正被海峡两岸的中国人慢慢地解决。在分裂中国的悬而未决的内战将继续的危险随着海峡两岸相互依存和友好关系的加强无疑会迅速减少。北京和华盛顿都未充分考虑到这一点，也未料及它正在减弱台北顺从美国和美国对台湾态度和政策影响的程度。今天仍在继续的中美有关台湾问题的激烈争论似乎越来越过时和无关紧要。

与此同时，为了重申与亚洲安全利益的相连，美国已主动寻求对中国与文莱、日本、马来西亚、菲律宾和越南间的纷争进行调停，使自己卷入了之前远离的历史遗留的领土纠纷问题。这些国家在关于南海和东海的许多小岛、岩石和珊瑚礁的主权归属上长期存在争议（但是台北也宣称，法律上归属台湾的与归属北京的难以分辨，而且它们是从已往作为中国一个省的台湾获得的）。对中国而言，他国提出的种种无理要求唤醒了西方殖民主义时期中国软弱无能的愤怒记忆。日本在钓鱼岛问题上的立场就是对其好战过去的一次特别不幸的提醒。中国的主张令焦虑不安的邻国回想起中央王朝曾在亚洲实施霸权的几千年的历史情景，因此那些与中国存在领土争端的国家非常自然地寻求美国的支持以制衡正在崛起的中国。

因为所有不同的声索方（不只是中国）的海军的和其他的海事能力都已得到改善，所以双方执行各自主张的努力和彼此之间的摩擦在不断增长。美国对日本和菲律宾履行着防御条约规定的义务，并且与越南确立了发展中的安全伙伴关系。中国与这些国家中的任何一国发生武装冲突都有可能把美国推向冲突的边缘。美国"重返亚洲"已大大增强了这种可能性。因此，更具讽刺意味的是，随着台海紧张局势的缓和，北京与华盛顿间的战略对抗不是减弱而是正在扩大与深化。对美国而言，美国人被迫加入亚洲盟国以争夺中国附近海域贫瘠的岛屿、岩石和珊瑚礁的可能性现在超越了台湾问题作为与中国发生战争的潜在诱因。

过去的40年已表明，美中潜在的合作不只使中国变得更好，也使世界变得更好。在与美国的关系正常化后，中国立即通过调整对美国、其他西方国家的政策与做法以及对海外华人的适度引进开始自我变革，这一"开放与改革"的进程值得密切关注。① 它已让成千上万的中国人摆脱了贫困，它即将使中国超过美国，成为世界上最大的经济体（一些经济学家认为，这已经变成事实）。

中国融入美国精心策划的世界秩序帮助结束了冷战，使资本主义

---

① 中国如何转变自己在补充材料中进行了详尽讨论，参见网址：http：//bit.ly/interestingtimes。

全球化，并开创了一个繁荣不断扩大的时代。这些改变反过来促使世界大国间的核危险或其他敌意大幅下降。如果当今的军事竞赛成为中美关系的一个显著特征，其影响可能同样深远。未来 40 年可能看到，整个世界，即那个莫须有地诅咒中国的世界，将被迫经历一个"有趣的时代"。

非连续性是目前中美关系突出的特点。双边关系高度发展。数十个政府间委员会对双边官方互动进行协调，而且极大地促进了两国企业和个人之间的合作。两国经济相互依存，2012 年贸易额已接近 6000 亿美元。人员往来规模也很大，而且会越来越大，双向往来的游客、商人和学生快速增加（2012 年有 150 多万中国游客赴美旅游，而美国来华游客将超过 200 万人次。目前中国在美留学生已突破 20 万人）。

中美两国在国际层面的政治合作更加有限，而且呈现出一些相互矛盾的趋势。中国已在支持以美国为首的使朝鲜半岛无核化的外交努力中发挥了主导作用；它赞同美国对阿富汗的入侵；它努力与各方配合以制止伊朗实施核计划；它已不那么热衷于通过反对美国在利比亚和叙利亚等前欧洲殖民地实施人道主义和其他干预措施而赢得国际支持。这些已表明，中国不接受最近西方靠引进如"人道主义干预"和"保护的责任"等有限主权的概念来改变威斯特伐里亚体系的企图。中国已认同现存的由西方精心设计的世界秩序，反对西方改变或随意定义这种秩序。

中美军事接触是非连续性的，没有取得实质成效。美国在冷战高峰期和苏联军队的互动与对它的洞察要多于对今日中国人民解放军所做的。控制两国之间可能的冲突升级的危机管理机制几乎不存在。事实上，美国最近推出的"空海一体战"概念就是设想美国本土和海外基地几乎确定地要遭到深植于中国的报复性袭击，这很有可能促使中国走出国门卷入核战争。由于两国在军事相互沟通与理解上面临着困境，这是一个值得郑重关切的问题。

总体上，中美关系的不均衡发展引发的问题既涉及它们各自的稳定，也涉及中国邻国的国际倾向。这样两个自豪感很强的大国在军事关系转向敌意之时能够求同存异，继续享有密切的经济合作和发展政治伙伴关系吗？鉴于中国的民族主义情绪与美国的好战传统，这似乎令人怀疑。

在许多方面，双方日益敌对的关系的影响在其军力结构和武器装备的演进中都已经显现。彼此间的敌视也反映在华盛顿反对美国地方政客试图吸引中国在工业和基础设施上的投资等方面。很明显，中美互评总是恶言相向。任何一方都已成为他方成为战争策划者和发展军工复合体的敌对缘由。除了网络空间，中国尚未像美国一样发展跨太平洋攻击系统。但是，中国在其 12 英里领海范围内阻止和反击美国军队的需求现在看起来很可能会驱使它这样做。

美中两国现正处在缺乏了解的过渡期。美国政治经济曾经的优越感在悄然丧失。中国出口导向型经济增长模式已走到尽头。中国的经济体制和政治文化需要改革。因此，中美两国的未来及其各自在未来世界事务中发挥的作用有很大的不确定性。

回顾走过的 40 年就是要提醒我们，过去的经验也许无法准确地预见未来，这是完全有可能的。尼克松总统和毛主席 1972 年以搁置不可调和的差异寻求相互间合作的举动令世界惊奇。1978 年末，邓小平带领中国走上了一条超出所有人预期的道路，其含义很少被人理解。十年后，更令美中两国人惊奇的是，美国的"遏制"战略最终发挥效用，导致苏联解体并在根本上改变了全球的战略格局。过去的美中两国领导人制定了很多正确的政策，但这不能确保双方未来几代领导人也将富有同样的英明和远见卓识，而这一点对中美关系的发展至关重要。

40 年前，中国的经济规模与意大利持平，相当于美国的 1/10。今天，按名义汇率计算，中国的国内生产总值几乎是意大利的 4 倍，略低于美国的 1/2。中国的经济规模超过美国已为时不远。美国 130 多年来第一次不再拥有世界上最大经济体的地位。在所有条件保持不变的情况下（当然这种情况不会发生），复合增长的魔力会使中国的国内生产总值在 2052 年达到美国的 2～3 倍。中国如果那时仍然把国内生产总值的 1.5% ~ 2% 用于国防开支，这一开支至少相当于美国今天国防预算的 2 倍，这意味着中国具备了超过美国的所有能力。即使其实力远远低于目前的种种预测，中国也有潜力成为亚洲乃至世界舞台上一支更具影响力的力量。

想象作为世界上最大经济体的中国将继续遵从美国的领导地位是不可能的，因为它从贫困和无力中崛起已有几十年之久。中美双边互动和全球角色的艰难调整过程毕竟还有待观察。中美关系必将成为更平等、更有竞争性的关系。无论哪一方都不能与他方达成一个"大交易"（grand bargain）以管理这个过渡期。它将通过双方对检验其利益追求和治国才能的重大事件的反应来确定。在这些反应中任何一方都需要认识到其利害关系。中美之间未来 10 年所发生的事情或将决定中国如何运用其财富和权力。这将促使中国邻国的战略结盟、将决定中国在世界舞台上的角色，而且这将可能是美国未来外部最大的单一决定因素。

第一章

尼克松先生所发起和推动的事件

　　1972 年，尼克松总统前往北京的访问是多么的非同寻常，真的难以言表。他来到了在他政治生涯期间一直抨击的政权的首都，正是在他曾主张的政策影响下，美国花了长达 20 多年时间成功地排除中国于国际社会之外。

　　尼克松先生在北京的首次访问也是我翻译生涯的真正开启。我作为翻译在北京的一次冒险举动就是拒绝总统为他译演说辞的命令。

　　理查德·尼克松的虚荣心促使他要我翻译他记忆的而且他希望传递的看似即兴发挥的晚宴祝酒词。这没有问题，但我听说，最终的演说文稿①包含一些译成英文的毛泽东主席的诗词。我请求看一下讲稿，一个中间人请示尼克松后告诉我，总统否认有书面文稿。我知道，这里面一定有鬼。在要求我硬尝试着即兴把文稿中一些不熟悉的毛主席诗词翻回中文的情况下，我决定不替总统翻译。这使尼克松极为愤怒，但是如果我强行翻译定会在中国共产党领导人和美国与其他国家的亿万电视观众面前使总统和我的祖国感到难堪。事情发生后的一两天，

————————

　　①　为尼克松先生所不知的是，我已经完成了他的演讲初稿，但里面不包括诗词。这是后来被白宫添加的。

尼克松含泪向我对他的错误判断和搪塞表示道歉。他感谢我在这个问题上勇敢地与他对抗。①

接下来的三个部分就是回顾尼克松访华对中国、美国和整个世界所产生的极为深远的影响，它们不仅注意到了当前和未来美中关系的一些矛盾和困境，而且对中美关系发展的指导原则进行了分析。

20　　在尼克松总统打开中国国门的40年后，我被邀请在华盛顿国家利益中心（原尼克松中心）进行一次评论性演讲。这不仅是一次回忆往事的机会，而且也是一次思考美国目前一些对华政策固有矛盾的难得机遇，正如我在第一章开篇《美中关系40载》中所写的一样。

随着美国权力和影响的衰落，以及美国霸权正在广泛地被挑战或忽略，中国现在正被广泛视为即将来临的利维坦。关于中国重回财富与权力之位，一些人断然否认，另外一些人却发出警告。对美国商业而言，中国是市场增长和工业挑战之所在的国家；对美国外交官而言，中国是一个被迫支持与其判断不符的美国外交政策目标的消极行为体；而对五角大楼而言，中国是美国的军事竞争对手。所有人都认识到，美中关系管理不善的后果将是极其严重的。

在美国人"到国外搜寻怪兽并将其消灭"②之前，假设我们希望保留对现在正在进行的财富、地位和权力在国际平衡中的主要变换的衡量标准，我们也将要谨慎行事以认真努力地领会当代中国和其崛起对我们的全球的领导地位意味着什么。为评价中国的挑战，我们也需要领会中国模式（如果有的话）。在这一章的第二节，即在《中国会像美国那样统治世界吗？》中，我要看一看"具有中国特色的社会主义"的优势、不足、出口能力，以及中国在全球和地区层面取代美国霸权的潜力。回顾走过的40年之后，我要以对未来40年可能的进程

---

①　我在1995年有关外交研究与培训协会的外事口述历史收集的采访中给出了这方面的详细信息。参见网址：http://1.usa.gov/OzECK7。

②　国务卿约翰·昆西·亚当斯在1821年的一次演讲中高调宣称，"美国用不着到国外搜寻怪兽并将其消灭。她是一切民族自由和独立的支持者。她是她自己的民族利益的维护者和捍卫者"。

的一些思考作为结束。

在线档案资料

几年前，值美中邦交正常化 30 周年之际，我对推动我们两国关系的因素提出了一些看法。我认为，我所思考的会持续具有一些预测性的价值，可以在题为《论中美关系的 8 篇论文》的在线档案指南里找到它们，参见网址：http://bit. ly/interesting－times。

美中关系40载[*]

2012年2月

到下周二就整整40年了。^① 记得在北京那个清冷的周二下午，我随尼克松总统抵达了北京首都机场。这里我要做一个迟到的忏悔。就在空军一号总统专机飞往北京的途中，一度小憩的我，却被一场噩梦惊醒了。在梦中，我看到迎接我们的是蒋介石和他多年的政治对手及秘密笔友：周恩来。在梦中，蒋走上前迎接他的昔日朋友及政治庇护者理查德·尼克松，用响亮的声音打招呼："好久不见！"当我们抵达此行唯一的终点——北京首都机场那座年久失修的老式建筑时，我不停焦急地向窗外张望。其他人都在为看到周总理赶来迎接我们而欢呼，我却为只有他一个人出现而稍感安慰。

现在回忆起来，那简直是个难以想象的古怪时刻：一个毕生都在辱骂中国共产党且从不道歉的美国总统，来到了中华人民共和国——一个美利坚合众国并不承认的国家——的首都，去会晤美国官方承认的全中国合法"总统"蒋介石口中的"匪首"。我曾在美国驻外使馆任职，并学习中文，因为我认为，我们最终会找到一种方法，将中国纳入我们主宰的地缘政治格局之中。当总统打算进行这样一次努力时，我曾为成为此行的首席美方译员而欢呼振奋。我的工作就是协助总统和国务卿与中国共产党商讨有关中国的出路乃至更多的问题。

---

* 2012年2月16日在华盛顿国家利益中心就尼克松总统对华开放40周年所做的演讲。参见网址：http://bit.ly/Y9AZ6x。

① 2012年2月21日。

下周二，确切地说是 1972 年 2 月 21 日的纪念日，为了亲身体悟对北京之行的感受，我重返北京，此行不是再次尝试重新安排世界格局，而是让中国的金融家意识到在美国的特殊投资机遇。如果说 1972 年，面临苏联威胁的中国需要资本主义世界老大的挽救，在 2012 年，整个世界都在指望中国挽救资本主义，乃至全世界的资本家聚集北京寻求资助。

苏联已经不复存在，由此定义的两极世界也已远去，就像从它的崩溃中缔造的单极美国时刻一样。著名的 1972 年《上海公报》① 开头曾详细罗列了中美两国之间无法调和的争议，几乎遍及当时国际问题的所有领域。如今，两国领导人之间的争议清单相对而言已经大大缩水，而且也完全可控。许多怨言、声讨及高技术问题方面的争吵，只是两国下层官员们需要解决的问题。 22

中国已经从贫穷、衰弱之中崛起，收复了现代化之前的失地，进而抵达全球经济秩序的巅峰。中国如今是全球治理的主要角色。这个国家已经完全融入了她曾试图推翻的国际体系的方方面面，从某种意义上来说，她对这个体系的贡献甚至比我们更大。40 年前，中国的落后与脆弱曾经让整个世界惊愕。如今，在中国急速增长的财富与权势面前，整个世界都在羡慕妒忌，并深思其战略意义。

不像中国的鬼，② 现实并不总是一路坦途。但如果目前的趋势一直延续下去，到 2022 年初，中国将拥有一个比美国大 1/3 到 2/5 的经济体量。如果中国继续像现在这样，将其国内生产总值（GDP）的 2%（或其中央政府预算的 11%）用于军事开支，10 年后它将拥有足以与我们当下匹敌的国防预算。再考虑到 2022 年之前肯定发生的汇率调整因素，6000 亿美元在中国的购买力会远远高于美国。此外，中国

---

① 在尼克松总统与毛泽东、周恩来及其他中共领导人会晤结束后于 1972 年 2 月 28 日在上海发表。
② 在中国，据说鬼和其他幽灵只能沿直线前行，不能转弯。对一个位于进入院子里必经的"月亮门"后面的不透明的墙流行的解释是，如果幽灵不转弯进入，它就会被它们挡在院子之外。

人的这笔钱都仅用于其国内和外围的防御，而美国，根据我们的假设，则需要将其配置到全球势力范围中的每一个地区，而不仅仅是亚太地区。

我们到底想要从这个新兴的巨人身上获得怎样的友谊？当然，这并不完全由我们来决定。中国对此有许多看法。在这个问题上，我们还要关注盟友，比如日本的看法，正如它们所希望的那样。不过，我们所做的选择，及其带来的后果，足以令我们意识到需要对这个问题深思熟虑，而非仅仅出于战略的惯性。

当下，我们做出的军事战略选择已然明确。鉴于俄罗斯不自觉缺席与我们的冷战竞赛，我们决心在全球继续维持霸权。在亚太地区，这意味着对中国 12 海里领海界线之外的"全方位优势"（full - spectrum dominance）。实际上，假定为了保护全球共同利益不被后来者侵犯，我们决心将全球除去中俄两国之外的其他国家都划为美国的势力范围，我们要在其中保持影响力，其他国家则应当尊重我们的观点——什么是被允许的，什么是不被允许的。

就我方来说，这是个野心勃勃的目标。而中国的防御强化，毫无疑问是被设计来与之对抗的。中国已明确表态，若外国军队出现在家门口，进行旨在刺探中国国防和策划渗透的活动，中国不会容忍其对本国安全的威胁。没有任何理由假定，中国人会不严肃对待这类事态，正如我们也不会对国境线上的海上和空中挑衅等闲视之一样。即使完全将两国之间在对台关系问题上的姿态撇在一边不谈，如今我们与中国也已经进入某种意义上的实质性军事对抗。

与此同时，绝大多数美国人承认，我们本国的繁荣仍然与中国经济的继续发展息息相关。近年来，中国已经成为我们增长最快的出口市场。它还是我们最大的制造业产品进口源头，包括许多我们曾引以为豪但如今不再生产的高技术门类。我们也清楚，我们必须同中国一道共同处理人类面临的普遍问题。

因此，我们未来繁荣所依赖的这个国家，恰恰也是我们打算与之斗争的国家。与此同时，我们还希望同这个国家保持合作，以改善全球治理。对不起，在这里我感受到了我们对华政策中的一些矛盾之处。在我看来，这更像是政治动机推动的路线，而非理性决策的结果。

当然，对于国会的混乱，知识分子的惰性，出于特殊利益而非理性战略思考的滥用决策，华盛顿的观众们对此并不陌生。中国问题为什么会例外呢？即便如我们这些圈内人，也应当有能力看到这些问题。在对待同中国的关系的问题上，我们的思路欠缺算计。

实际上，同应对中国崛起的挑战相比，我们有更大的麻烦需要处理。在本国税收尚未为相当的开支水平做好准备的情况下，即便是在短期，我们也不能指望以此维持全球霸权。更糟糕的是，对势力范围施加普遍影响的逻辑要求我们全面提高现有的能力，这是对我们现有霸权的直接威胁。这意味着，我们必须在现有基础上，对海外军事力量进行全面改进。这也就是我们的军事开支超出世界其他国家总和的原因。长期而言，无论军火商多么乐意，这种军国主义安全思路没有哪个国家可以承受得起。

在此背景下，我担心所谓的"转向亚太"（或"重返亚洲"）将会造成难以为继的峭壁。这足以鼓励中国在军事方面投入更多，但实际上，这意味着，我们将会使亚洲方面的军费削减数目少于其他地区。这样一来，中东得到的注意力将少于目前我们所给予的。在最好的情况下，"转向"也只可能保证给予印度洋—太平洋地区同样的关注。 24
这会是一个比我们在本土和中东同时行动更加艰难的策略，而且没有兼顾本土。我们在西亚和北非的处境并没有得到改善。一些美国人如今却积极提倡伊朗战争、干预叙利亚，进入巴基斯坦，以及在西亚和南亚的其他军事冒险。

那么，当中国崛起时，什么思路才能维持亚太地区的稳定呢？我的建议是对我们的心理进行调节。我们需要超越二战和冷战，聚焦于现实而不是历史。

日本最初曾击败了亚太地区所有其他势力，包括美国在内。后来我们清除了日本的影响，并填充了战略上的真空。我们曾对自己的区域优势如此满足，以致没有注意到曾经被我们填补的真空正在逐渐消失。日本已经重整旗鼓。第二次印度支那战争之后，东南亚各国走在了一起。东盟将印度支那和缅甸融合在一起。而印度，已从后殖民地时代的积弱之中崛起，并大步前进。印度尼西亚同样如此。

但我们的表现就像是亚太地区的权力真空只有我们才能填补一样。当中国的崛起开始影响这一地区的战略平衡时，我们试图恢复它。我们似乎认为，如果美国不去维护，亚洲便不再拥有平衡与和平。但事实上，早在美国成为太平洋大国之前，这一地区便一直存在着长久的均衡与和平，我们还忽略了那些重新复活和正在崛起的大国，比如日本、韩国、印度、印尼，以及越南。这是一种自恋式的战略错觉。

如果美国欲平衡中国与该地区其他国家之间的关系，印度洋与太平洋各国将接受我们的领导。如果我们将自己放在它们与中国之间，它们不仅会指望我们支持其针对中国的现有主张，而且会提高赌注。对我们来说，让菲律宾、越南和其他国家挑起我们与中国之间的争斗毫无用处。

根本在于，日本、韩国和中国在财力和权力上的崛起，以及这一地区其他国家的发展都应该促使我们反思美国在亚洲的防御态势。如果自身力量不足，我们必须学会"使巧劲"。在我看来，尼克松总统的"关岛主义"①（Guam Doctrine）为我们指点了一条道路。我们需要设法让亚洲人出于自身利益和防御考虑做更多事情。我们的角色应当是根据我们的利益需求支持它们，而不是假装我们有多么关心它们的国家安全利益，或是假装自己比它们更加懂得怎么做，更不要越俎代庖。

我们要改变自二战结束后近70年间的思路。的确，一个不再那么

---

① 关岛主义，有时称尼克松主义，是1969年7月25日由尼克松总统首次在关岛的新闻发布会上提出的一整套美国外交政策原则。他在同年11月3日向全国发表的正式演讲中把关岛主义概括为以下三个要点：第一，美国将信守条约承诺；第二，如果某个核大国威胁与美国结盟的国家之自由，或威胁到美国视其生存攸关美国国家安全之国家时，美国将提供核保护伞；第三，一旦涉及非核之侵略，美国将根据条约之承诺提供所需的军事和经济援助，但美国还将关照直接受威胁的国家以承担起提供防御人力之主要责任。

热衷于在亚洲保护我们的安全利益的美国，将促使依赖我们的日本和韩国做出痛苦的调整，我们同东盟成员国和印度以及巴基斯坦的关系也要做出调节。这几乎无疑需要更加强化我们同澳大利亚之间的同盟。有点反常的是，这对于减少中国的紧张情绪也有好处，尽管不是面面俱到，但后者对于目前现状的绝大多数方面感到满意。

退出亚洲并不符合我们的利益。不过，在维护冷战亚洲的稳定超过 60 年之后，我们不必对根据后冷战的新现实调整我们的战略部署感到担心。无论是我们所处时代的战略环境，还是更加有限的可用资源，都要求我们严肃地调整现行政策。40 年前的今天，尼克松访华缔造了一个新的世界，我们现行的政策却无法应对这个世界演变后出现的挑战。

中国会像美国那样统治世界吗？

2012 年 3 月

40 年前，中国被国际社会排斥在外，只有小小的社会主义国家阿尔巴尼亚对中国钦佩有加。中国没有接受苏联的核保护伞，毅然决然地站在了冷战时代两极世界的体系之外。而今天中国是全球治理的一个主要参与者，它在很多领域都已成为美国、欧洲和日本等世界老牌强国的强大竞争对手，它的声望与影响不只是在亚洲，已经远远超出了亚洲。

很多人都把中国崛起的多重影响视为对美国主导世界事务（苏联解体之后的美国治下的和平）以及二战后美国帮助缔造和主导的自由国际秩序的主要挑战。就算没有其他的，中国经济和国防能力的快速增长也是对后冷战时期"敌人缺失综合征"的一种极好治疗。正因为如此，这已成为美国军工复合体争取增加开支的充分理由。然而，中国是必然要取代美国的全球军事霸权优势，威胁西方价值观的普适性地位，进而用一种"中国制造"的体系来代替美国精心策划的世界秩序，或者在全球配置它的军事力量？中国是否愿意甚至渴望实现这些追求呢？中国可以做它想做的这些事情吗？

中国重新拥有财富与权力所形成的一个更加复杂和多元化的全球秩序的确是加速美国治下和平终结的重要因素之一。中国即将成为世界最大的经济体，也将具备即便不是不可抗拒，也是难以撼动的军事力量。但中国缺乏美国 20 世纪曾具有的全球领导角色的雄心抱负、可出口的意识形态、政治感召力和地缘政治环境。中国将参与制定国际秩序新规则以取代濒临崩溃的旧规则，然而，由于种种原因，中国不可能发挥带头作用或成为全球霸主、第一军事强国及他国的经济样板。如果当前的趋势继续下去，美中两国将一而再再而三地卷入包括军事对抗在内的各种形式的对抗，但这绝不是必然的。下面，我具体阐释一下其中的缘由。

从战略合作到意识形态之争

1972 年，理查德·尼克松总统大胆恳请中华人民共和国①遏制苏联明显增长的战略威胁。苏联对美国的利益和价值观同时带来了挑战。② 苏美竞争把整个世界分为两大敌对阵营，仅几个主要强国在当时独立于两大阵营之外。③ 中国一直对她当时所理解的美国的价值观充满敌意，但她更被莫斯科在"社会主义阵营"以整顿意识形态纪律为名而实施的对捷克斯洛伐克等邻国的侵略行径感到恐慌。苏中军队在两国当时未定界的好几处边境地段爆发过冲突。

这样，中国和美国开始共同关注日益崛起的苏联及其表现出来的狂妄之情，除此之外，中国政府无法在其他方面与美国达成一致，但是就像尼克松政府一样，中国政府准备搁置两国"社会制度和对外政策"上的"实质性差异"以实施战略上的合作来共同抵制苏联非意识

① 尼克松总统于 1972 年 2 月 21～28 日作为毛泽东主席（美国当时还未承认他领导下的国家和政府）的贵宾访问了北京、杭州和上海。
② 冷战这一特殊的遗产正继续使美国陷入区分利益和价值观的困境之中。美国人经常把对美国价值观的冒犯视为对美国利益的挑战，反之亦然。美国政治领导人常常误解或错把外国对美国政策的反对描绘成是对美国信念的攻击。利益和价值观融合产生的混乱在很大程度上是美国在后冷战时代外交政策飘忽不定和常常自我毁灭的原因。
③ 在世界上实际和潜在的大国中，随着西欧、日本和巴西与美国结盟，只有中国（在 1960～1962 年中苏分裂之后）、印度和印尼在冷战期间可能声称过是"不结盟"的。中国虽然与美国疏远，但它也与苏联存在公开分歧。印度在对美国保持谨慎态度的同时，与苏联发展了主要的政治经济伙伴关系。印尼试图与两个超级大国保持一定的距离，这就使它们忽视了其地缘政治的重要性和潜力。

形态方面的威胁。①

因为公开宣布了意识形态差异实质上与两国关系的发展和管理毫不相干，② 中美两国才可以在接下来的 17 年展开军事等方面的合作，一直持续到 1989 年苏联帝国崩溃。由此，大大减少了中美之间战略上的互疑。但同年发生的政治风波激起了西方尤其是美国对中国的愤慨及对其的希望的幻灭。在几个月之内，有关民主和人权的意识形态之争取代战略合作成为美国在中国政策上的焦点问题。

从必胜主义到欧美模式的丧失

这项政策的转化是从美国的必胜主义开始的，因为美国主导的国际秩序粉碎了苏联的势力范围。在美国看来，世界至少呈现以下情景：美国成了一个"不可缺少的国家"，③ 一个不可战胜的超级大国和一个全球治理进程的单边主义管理者，其金融和经济自由化的资本主义模式已蔓延至世界各地，而且以民主取代专制的政治变革也已无处不在。但是其他大国，包括但不限于中国，崛起的时间和取得的经验很快对这个不合时宜的意识形态自信和国家傲慢带来了严重冲击。

阿富汗和伊拉克战争部分地展示了抵抗美国军事力量的无用性，而不是这种力量本身的局限性。美国对伊拉克的干涉未能重塑这个国家，也未能实现按美国或西方意愿以此为突破口实现其大中东计划的

① 1972 年 2 月 28 日签署的《上海公报》是一份看似普通却意义非凡的外交文件。公报是以美中关于全球和地区秩序的看法上的非常尖锐的分歧和两国政府关于第二次印度支那战争、朝韩未结束的战争、日本重整军备的正当性及印巴之间的紧张关系等问题上的对立立场的冗长的辩论开始的。在双方承诺和平共处并进行一定程度的战略合作之后，它也记录了在台湾问题上达成保持分歧的临时性协定的过程。

② 把促进"人权"作为美国外交政策的一项核心内容的卡特政府在没有寻求对中国国内政治做法让步的情况下就与北京实现了关系的正常化。罗纳德·里根向公众表明了美国的民主意识形态，但实际上并未推进民主化或者中国的人权议程。

③ 国务卿奥尔布赖特于 1998 年 2 月 19 日（为美国向伊拉克发射巡航导弹的行动辩护——译者注）发表言论说："我们是美国。我们是不可或缺的国家。我们站得高，看得远。"

初衷。美国和北约酝酿的阿富汗和解的几个方案没有一个取得实质性进展。美国在其盟友中的国际地位明显下降是源于世界对美国全球政策的普遍敌意。这使美国深刻意识到：单边主义是徒劳无益的，实际上（美国）需要争取他国，包括所谓的"金砖四国"（巴西、俄罗斯、印度和中国），不管它们的国内政治和司法实践的属性，重要的是共同探讨全球和地区问题的解决方案。

同时，美国在伊拉克和阿富汗这两场没有资金支持的大规模战争使其深陷债台高筑、财政亏空及美元风险的泥沼之中。一场在华尔街由蓄意的金融欺诈制造的全球金融危机已使美国的金融领导地位、金融机构和经济思想名声扫地。"华盛顿共识"也最终破产。国家干预政策对经济的影响要优于自由放任主义教条对经济的影响。[①] 同时，很明显，历史毕竟不会以民主对专制的必然胜利而终结。在21世纪的第二个10年，类似中国统治方式的治理被广泛视为优于民主方式的治理。面对中国的持续向前和印度的缓慢行进，美国和欧洲也已联合日本以共同应对经济低迷、政治瘫痪和自我怀疑的窘境。 28

有中国模式吗？中国可以成为一种模式吗？

在2012年，每个外国人都承认美国的军事威力，但几乎没有人把美国作为可供世界其他国家效仿的政治或经济模式。几乎也没有人将中国看作一种模式。中国继续前进，但它的政治经济仍是一个缺乏学说和操作指南的半成品。中国的成功有助于对预测中国失败的美国政治价值观和经济学说产生怀疑，但中国的范例不会对这些价值观和实践提供另外的选择。

---

① 尽管美国总是宣称反感"产业政策"，但与鼓吹这样的政策的优点的其他国家一样，它的经济也是被政府主导的。美国政府青睐的社会经济成果不是体现在政府经济部门的公告中，而是体现在使个人和企业在进行经济决策时重点参考的税收法规中。不过，美国联邦和各州的税收政策（工业政策的美国版）是上千个政客长达100年应对特殊利益集团的产物。它们代表了如此多的矛盾选择，其对作为资本主义最值得称道的特征的创造性破坏所产生的是阻碍而非促进作用。

不像美国，当代中国并不热衷于改变，更不愿推翻在国际上与之互动的那些国家的政治或经济制度。中国已把对多样化的尊重作为一个实用的治国工具。它在自己的领土内甚至都不坚持宪法或意识形态的一致性，容许香港有无与伦比的经济自由和澳门对博彩业的依赖，而在某种尚未创立的大中华联合体内将对台湾提供比任何一个省都更大的自治。中国的成就使人们不是对美国的价值观或意识形态，而是对美国的自信心、竞争力和自尊感提出了质疑。这让它有别于过去所有对已统治世界两个世纪的欧美政治经济模式的挑战。

共产主义否定并试图用基于威权主义和集体主义的政治经济的另一种模式来取代西方的民主形式和资本主义。中国共产党没有对他国践行中的民主、自由放任的资本主义和任何其他的制度表示反对，但条件是，它们必须坚持中国不必走它们的道路。跟他们的祖先一样，今天的中国人似乎情愿认为外国的方式与中国的关系不大，而正致力于用自己的方式使他们的国家现代化。

截至目前，中国人认为其制度模式运转良好，尽管他们不能向外国人解释它是如何运转的。与此同时，关于当代中国政治经济性质的种种错误假设也甚嚣尘上。[①] 中国正在演进的社会经济秩序及其内外含义不能被给予准确分析，结果只能贴上中国特色的标签。从中央政府及其各部门追求与特殊利益相对的国家利益的意义上，"国家"的作用在中国远远不像大多数人想象的那么大。可见，当代中国不适合践行他国的体制模式，它现已提出了必须要从中国人自己的视角来理解的一些与众不同的全新理念。

有中国特色的市场经济

29 　　正如市场经济的其他形式一样，中国的经济也同样适用利润动机

---

① 　例子包括"计划经济""非市场经济""中央计划经济""重商主义"等反事实的或有误导性内涵的术语。对西方读者而言，像"国有企业"一样的其他术语与在中国显著多样的所有制内运行的企业和参与创业的各级政府等相比具有完全不同意思。

规则。但是其政府就像私人部门,该国有活力的私营企业与政府保持格外的友好关系,很多私营企业家离不开中国共产党的支持,因为共产党管理着与企业合作的政府实体,而且与它们达成需要实现扭亏为盈的协议。在经济上,中国的每一个分散的政治实体都是其他所有政治实体的残酷竞争对手。中国目前有一百万个村庄,几十个省,以及有 120 多个人口超过一百万的城市,所以,中国到处充满了激烈的竞争。具有讽刺意味的是,中国的商品和服务市场较当代西方而言,更有分散性和竞争性,甚至更具古典资本主义的特色。①

然而,中国把其近似完美的国家市场与能够颁布和执行产业政策的共产党领导的机构组织结合起来,利用市场力量以形成总体政治经济长期占有优势的决策。拥有 8000 多万党员的中国共产党②的影响已遍及私营部门和各级政府部门。中国共产党要求党员掌握与经济学有关的政策规章制度,并认真钻研其政策形成的理论基础。它控制着政治经济各个领域的人员的选拔和晋升。在中国,中国共产党的干部就是一只看不见的手。干部实质上就是激烈竞争的政治经济中的他或她的部分的政策应变的指挥者。

中国人自身既不渴望分析他们自己的商业文化,又不打算为解释、分析它的长处与短处或预测其未来可能的演化提供一个理论框架。然而,大量生活无忧的西方政治科学家和经济学家却热衷于对中国崩溃的预测,而且当中国每年都再一次地没有像他们预测的那样时,他们就不断地变换论调。一般说来,如果某种事务不是在理论上,而是在实践上已得到了检验,现实需要更进一步的观察,而且理论也需要做出相应调整。这就是西方对中国政治经济所谓的理解。

---

① 德国的中小企业属明显例外,西方经济现在多半是由几十年经济整合所产生的寡头和大型企业来主导的。

② 中国共产党几乎在引导中国的每个人产生参与政治进而加入其组织的愿望,其成员略低于中国总人口的 6%,略高于在大多数其他政治制度下政治上活跃的人口的比例(例如,在美国,不到 5% 的人口被认为是政治上活跃的,而只有 1% ~ 2% 的人口习惯把时间和金钱赌在政治上)。

中国的意识形态

中国人自己把他们的社会经济制度描述为"具有中国特色的社会主义"。西方有许多人对此讥讽不断：中国共产党这样阐释只是思想上的托词而已，实际上，就是想让这种特色模式赞同资本主义，不必有什么难为情。这种解释有一定的道理，但它不仅忽略了处于核心地位的政府和企业二者间的混乱关系，而且忽略了另外两个关键点。

第一个关键点：尽管中国的制度在强调竞争和依靠市场力量的运作方式上是资本主义的，但在承认政府的责任是促进平等和社会正义以及对此产生的持续渴望上是教条社会主义的。中国特色社会主义反对资本主义，至少反对美国那样的极端形式——在收入分配不公、私人富足和公众赤贫上有时呈现的那种冷漠之情。中国把这些问题视为社会弊病，认为必须依靠旨在改善它们的国家政策加以根治。

第二个关键点：中国特色的制度集成不是一种意识形态，而是一种综合的价值观等级体系。这些价值观是中国文化的组成部分。它们使中国的政治经济具有了一定的活力、灵活性及适应性和可预见性。它们规定，"礼"的社会约束是中国经济行为的主要原则，就像西方的法律监管一样。这些约束旨在实现社会和谐与公平，而不是交易正义。它们不会被律师和法官强制执行，而是需要同行和社会网络的共同监督。①

简言之，中国人把促进"关系"的情感纽带或精心培育人际关系的相互义务置于在交易中衡量牟取私利的利己主义的估算之上，这是古典经济理论假定的驾驭人的行为的东西。他们认为，一个人

① 在 1973 年，第一位访问上海的美国众议院议长问（代理）市长他是否能会见一位中国律师，市长沉默以对（当时正处在中共党员被期望拥护具有中国特色的左派乌托邦主义的"文化大革命"时期）。议长重申了他的请求。忠实恪守中共所阐发的中国传统道德准则的市长回答说，"上海解放以后，我们做了一次职业和社会阶层的调查，已确定新中国将不需要四种职业：皮条客、妓女、推销员和律师"。遗憾的是，这四种职业现在又重新出现了。

对他的合作伙伴和同行有责任做正确的事情，而不是有权做什么。他们不是把自身利益，而是把社会礼让和共同利益置于法律约束之上。中国文化历来强调和谐（曾为"大同"，现为"和谐"）的美德，这仍然是包括高度竞争的商业亚文化在内的中国文化的一个重要目标。

该价值观的等级体系降低了法治的地位，但它要比制定和执行合同的西方法律体系的运行更有效，如果不是在中国人与外国人之间，至少在中国人中间是这样。它所确保的"面子"或自尊的实现取决于在对彼此都是公平的合作的执行过程中，在情感上与一个人密切关联的那些人对其地位被感知到的可靠性的不断确认。中国人对保留面子的痴迷至少在这个方面与西方强迫遵守法律是一样有效的，甚至也许更应如此（在一个人的社交圈制造不和谐、证明不当、无视朋友利益及作伪证就会冒道德地位丧失的风险，这甚至要比那种采取没有人情味的流程与有风险的诉讼具有更大的情感压力）。在中国，社会礼让就是交易，社会关系是否和谐决定了经济关系是否和谐。

"中国特色"

因此，在有"中国特色"的社会经济制度条件下，社会纽带是一个比其他形式的自利行为还要强的监督者，而且合同缔结和实施中的人情关系的逻辑也要胜过法治。在这样的制度下，宴饮交际（共同进餐饮酒）不只是一种生意场上的润滑剂，它会对合同义务起到主要的肯定和担保人的作用。送礼是预计换取机密信息、竞争优势、晋升及其他好处。招聘主要取决于一个人的社会关系而不是他懂些什么。家人、同学及其他重要社会网络的成员都有可能了解银行和企业国债的关键信息。直接和间接的回扣是互利交易的一部分。昨日的助人之举定会换来丰厚的回报。交易自身不是目的，但却是所有相关的人都希望维持下去的关系的要素。

这些"中国特色"远离律师、加速交易、强调互利合作；把交易置于强化其深层逻辑的社交网络之内；确保一场交易的任何一方都要致力于使对方实现广泛的而不只是狭隘的利益；使未来的商业预期与当前的行为方式和执行情况紧密关联并规定了纠纷解决的方式。因此，它们是中国经济高效运行的主要源泉，也是其隐藏成本以及与外国贸易伙伴摩擦的根源。在各级政府与企业相互串通的经济环境下，企业文化的这些要素产生了任人唯亲、行贿受贿、裙带关系及其他形式的腐败。① 这些错误的做法是具有传染性的，它们对和中国人一起做生意的那些人和中国人产生了腐蚀效应。它们也刺激了地方骚乱的爆发，因为像"土地掠夺"一样的腐败交易损害了人们的利益。② 然而，最重要的是，这些做法已被确立为通过排除大多数外国人的社交网络而运行的一种文化。

中国对欧美经济主义至上的挑战来自中国独特的经济模式与其价值观的结合的相对成功。它不是起因于中国对出口替代原则的拥护。中国已做出了不懈的努力，进而提出了一个融儒家的社会和谐观念、马克思主义的辩证法和科学方法于一身的全面的指导原则。尽管做出了种种努力，但中国目前还没有一个能给自己的民族做出阐释的意识形态，更不用说拥有一个取代美国或其他西方国家的意识形态了。

33　政治合法性及其缺失

只要目前的状态继续保持下去，即使缺乏为中国的经济模式或中国共产党统治辩护的完美的意识形态，也不会对中国政府产生大碍。

---

① 此类腐败能够提高成本，在中国与西方一样或不亚于西方是通过律师和诉讼来确保合同义务透明或解决合同解释的异议之处的。当商品和服务市场是相对"完善"并因此形成具有激烈的价格竞争特征的时候，正如目前在中国所显现的那样，竞争就会有效地制约腐败。但是，随着市场变得越发"不完善"，寡头就开始主宰它们或者把它们留给中央或地方垄断，腐败的成本确实是非常高的。

② 中共对经济不满引起的小规模骚乱的容忍能够使其矫正特别严重的权力滥用，把合法性和地方官员的行为不端分开；找出公众对具体政策和做法的不满并尝试对二者进行整顿，同时，还特别把腐败和政治上麻木的干部清除出组织队伍。中共似乎并不担心具体的抗议活动。它已掌握了管理它们的方法。解决引起骚乱的争议是预防问题因具体细节的纠结而最终演变成对中共执政广泛挑战的抗议模式的进程的一部分。

通过更大程度地提供新的财富、实力和明显的国际尊重，中共已赢得并将继续赢得中国人民的信任和支持。如果生活越来越好，而且国家的声望在不断上升，那为什么要质疑提供社会经济和心理进步的那些统治权呢？民意调查显示，普通的中国人对他们生活下的国家制度由衷地骄傲和充满了信心。① 当然，该制度目前尚未受到严峻的挑战，尽管中国的经济进步好像要被动摇。

与民族分离主义不同，对于财产收入、税收、工资和工作条件、环境破坏、警察暴力执法等诸如此类的地方怨愤很容易通过协商来解决。它们不容易演变成广泛的抗议运动。中国人从"文化大革命"中汲取的经验教训是，一定要有人承担责任。他们担心国家的某个部分权威性的缺失会导致混乱的发生。中国当局现在已充分掌握了公众骚乱等问题的管理艺术。中国共产党统治的替代者还没有显现，中国共产党也决心确保不会有什么危险发生。目前，只有少数人对中国共产党在国家事务中领导地位的合法性提出质疑。

国外贬损

中国共产党在国外不具有这样的合法性。作为一个原则问题，自由民主党不承认任何来自投票箱中政治偏好的自由表达以外的政府权威的合法性。反共主义者认为，任何共产党都不可能深得人心。人权倡导者寻求把世界改造为 18 世纪欧美启蒙运动的福音教化时期并因此对中国各级当局经常偏离这一标准而感到愤慨。美国政客在不断例证这些信念，他们对中国越知之甚少，他们就越更加坚定自我。他们并不隐瞒对中国共产党政府合法性的质疑。不顾为他们自己和广大选民与一个繁荣的中国培育有利关系的利益实际，他们不断地证明他们所希望的，即共产党统治将迟早被推翻，就像苏联和东欧的政权一样。对于一些政客而言，这一立场很可能是别有用心地使他们自己迎合选民而不是一个信念问题，

34

---

① 例如，理查德·埃德尔曼的《相信 2008》，2008 年 1 月 22 日，http://bit.ly/hIlQxw。

但是对于大多数政客来说，却是两者兼而有之。

美国对中国政治体制的蔑视使美中两国之间的合作变得更加复杂。在美国方面，在与中国合作以寻求自我利益和与中国冲突这两者之下，总是在对意识形态的一丝抵触中，糅合着对和美国相关的中国快速增长的财富和权力的可能影响的嫉妒、恐惧和否认。与此相反，中国人却能够迅速做出评断，认为美国正试图颠覆中国或正抑制其发展。他们从美国评论家那里获悉，与其说美国人是在同情中国，不如说是对中国的困境幸灾乐祸。

35　　中国保守主义背后的责任

迄今为止，中国用不足 10% 的耕地和只有 7% 的淡水设法养活了世界上 20% 的人口，这被为国家福祉负责的中国官员恰当地视为一个微小的奇迹。① 对饥饿和内乱的回忆会使他们和中国的老年人一样彻夜难眠。对他们而言，中国似乎曾是一个处于饥荒和动乱的国家。

此外，与美国没有大国或敌对的邻国不同，中国已被二者完全包围。它们当中的一些，以日本和俄罗斯为例，都有入侵并吞并其领土的不算久远的历史。中国和印度军队在悬而未决的边境发生冲突后，印度梦想打败中国然后对抗它在亚洲的影响力。美国和印度旨在破坏西藏和新疆稳定的冷战秘密行动项目早已结束，但是它们还未停止利用民族抵抗来反对中国的统治。韩国和越南都有长期与中国作战的传统，美国与中国军队也在那里发生过直接或间接的军事冲突。美国海军与空军还沿着中国海岸对中国的防御展开不断的侦查。在过去的几百年里，中国已与所有这些力量浴血奋战，其中大部分未能取胜。

不足为奇，中国的领导人在努力规避风险以应对来自内部和外部的许多挑战。在他们看来，他们的政策容错率比任何其他大国领导人

---

① 相比之下，仅占世界人口 4.6% 的美国只使用了其 29.5% 的可耕地和消耗了约 23% 的淡水。如果美国的人口、可耕地和淡水应用的比率与中国的相似，那么它将会有大约 40 亿居民，而且那时他们对各种公共政策问题的态度会与现在完全不同。

的容错率低得多。错误的经济政策可能导致对政权构成致命威胁的大规模失业、数千万人饥饿及民众起义。与中国周边强国关系的管理不善可能催化战争和冒军事屈辱之险，甚至最终还会导致政权被推翻。对少数民族问题处理不当可能会把一个相对较小的问题演变成一个真正对中国领土完整形成挑战的大问题。所有这一切在中国近代史上都有充足的先例可循。① 对影响持续繁荣和国内稳定的内外因素的深深忧虑使中国成为一个内在谨慎保守的国家，从而使它以防御和耐心，而不是积极追求短期利益而闻名。

中国的政治—军事态势 36

中国几千年来主要靠同化吸收而不是消灭邻近民族而使其疆域拓展至现在的自然地理山脉、沙漠和海上边界。中国宣称其领土没有超出其历史边界。在独特悠久的历史长河中，中国几次被具有军国主义倾向的邻国所打击。朝鲜、蒙古和越南的坚决独立（其中部分国家曾侵略过中国，但中国屡次未能征服它们）强调了中国在过去的两千年基本上是采取防御性的现实取向，除了极少数例外。

在其人类社会独特悠久历史的发展初期，中国就修建了"长城"以阻止外族侵略者入侵。1433 年，中国通过焚烧和销毁舰队而主动放弃了在印度洋—太平洋地区的海上霸权。为预测新兴与强大的中国的攻击行为，那些引用欧洲先例的人故意精选这段历史，结果却发现与之毫不相干。中国当然不是一支不抵抗力量，但中国的传统防御态势深深植根于东亚的地缘政治、地理和政治传统。目前尚不清楚，为什么来自欧洲历史的绝大部分学术理论对东亚未来要比从它现在和过去的行为中推断出的理论更有预测性。②

---

① 据估计，日本横行中国期间（1931~1945 年），其导致的中国人的死亡数量高达 3500 万。然而可能有更多的中国人死于 19 世纪西方列强迫使中国顺从其势力而引发的国内动荡以及 1958~1976 年间。

② 让这个合理的假设变成现实吧！

37 　　自中国 1979 年"改革开放"以来，尽管其国家安全与领土完整面临着多重内外挑战，但中国共产党优先发展农业、工业和科学技术的现代化。中国保持国防开支占 GDP 比重为 2% 或更少，而且不到中央政府预算的 10%。① 其战略力量保持适度规模而且被合理配置以阻止和应对核攻击，而不是启动核攻击。

　　当然，中国经济一直保持快速增长，它的中央政府预算甚至增长得更快。近年来，这已使得中国的军费开支出现了急速上升的势头，② 而且在缩短中国与美国以及其他西方发达国家军事能力间的差距上也取得了很大进展（不过，除了少数例外，中国军事武器装备至少落后美国、日本和大多数北约成员国一代或更多）。中国现在能够保卫自己，而且如果有需要的话，可以击溃台湾当局。中国在近海与对群岛有领土要求的竞争对手——如菲律宾或越南，但不是与日本——的战斗中有可能获胜。在过去的两个世纪，中国曾多次被外敌从海上入侵。但是，尽管希望能够保卫自己免遭像美国那样的海军强国从海上的进攻，中国仍然不能使其力量投放远远超出其目前的边界。

中国自省到的不足之处及其一些影响

　　中国认为外敌入侵与其软弱无能的历史有关。中国在上个千年的三分之一多时间里都是在外敌的占领和统治下。③ 在 19 世纪和 20 世纪，它分别不同程度地被俄罗斯、英属印度、西欧国家、美国和日本武力入侵或占领。中国依然是唯一一个其边界被邻国积极争

---

① 虽然中国的国防开支一直在迅速地上升，但它的增长也一直低于中央政府预算支出的增长速度。在 2011 年，中国的国防预算已降至不到其国内生产总值的 1.5% 或略低于中央政府预算的 7%。但国防预算之外的军事相关支出为全部国防支出多增加了 40% 或更高，这就使它超过了国内生产总值的 2%（这可是非同寻常的。在美国，国防预算相当于国内生产总值的 4.8%，但其之外的军事相关支出使全部国防支出最多增加到国内生产总值的 6.6%）。

② 1979～1989 年，中国的国防预算以年均约 6% 的速度下降。自 2001 年以来的 10 年间，它几乎翻了三倍（同期，基数本来就很高的美国国防开支几乎翻了一倍）。

③ 蒙古人（元朝）的统治从 1271 年持续到 1368 年。满族人（清朝）的统治从 1644 年持续到 1912 年。

夺并因随后的外国干预使领土与其分离的大国。① 由于中国自身长期受到欺侮,所以它已多次表明,决心不欺负别人而且也被视为正在这样做。②

在现代社会,中国在其边界进行过战争。③ 但是,尽管它是一个正在崛起的大国,但它没有通过使用武力解决领土争端问题。④ 中国的海上边界仍然悬而未决,但除了与印度的陆地边界未划定外,几乎所有的陆地边界都已通过和平谈判进行了划定⑤(中印边界问题长期未能解决,印度与中国似乎有同样的责任或印度的责任更大)。

在一个为避免激怒其他领土主权要求者的误导性尝试中,中国很早就决定推迟解决其与别国争议的超过半个世纪之久的南海和东海岛礁主权之争问题。⑥ 这些主权要求现在已充满了民族主义激情,以及与获取海底石油和天然气资源的竞争交织在一起,这已致使其他的主

38

---

① 日本(对台湾的占领)从 1895 年侵占台湾一直持续到 1945 年台湾光复。在 1950 年 6 月朝鲜战争爆发后美国的干预使中国内战双方保持现状,并导致海峡两岸处于隔绝与分离的状态。时至今日,台湾仍在政治上与中国大陆其他地区分离并已被纳入美国的军事保护之下。

② 中国一再强调将不会追求霸权,也不会推行霸权。

③ 这些战争包括:1950~1954 年防止亲中朝鲜政权失败以及阻止美军在中朝边界驻扎的战争;1962 年与印度的边境冲突;1964~1973 年支持北越反对美国干预越南统一的代理人战争;从 1969 年开始与苏联军队在中苏边境的几处军事据点的冲突以及在 1974 年为反对南越声称拥有西沙群岛主权的主张而与之发生的海战;1979~1982 年因劝说新统一的越南勿要与中国的苏联敌人联合以加强对印度支那控制的失败而爆发的战争;近些年与越南在南海问题上的小规模冲突。

④ 值得注意的是,中国分别于 1997 年和 1999 年对香港和澳门恢复行使主权是通过谈判而非武力来解决的(虽然它也可能准备这样做)。中印边境问题仍是中印之间时断时续的谈判主题。唯一值得商榷的例外是中国于 1974 年 1 月伺机夺取西沙群岛的南越控制部分,但在关于哪一方挑起导致南越部队从其驻防群岛里的一座岛屿中被驱逐的战争的问题上存在一些争议。

⑤ 傅泰林(即泰勒·弗拉维尔,美国麻省理工学院政治学副教授——译者注)在其著作《强大的国界,安全的国家:中国领土争端中的合作与冲突》(2008 年由普林斯顿大学出版社出版)中很好地阐述了中国关于边界争端的政策。

⑥ 由邓小平提出的作为其忠告的一条规则是,中国在注重自我提升的同时应该避免出风头,用"韬光养晦"这一短语更能精确地表达此意,但它一直被有倾向性地误译成含有险恶用心之意的"隐藏能力并等待时机"。

权要求者站在了中国的对立面。东南亚国家担心，中国在一个多世纪里第一次迅速获得了军事实力，进而把其解决方案强加给它们。作为回应，这些国家，就像中国一样，在声称它们自己的领土主权要求上也已变得更加积极。

中美军事动态

中国经济实力和军事能力的增长正在使印度洋—太平洋地区的权力发生转移。这个发展动态自然引起了中国邻国的忧虑，特别是像印度一样与中国陆地边界争议还悬而未决或是像马来西亚、菲律宾和越南一样与中国存在海上边界争议的那些国家。这些国家感受到一种来自中国的日益强大的潜在威胁，为此，它们已进行巨大努力使其海军和其他力量现代化。同时，它们正通过向以前无人居住的小岛移民以及积极与外国公司合作勘探石油和天然气等方式来竭力支持它们的领土主权诉求。它们反对中国，但也不想倒向美国并疏远中国。不过，它们为了不断拒绝中国的领土主权要求还是设法谋取美国的支持。随着美国自身对中国力量的上升做出反应，这一努力已取得了日益明显的成效。

如果目前激化它们与中国的紧张关系的领土争端问题已迎刃而解，那么这些国家从美国军事偏袒获取的许多利益也将随之消失（正好与美国在它们持续独立和免于强制的自由上的利益表达相反）。它们与中国都未认真致力于解决彼此间的分歧。诚然，美国支持的加强不仅为民族主义者撑腰壮胆，而且使他们在领土争端问题上的立场变得更加强硬。但这也点燃了中国的民族主义情绪，也因此给任何一方增加了寻求折中解决的国内政治的难度。

美国把其干预行为视为确保不损害各方地位的和平干预。然而，具有讽刺意味的是，它实际上减少了谈判发生或成功的可能性，也增加了美国与中国军队针对中国和其他领土主权声索方（但不包括美国）在强烈忧虑的争议问题上爆发军事冲突的危险性。

美国对中国不断上升的军事力量的忧虑主要集中在两个问题上：

（1）它在人民解放军可能使用武力威慑美国以迫使台湾与大陆实现政治统一上的影响；（2）中国可能会在多大程度上建立一个防御范围以抑制或排除美国海军和空军部队的攻击能力。这两个问题一直是相关的，正如任何人都可以想象得到中美两军之间爆发武装冲突的唯一突发事件很可能与台湾有关。虽然台湾和中国大陆间的紧张程度以及战争危险在下降，① 但是美国对中国牵制美军的能力的忧虑使其不得不为新的军事战略部署寻找其他理由。

美国把问题归因于中国针对美军而实施的"反介入"和"区域封锁"战略。这些术语不是中国军事规划者所使用的战略概念或术语，它们代表着美国关于中国更强的军事能力可能对美军产生的影响的评估。美国的忧虑反映了后冷战时期美国决心维持主导全球利益以及与包括中国在内的任何或所有外国敌人作战获胜的能力。② 中国不断上升的军事力量即使不会威胁到美国本土，也可能会削弱美国的这种绝对优势。

对于中国而言，她认为已获得了保卫自己免受来自近海和陆地攻击的能力，不求阻碍美国非敌对进入这些地区或者拒绝美军在该地区的安全通行。中国在南海的航海自由比任何其他国家都有更大的利益，其进出口货物的60%要穿过该海域。

美国军队结构及其在中国边界的前沿部署意在对中国施加压倒性的军事力量并企图阻遏中国大部分海上贸易。美国当前的和规划的能力远远超过其威慑的要求（成功的威慑不需要有在粉碎敌人防御能力上的绝对保证）。这忽略了美国盟友和安全合作伙伴在印度洋—太平洋地区的防御能力，也使问题趋于复杂化了，因为它不符合它们对正在崛起的中国一方面保持警戒，另一方面保持友好关系的

39

---

① 这本书的其他部分涉及了从不同角度对仍是中美之间核心的政治军事问题的台湾问题的广泛讨论。

② 持续的军事霸权目标曾不适当地被称为"全方位统治"，它是美国"海空一体战"新学说的基础。作为这一学说的主要目标，除了中国外，伊朗（美国已一再威胁要对其进行攻击）也被纳入其中，这就消除了对这一目标的任何怀疑。

愿望。美国的部署与行动是其根本对抗政策的具体体现。这与美国经常提到的意愿——适应中国的崛起或尽量以减少冲突风险的方式处理其后果——不一致。

美国为保留随意攻击中国的能力而设计的雄心勃勃的军事进攻态势阻止了旨在支撑地区平衡和保持威慑的，看似对中国本土又构不成攻击威胁的且代价和风险皆小的战略的形成。美国不断发展的作战计划都预先假定，从一开始发生的任何战争将涉及美国对中国境内的或与之毗邻的部队及其设施的打击。这并没有解决在这些情况下加强控制所面临的明显困难。由于中国拥有核武器，所以这种假定只不过是不切实际的幻想而已。

40　中美互不信任

针对台湾爆发战争的可能性长期以来一直是中美两国武装力量之间不信任的主要来源。台湾问题现已成为双方不信任的一个原因是由所描述的美国能够击败任何潜在外国对手（包括中国在内）的防御上的野心和中国针对外来攻击（包括美国在内）开发可靠防御上的尝试之间的矛盾引发的。此矛盾的根源在于中美两国间正在出现的军备竞赛。美国正在努力维持其在印度洋—太平洋地区过去和现在的压倒性军事优势。中国正试图通过创新、非对称且相对廉价的手段来抵消美国在常规军事实力上的巨大优势。①

军事对抗和不信任形成了一种美国对中国邻国的支持与这些邻国不希望传达的对中国战略敌视的两极化现象。它对相互猜疑且近乎敌意的中美关系的其他方面也产生了影响。它降低了在共同利益重叠的关键领域双边合作的可能性。美国外交官对美国"寻求与中

---

① 为了对抗美国航母战斗群的力量投送能力，中国开发了弹道导弹旨在干扰它们的投射。为了应对美国的天基指挥、控制和情报系统，它也已发展了反卫星能力。它在其沿海附近以干扰控制的办法来抗衡美国海军和空军的情报收集行动。它或许已经开发了对美国经济基础设施进行网络攻击的能力，借以应对美国对其军事和工业设施的强有力攻击。

国发展积极的、合作的和全面的关系"而不是对抗关系表示强烈反对，认为这在中国和相似地区根本不适用，只能有损而不能增加美国的信誉。

鉴于美国当前面临的财政货币困难，目前尚不清楚，美国在东亚或其他任何地方还能继续追求这种代价极其高昂的全球军事优势多久。美国迟早将被迫通过较少依靠资源密集型和高风险的途径来维持满足其利益需求的地区稳定。这些途径还将包括美国盟友与安全伙伴间增强而不是减少合作。这样的政策也将需要美中军事机构之间比现在更坦诚和更有效地沟通。同时，中国运筹帷幄的战略家们看似已准备好，正等待与美国的合作。

美国那些公开宣称对中国国防现代化的目的困惑不解的政治和军事领导人的言行和少数某些人言行一样是缺乏说服力的自以为是。他们对此讽刺置之不理，刚好在他们宣称决心维持对中国边界固有威胁的军事存在之后就不时地践行这样的言行——向台湾地区出售先进武器，对中国的一个驻外大使馆进行轰炸，对中国的邻国给予强烈支持，或主张中国应寻求某种形式的政权更迭。① 中国官员们运用固有的委婉的陈词滥调来描述中国国防建设的目的，或信奉美国的阴谋论对他们中国的信誉造成了同样的损害。如此伪善和自我欺骗会导致发生意外的战争。外交是更有效的方式，可以避免大国间发生灾难性的冲突。

41

---

① 对此最令人震惊的实例就是国防部部长唐纳德·拉姆斯菲尔德于2005年6月5日在新加坡举行的香格里拉对话会上的演讲。在演讲中，拉姆斯菲尔德（忽略了一个半世纪的亚洲历史，美国国防预算仍在进行的大幅度提高，以及他早些时候在讲话中对美国海军强大的力量投射能力给予的关注）惊呼道："既然没有国家威胁中国，人们须有所怀疑：为什么中国在军事预算上的支出却不断地增加？为什么要持续扩大军购？为什么要进行持续强劲的军事部署？"然后，他主张中国应进行根本的政治变革以建立某种形式的更加开放和有代表性的政府。

近期前景

中国和美国都处在不确定的政治、经济和军事转型之中。在2012年与2013年新旧交替之际，中国新一代领导人将开始执政，与此同时，一个新的团队（或是连任的奥巴马政府或是共和党领导的新政府）将组织起来以在华盛顿处理陷入僵局的美国政治，这种无法持续的衰弱状态最终必须通过政治变革才能被打破。中国政治的改革要比许多人真正承认的要多，但是在中国及任何其他地方没有人相信中国的政治体制已达到成熟和稳定的形式。中国已经找到一种方法来说服其公民，不再准备让官员们为此大伤脑筋。随着21世纪第二个10年的到来，尽管无人晓得中美两国何时或如何发生这样或那样的政治动荡，但这样或那样的政治动荡在这两个国家爆发是很有可能的。①

同时，中国在人力与物质资源的建设、产业政策的合理利用和不断上升的科技竞争力方面的慷慨投资开始有了回报。这与美国在教育上的平庸表现与对减少投资的容忍、维持运输系统努力的放弃（更不用说提升）、特殊利益税法指导下的经济决策和对各种高科技产品（但不包括它们背后隐藏的科学和数学）的狂热兴趣形成了鲜明对比。中国现在正处在为应对人口老龄化而建立有效社会保障网和公共卫生体系的初期阶段。而这些体系目前在美国正面临越来越大的经济和政治压力。这两个经济体之间的质量差距正在缩小，甚至随着它们之间的总量平衡向中国倾斜，中国将很快取代美国成为世界上最大的经济体。

然而，即使出现这种情况，中国的成功所源于的外向型、高投资、低消费和低公共服务的模式也将寿终正寝。而高消费、低储蓄和福利健全完善的美国制度现正处于危机恢复之中。中美为维

---

① 具有讽刺意味的是，美国人似乎更接受允许少数人的意志和利益凌驾于多数人的愿望和经济利益之上的一种政治制度。

持经济的增长和繁荣，各自都面临着痛苦的经济结构和战略的调整的需要。① 两国在政治经济领域都已获得转机。当它们对摆在其面前的挑战做出回应（或没有回应）的时候，它们的政治经济互动也将改变彼此合作所处的那种高度紧张的状态。随着两个经济体的相互依存日益加深，短期前景就是双方贸易摩擦的日益增加。

42

战略对峙

类似的动态在中美军事平衡中也有一定的体现。在可预见的将来，美国将指挥兵力投放能力首屈一指的强大的武装部队，但长期赤字、债务不断膨胀及社会经济矛盾凸显都预示着美国要大幅削减国防预算和相关的军事开支②（迄今为止，政治拒绝接受已阻碍了财政恶化的现实，但美国为管理国家债务的需要显然不会允许这种情况持续更长时间）。由于财政不景气，美国武装部队即将进入一个漫长的裁员期。它们将被配置以能够面对一系列特定和有限的突发事件而不是主导全球利益。

同时，没有理由不期望中国国防预算会更快速地增长。鉴于中国持续快速的经济扩张，即使中国继续保持目前整体军事开支相对较低的水平（约占国内生产总值的 1.5% ~2% 或占中央政府预算的 10% ~ 11%），在 21 世纪第 3 个 10 年的某个时候，中国的军事开支将会超过

---

① 随着中国下一届总理可能的默认，世界银行已制定了一个中国经济实现转型的蓝图（参见 2012 年 2 月末世界银行发布的由该行与中国国务院发展研究中心联合完成的中国展望报告《2030 年的中国：建设现代、和谐、有创造力的高收入社会》）。

② 国防部的预算大约相当于美国全部军事相关开支的 3/5，其余开支体现在退伍军人事务部、能源部和国土安全部等其他预算里。因此，媒体上的很多评论把国防部预算与国防开支等同起来是具有误导性的。国防部预算约占美国国内生产总值的 4.7% 或占美国联邦政府预算的 20%。总体军事开支约占国内生产总值的 6.6% 或占联邦预算的 26%。

美国。① 军事开支与国家能力并非有着紧密的联系，然而，这些趋势清楚地表明，中国在 15 年之内将能够实现其既定的保卫自己的目标，甚至可以抵御像美国一样的军事强国。

中国也将要获得发展重要军力投放能力的经济手段。它是否决定这样做将取决于它的全球利益和一个不断发展的世界秩序迫使它做出这种决定的程度。中国与美国和其他大国在多大程度上享有合作而不是敌对的军事关系将是决定这方面的一个主要因素。如果美国似乎与中国的邻国结盟来对中国施加不断升级的威胁而非分享一个为中国留下较大空间的东亚安全均势，那么中国将有能力在全球范围内做出回应。

迄今为止，中国一直非常谨慎以避免与美国进行政治或军事对抗。它没有寻求破坏美国在亚洲或其他地区形成的联盟关系。相反，尽管中国反对美国的一些特定政策，但它已多次对美国在亚太地区的存在所发挥的稳定作用表示赞赏。这种态度已反映了中国的判断，中国利益被更好地保护是源于"一个和平的国际环境"，而美国在亚洲的存在对此是一个显著的贡献力量。就目前情况来看，中国已充分意识到

---

① 2011 年中国国防预算为 5836 亿元人民币（占国内生产总值的 1.4% 或中央财政支出的 10.7%）。按名义汇率把它兑换成美元，约是 915 亿（2012 年增加了 11.2%，预算约为 1064 亿美元，相当于国内生产总值的 1.28%）。很显然，正如美国和其他国家的国防预算所显示的那样，中国公布的预算并不包括全部的军事相关支出。外国对中国实际军事开支的估计相差很大，但没有一个运用令人信服的方法或符合中央财政收入的数据。

国际上最广泛引用的数字是来自美国国防情报局（DIA）发布的数字。这些数字似乎是通过把中国国防预算转换成美元，然后乘以 2，再从结果中减去 30 亿美元的方式推导出来的。这种数据无论是怎么推导出来的都没有任何明显的依据。它并没有对中国预算的做法、国防采购的购买力平价比率或其他方面进行深入细致的了解。最好将其看作是凭经验估计得出的。

事实上，没有人知道中国国防开支的实际水平，但它几乎肯定是处于或低于由北约为其成员国设定的占国民生产总值 2% 的目标。似乎唯一可以确定的事情是：中国国防预算用人民币的购进量比用美元的购进量多；它每年都衡量同样的项目；它声称的增长率应该作为中国把其分配给国防军事方面的总体重要趋势的风向标而被认真对待。

与美国无论在何种情况下的军事竞赛都不能取胜这一判断的正确性。中国也不太可能更改和平的边境是最符合其自身利益的主张。然而，中国对未来在其邻近区域与美国的对抗中有保护自身的能力越来越自信。

如果中国感到来自美国方面的过度的军事压力，那么它在印度洋—太平洋地区（在这里，中国的行动或许很容易加剧而非缓解其邻国对其力量的忧虑）要比其他地区做出回应的可能性要小得多。举例来说，中国能够认识到，只有加强对美国在西半球战略优势利益的挑战，才能分散美国的注意力。在加勒比海和南美的一些国家一直渴望争取中国作为对美国权力的一种平衡力量。一旦中国决定满足它们的需求，它承担的责任将比美国逝去的对手（德意志帝国与纳粹德国、日本帝国和苏联）还要更大。

然而，中国要在全球范围内挑战美国权力的这样一个做法似乎不切实际。两国在全球秩序、和平与繁荣方面的共同利益的重要性远远超过它们之间存在严重分歧的少数领域，况且双方都很清楚这一点。美国或中国仅一个大的失策都有可能导致美中关系走向广泛的战略对抗而非双方政治领导人所认为的会出现那种适当、可取和互利的合作和竞争的持续混合态势。不过，战略对抗可能带来的后果是对中美关系审慎管理有多大重要性的一个刻意提醒。

不管是利还是弊，中国现在已加入美国的行列作为全球治理、世界经济和印度洋—太平洋政治军事事务的一个主要的影响力量。在未来10年或更长时间内，中国将成为世界舞台上一个更强大的参与者。目前，没有比美中关系更重要的双边关系。在随后的几十年可能也是这种情况。世界一定期望来自中美两国的领导人都具有卓越的政治才能与风范。迄今为止，中国已被证实是一个非常谨慎和保守的国际行为体。在很多方面，中国已成为像美国所期望的一个"负责任的利益攸关方"。随着权力的增长，中国是否会继续富有建设性地约束自己的权力将在很大程度上受制于美国的决策和政策。

44　未来 40 年的几个特征

不管怎样，到 21 世纪中叶，美中之间当前的大多数冲突几乎肯定已经解决。最令人不安的台湾地区与大陆关系问题就是一个再恰当不过的例子。对于当前美国在中国近海的挑衅性巡逻的争议、中国和邻国之间在南海领土主权上的竞争性诉求、所谓的汇率操纵、知识产权保护及贸易和投资条款等问题仍会非常棘手。不过，在人权等其他问题上的分歧似乎注定要减弱。毋庸置疑，中美其他有争议的分歧也将不断涌现。一个问题的解决会导致新问题的产生。而且美国和中国甚至将比现在会更加相互依存，两国之间也由此会有甚至比现在更多的争吵。

台湾与其他领土争端

海峡两岸关系似乎很有可能在未来几十年里通过双方互谅互让的和平方式来解决（尽管也许并不是没有一两场战争恐慌）。在因发生于台湾的行动和事件而造成的 10 年关系中断之后，① 海峡两岸一个务实的重新融为一体的进程在 2005 年得到恢复。2012 年 1 月的台湾地区领导人选举清楚地表明，绝大多数台湾选民已视"独立"为致命的抉择。现在两岸大多数人可以接受的唯一方式就是继续经济一体化和文化交流。双方都希望这种方式发展得越来越好以最终消除彼此之间的军事对抗。双方也都认识到，这种方式的实现最终将需要艰难的妥协。两岸在文化传统上同源同根，且愿意耐心等待条件成熟。

但北京和台北之间的合作（香港和澳门以某种方式参与其中）现

---

① 参见本书其他部分对以下内容的详细讨论：李登辉 1995 年 6 月对美国自我谋划、半官方和国会给予赞助的访问的影响；由此而产生的中美海军于 1996 年 3 月在台海的对峙；李 1999 年 7 月对台湾事实上"独立"的宣布及其政治军事后果；陈水扁在 2000 年 3 月的选举中对"台独"的公开辩护以及国民党主席连战为了会见中共中央总书记以弥合两岸的裂痕于 2005 年 4 月对大陆进行的勇敢的访问。

在似乎有望恢复正常，并可能加速"超国家框架"① 的建立以使合作保持在一个中国的模糊概念下。这样的框架通过对管理两岸交往与合作机构的监管权进行协商分配而可以超越"主权"纠结。它们实施的这些框架和规则在一定意义上是超越"主权"的。它们在以其自己正在开始定义的在一个共同的中国人身份的基础之上来促进两岸和解。随着时间的推移，这样的认同会渗透到大中华的所有地区，这些框架承诺可构成某种形式的中华联合体的基石。随着这样一个联合体的出现，日益分歧的问题就会被化解，在大中华范围内它们将有机会确定联合体的名称、宪法、国防规定和立法机构。它们的抉择正如中国人在过去40年间取得如此巨大的成就一样很可能也令世界惊叹。

美中在中国近海的对抗也将是很遥远的往事了。即使美国能负担得起这样的行动（这是值得怀疑的），在面对中国积极有效的应对措施时，它也将不会无限期地坚持下去。美国会借助代价和挑衅皆小的方式来达到其情报收集目标，或许中国也会对美国海岸发起类似的挑衅活动，以驱动美国向着相互放弃挑衅性巡逻的方向努力。无论如何，美国都将终止其目前的误导性尝试，即由苏联解体和冷战终结而遗留给它的全球霸权。

南海有争议的岛屿、小岛、岩石和珊瑚礁的主权（归属问题）会通过谈判加以解决，那似乎也很有可能。中国现在似乎认识到，尽管这些问题在民族主义情感上遭遇了政治困境，但它们的早日解决符合中国的利益。其他的主权声索者会看到，时间一直在和它们作对，因

---

① "超国家"是对根据海峡两岸的协议使跨越海峡的合作能够符合只有一个中国这一模糊性的相互理解的创造性能力的最好描述。在这种超国家安排下，每一方都继续宣称其自己的"主权"，另一方可以回避承认或挑战，但是每一方：1）应使部分"主权"的行使服从制度性安排，2）或应同意限制其"主权"行使以换取对另一方类似的约束。这种超国家安排可以管理或化解海峡两岸互动特定方面的冲突。它们被执行是出于对"面子"的考虑，以及关系的维持也不是通过参照法律原则来实现（请参阅前面关于"中国的意识形态"的探讨）。超国家安排与像欧洲煤钢共同体一样的"超国家"机构的联邦机制类似，但又与之不同，因为它们不是"国际"协议，不是在政府间谈判基础上达成的而且不依靠或暗含把权力委托给它们创造的共同权威的各方的相互承认。

为中国的地位相对于它们（无视美国对它们享有的支持程度）而言得到了增强。

显然，要有一系列举措才能解决这些问题，所有有关各方现在看似都领会了这一点。① 不管美国是否干预，中国和其他主权声索者都将会寻求这一路径或与之相类似的解决措施。南海问题到那时对美国在东南亚国家增强其影响力感兴趣的政策制定者们而言已将不再是"楔子问题"。更具讽刺意味的是，美国为帮助这些国家平衡其与中国的关系而与它们进行有效政治、经济和军事合作的可能性及规模将会增大，而不是减小，这并非危言耸听。

朝鲜

朝鲜问题在此期间也很可能会找到解决方案。朝鲜半岛冲突的危险已经消退，但并未消失，朝韩之间偶尔发生的武装冲突就不时地证实了这一点。朝鲜半岛局势已不再是美中之间的一个主要问题。尽管如此，它仍是一个战略刺激因素。很多因素都使美国倾向于把朝鲜民主主义人民共和国（DPRK）作为一个核问题而非作为一个政权或国家。美国一直寻求管理朝鲜半岛的紧张局势，而不是寻求一种正如中国本来希望的持久和平。

46 　　和平需要美国和韩国对朝鲜政权以及用和平条约取代停战协定的认同。在这方面持续关注核裁军就是一种严重干扰。尽管朝鲜的利益在于通过与美国关系正常化确保其持续存在，但是，朝鲜放弃为防止

---

① 中国需要重新确定其诉求以使1947年标绘的9条断续线与1982年通过的《联合国海洋法公约》协调一致。所有的声索者需要在能够使大陆海岸基线向海中延伸200海里的专属经济区而不仅仅是12海里的领海海域这一公约标准下达成共同谅解。地图需要重绘以反映这种谅解。中国和越南需要搁置主权诉求（正如中国在解决陆地边界的多种主权诉求中所做的那样）来支持现状占有的原则（根据这一原则，对一个地理特征的实际占有就意味着可以设想获得它的所有权）。菲律宾需要抑制其咄咄逼人的领土主张。谈判过程需要确定的规则是，与其他声索者合作得以得到奖赏，相反，固执顽抗就要受到惩罚。美国需要避免在南海引发的案件和争议问题上实施军事干预。这并不容易，但也不是不可能的事。

外敌，尤其是韩国，企图推翻或粉碎其政权而从已建立的适度核威慑力量中所获得的安全，是极不可能的。

中国的一个重大利益是其边界稳定和避免战争，尤其是可能会引起大国干预且需要中国军事回应的战争。为此，中国已率先召集所有利益相关方来共同讨论朝鲜局势（必须承认的是，中国对朝鲜能被说服放弃核计划未抱有太大的希望，它这样做主要是渴望无论是朝鲜还是美国都不要采取先发制人的打击以导致不稳定局面的出现）。不过，朝鲜半岛的紧张状态以及南北是否和平或统一最终决定权不在中美两国手中。这些问题将由平壤、首尔和华盛顿之间的互动来决定，但现在它们似乎都不倾向于采取大胆的举动。

亚洲平衡的转移

当然，目前困扰中美关系的中国特有的地区安全问题的消失并不意味着两国间战略平衡和双边外交政策分歧的终结。举一个明显的例子——中国和美国应如何应对印度不断增长的军事实力和其渴望与中国争夺亚洲和非洲领导权的问题。[①] 这个问题的很多方面几十年后才可见分晓。其他的例子包括日本和俄罗斯的战略定位的可能的转移。

1945 年日本战败并被占领后，为了防止苏联及其盟国（包括当时军事上软弱无力的中国和朝鲜）的挑衅，它容忍了美国在其领土上不得人心的存在。不过，苏联的威胁已不复存在。日本的战略定位现在是由中国和朝韩两国（其中朝鲜是日本公开宣称的拥有核武器的敌人）不断上升的实力所驱动的。

作为回应，日本首先开始悄然提升独立的自我防卫能力并进一步向美国靠拢。最近日本为使其防务关系多样化已开始探索与澳大利亚、印度和越南等国合作。随着中国、韩国和日本自身的军事能力得到改

---

① 请参阅在第九章和第八章里分别以《印度、巴基斯坦和中国》和《未来战略时代的印度和美国》作为标题对这一问题进行的讨论。

善，它们都努力在争议地区宣示主权，由此引发的军事摩擦惹怒了所有这三国，但到目前为止事态已证明是可控的。没有理由怀疑，它们将会继续如此。

尽管日本用了一个世纪的三分之二时间单纯倚仗美国捍卫其本土及其海外利益，但不见得它完全把自己托付给美国保护会持续更长时间。它最终可能淡化其与美国的关系并和平适应一个更强大的中国或重新武装并试图谋取美国和其他印度洋—太平洋国家的支持以对抗中国，或是介于二者之间。深受美国影响的日本的决策将对中国产生重大影响，它的政策及其与美国的关系也是如此。

目前，俄罗斯正在从后苏联时代的低谷中反弹。它不反对这个重量级的中国邻居而是与其一道提升国力，如同历史上经常出现的那样。这反映了中国为培养其与俄罗斯在后冷战时期历经多年的经济恶化、战略怨恨、战略需要及在共同利益背景下的良好关系而进行的耐心努力。俄罗斯和中国是上海合作组织（SCO）的两个高级合作伙伴，其宗旨是在中和大国对争夺中亚新独立国家的势力的角逐的同时遏制宗教极端主义。俄罗斯已成为经济蓬勃发展的中国的一个金属、煤炭和木材及先进武器的主要来源国，而对于石油资源丰富、消费行业匮乏、外交等级下降的俄罗斯而言，中国是一个资本和制成品及对其在后苏联时期美国主导世界秩序所蒙受的屈辱给予政治上支撑的主要来源国。①

中俄关系曾经的波动性②对其未来走向发出了要保持相当谨慎的警告。紧张的来源包括俄罗斯远东地区的人口和政治经济定位问题。俄罗斯联邦这片广袤的土地就在有近 1.1 亿人口的中国东北

---

① 对多极而非单极世界的渴望在对美国的外交和军事政策进行质疑的同时也把印度和俄罗斯以及在更宽泛意义上把所谓金砖国家（巴西、俄罗斯、印度、中国和南非）联合了起来。

② 俄国从 17 世纪开始侵占中国领土一直持续到 19 世纪。它相继成为在中国进行外国军事和政治干预（1901～1949 年）的一个参与者，一个思想上的导师和经济上的样板（1949～1959 年），一个意识形态和战略上的对手（1960～1989 年）和一个友好邻邦和重要的贸易伙伴（1991 年至今）。

地区①的北面，经济欠发达且人口稀少。中国目前在俄罗斯西伯利亚投资的运行效率至少是俄罗斯的 3 倍，并且中国移民已成为解决那里劳动力短缺问题的主要手段。这自然引起了莫斯科的种种忧虑。中国还将继续调整它的俄罗斯政策以考虑其与欧盟（EU）的关系。况且，随着美国主导世界秩序记忆的消退，中国和俄罗斯可能发现彼此在全球治理问题上会更频繁地出现分歧。

贸易、投资、和平与战争

所有相互依存的矛盾还是有可能在美中经济关系中呈现出来的，这在未来几十年通过一系列的艰难调整会有所改进。在人民币②完全国际化并可以作为另一种储备货币的形势下，目前货币联盟的分歧可能就会消失。但随着美国不再从适用于较小经济体的规则中享有铸币税和豁免的特权及中国在全球货币委员会为维护自身利益而采取更加积极的姿态，新的困难无疑又会出现。

同样，随着中国转向消费至上主义及其劳动力工作环境的不断改善，（在中美贸易中）长期赤字的美国很可能重拾曾经对中国享有的贸易顺差，从而使伴随贸易失衡而引发的政治抱怨发生转移。尤其是如果美国能开始冲破在税收、税补、公共部门投资、监管机制、侵权诉讼和大众文化上被特定利益规定的决策所强加给经济竞争力上的一些阻碍，它所拥有的资源基础及生产力就能够做到这一点。在任何情况下，双边贸易和投资流动显然会注定继续增加。交易越密集，贸易和投资摩擦和纠纷也就越多。随着中国政治对公众舆论的更加积极的响应，来自中国方面的投诉数量很可能与美国持平或

---

① 中国东北地区，即东北，由辽宁、吉林和黑龙江三省组成，以前被称作关东（"关隘之东"）或满洲。在该地区的中俄边界问题根据 1991 年签订的《中苏边界协定》而获得解决。而边界的最后一段在 2004 年签署的《中华人民共和国和俄罗斯联邦关于中俄国界东段的补充协定》的基础上而被最终划定。

② 正如全世界正了解的那样，人民币（有"人民"的货币之意）就是货币（像英国货币一样）的名称，它以元（如镑）为单位。

超过美国。① 伴随着美中之间经济互动的不断增加，双方的摩擦和争议也会越来越多。

如果新兴的经济秩序承诺考查美国的自律与克制和中国的领导与投诉的意愿，那么国际法和国际组织领域也应是如此。尽可能多地维持目前联合国体系与中美两国利害攸关。这个体系毕竟赋予了这两国安理会常任理事国的地位和对其他不支持的大国的决议进行否决的权力。然而，这个体系还未能适应和体现全球权力和影响力的平衡转移的程度，它变得越来越不那么有用和有效了。作为对现状自豪的受益者，中美两国为应对其他正在崛起的力量的挑战将采取必要的措施以维护其地位。

目前，国际法正在经历一个相当迅速的发展（过程），其中充分体现了西方最近对过去规范的偏离以及目前在国际事务中各个起带头作用的非西方国家的道德观。这些变化越来越使美国和中国陷入争论之中，有时发生在彼此之间，有时发生在它们与他国之间。全球权力、能力和影响的汇聚现正在发生的大转移的例子也在不断地增加，我可以举出几个。

当对政权起支配作用的一国海军与决心既保卫全球共同利益又要捍卫本土利益的他国海军走向联合的时候，被运用到世界海洋的政治机制不可能保持不变。

非国家和跨国家行为体（以前尚未被国际法实质上承认）现在已获得了国际地位。如何正确对待它们，现在还未达成一致意见。

新宣称的预防性战争的学说还未能与联合国宪章或战争法的传统概念达成一致，它们可能会使世界呈现法律对武力攻击不能提供保护的前景，由此，高度破坏性的威慑能力得到了各国的重视。

随着机器人和像无人飞机一样的机电系统取代有人操纵的作战工具，领土主权和战争法的概念也需要进一步更新。

———————————

① 中国的各级政府和企业之间的密切关系能够很容易使这样的投诉带有特别强烈的政治色彩。

同时，全球相互依存及其对全球范围内事件实时认知的影响对国际社会如何调整传统的主权和人道主义责任的概念①提出了挑战。如此等等。

还有大量悬而未决的全球治理问题，气候变化、自然资源与能源管理和环境整治的有效应对措施应首先被确定下来。所有这些问题以及其他问题必须在美中之间讨论解决，这对双方的视野与治理智慧及它们与其他大国交往的质量会形成严峻考验。

结论

未来的世界是美国将不再占据统治地位的世界，但无论是中国还是任何其他国家也都不会。中国现在乃至将来都不会像美国20世纪那样处在政治和经济上激励和引领世界的地位。中国也不会渴求取代美国在世界上最大军事强国的地位，除非来自美国不妥当的挑战刺激她这样做。

在未来几十年两国所面临的挑战就是对一个任何一方都做出贡献并从中受益的新世界秩序的过渡期进行管理，就像管理世界其他地方一样。在这样一个秩序里，美中两国必须彼此以及与他国分享政治和经济权力，而且中美要做出军事上的合作和多边责任分担的安排：首先必须扩充，然后进行分配，现在这些责任却由美国独自来承担。这样的一个世界并不理想，但比那些臆想的替代品要好。最终到达这个世界将会困难重重但并非不可能。这是一个靠两国明智的管理之道就可以帮助这个世界实现的过渡期。

---

① 可以考虑一下最近关于国际社会"保护责任"及其权利的争议，尤其是通过联合国和区域组织的行动来偏袒在像那些刚刚使西亚和北非（例如，利比亚、也门、巴林和叙利亚）的社会产生动荡的内乱和内战一样的局势中的一方势力时。

第二章
邦交正常化是如何发生的

　　美国对中国的开放（和中国对世界的开放）已作为 20 世纪最后 1/3 的地缘政治上的一个转折点，一个政治才能富有创造力的非凡范例以及对策划它的人（理查德·尼克松）而言作为一次非同寻常的政治转变而完全被铭记。整个事件看似简单，不过，它也是由一系列错综复杂的外交策略聚合而成的。经过了 20 多年的对抗和相互不信任，与中华人民共和国关系的正常化来之不易。

　　对美国而言，中华人民共和国作为中国在美国和国际上唯一的合法代表，其主要障碍是"中华民国"（台湾）而非中华人民共和国在美国的法律和政策中所拥有的地位。然而，在中美关系里面解决这个问题不能也不会解决台湾问题本身。因为中国人甚至今天也从未停止声称台湾与中国其他地区的关系问题，而美国在这个问题上的立场不仅使美中关系尤其是双方在军事领域的关系严重复杂化，而且也制约了双方全部合作潜能的实现。不过，在美国和中国大陆能够开始处理台湾问题和它们之间的其他问题之前，它们必须彼此联系，才可以为一定程度的合作奠定基础。

　　这并不像回顾往事那么简单。华盛顿和北京 1955 年在日内瓦开始大使级会谈，从 1958 年开始移师华沙继续这种断断续续的会谈，但

1950～1968 年，美国又对中国实施完全互不往来和禁运政策。对美国人而言，访问中国大陆、与中国的公司做生意及在国外购买或进口中国产品都是非法的。不允许用美元与中国大陆进行金融交易。拥有大陆护照的中国人不准访问美国或从美国过境。

　　美国投入了大量的外交精力进行斡旋以确保台北而非北京作为中国在联合国和全世界的合法政府席位继续被公认。它为支持台北积极干涉并阻拦中国共产党政权或社团代表到国外参加政府和非政府组织的会议。美国官员提出，对于中国共产党的首都北京只能用"北平"（蒋介石原本是为了纪念在他统治下的中国的统一而把北京易名为北平①）这个名称。作为美国一家大型官僚机构的美国外事局（USFS）正是在实施这些批评与指责的任务中发展起来的。当我加入这个机构时，我就成为其中的一员。

　　我的第一次海外之行就是被派驻印度，我对 1962 年中印边界冲突仍记忆犹新，我对印度高度怀疑中国的主张以及印度对当时已被完全纳入中国版图的西藏的渴望表示充分理解。② 1968 年秋，我协助美国其他外交官员维持台北作为在联合国被公认的中国"合法代表"的地位。1969～1971 年，先在华盛顿，后在台湾，在还是从事中国语言与区域研究的一个学生的时候，我就被指定以翻译的身份参加在华沙与中国共产党的大使级会谈。

　　作为 1971 年春季和初夏在国务院中国科工作的一个初级官员，我

———————

　　① "北京"意味着"北方之都"。在上海方言里，构成北京的这两个表意文字的发音有点像"Peking"（北京的旧称）。这成为北京一词在英语中的常规拼法，要早于在 1979 年决定采用的将汉语拼音正式作为把中国人名和地名转写成各种拉丁字母文字的国际标准。在 1928 年夏天，蒋介石势力占领了中国北方的大部分地区并把北京更名为北平，即"北方的和平"。蒋政府的首都当时定在南京，意指"南方的首都"。在威妥玛式体系中当时普遍采用中文音译的方法，所以，把 Beiping 拼写成 Pei‑p'ng。这成了蒋介石领导的"中华民国"中的政治上正确的说英语的支持者们一直提及的哪一个名称是中国共产党在 1949 年的首都的方式。

　　② 直到很久以后我才体会到印度作为美国旨在推动西藏骚乱以在战略上扰乱中国的秘密行动计划的一个合作伙伴所起的作用。印美伙伴关系是中印边境战争背景的一部分，这在中央情报局于 1959 年护送达赖喇嘛逃往印度中就可以体现出来。

帮助起草了用以支持一个美国特使到北京访问的背景文件。我本不应该了解一位美国高级特使给予这个共产党政权的建议，但在阅读了华沙会谈的副本后，我就知道了有关情况。我猜到了（有关情况），但不知这个特使将是亨利·基辛格（当时，他在一定程度上亲自代表总统参与的如在巴黎与北越谈判的秘密外交活动是不公开的）。

1971 年末和 1972 年初，尽管我不必再假装我不晓得我在做什么或为什么要这样做，但我也在尼克松总统 2 月 21～28 日访问中国大陆的筹备工作中扮演了一个辅助性的角色。我担任美国首席翻译官陪同总统开始那次出访。1973 年春季，我是开设美国驻北京联络处先遣组中的一个成员。虽然超强的工作能力使我被请求留下来继续工作，但我谢绝了。由于有了更好地了解中国或推动双边关系不断发展的机会，据我判断，在北京无论是"无产阶级文化大革命"期间还是而后演变成"四人帮"横行期间的外交工作与软禁几乎没有区别。我在北京第一份长期的工作就是在阿瑟·威廉·赫梅尔（恒安石）大使的杰出领导下担任临时代办，而后担任驻华大使馆副馆长（1981 年 7 月～1984 年 11 月）。

1980 年，当我担任国务院中国和蒙古国事务办公室主任的时候，53 一个名叫萧吉恩（Gene Hsiao）的美籍华人律师朋友请我为他正在编辑的一本书写一篇关于中美外交解冻过程的详尽记述。他想让我描述许多有助于开始和推进关系的具体事件。他认为，尽管几乎所有的细节都已存档（形成档案材料），但对于实际本未参与每个细节执行的人而言，创造出这样一篇记述是绝对不可能的。我曾参与了 1972 年尼克松总统访问北京的筹备工作，并且陪同他出访。我的朋友也意识到我所做的工作是与"不承认"台北而承认北京作为中国政府所在地而产生的法律问题有关。在最初拒绝为他写这样的记述邀请之后，我还是接受了。①

据我所知，我为朋友所写的中美最初解冻的详尽外交的记述作为

① 作为一个为政府服务的官员，我不能也不会接受这项工作的报酬。

如何才能发起并建立与一个疏远的外国势力沟通的一项记录，现在仍然是独具一格的。我倒情愿认为，除了对严谨的外交历史学家有价值外，它或许对有机会在未来与以前敌对的国家试图建立关系的其他国家也会提供帮助。

通常我的作品的内涵是丰富多彩的，但在这种情况下我有意使所写的具有朴素无华的特质。如我所写，罗纳德·里根竞选总统的承诺毕竟是恢复与台湾当局的官方关系和制定一项无限制的对台武器销售政策。很多与他的竞选关系密切的人都已明确表示，他们意欲打击强烈主张与美中关系正常化有关联的那些人，这一做法遭到了反对者的强烈谴责（时至今日，一些人实质上仍不甘心接受终止美国与台湾签订的"共同防御条约"）。参议员杰西·赫尔姆斯助理团队的成员明确地告诉我，我已被列在了打击名单上。

里根总统一就职，他就开始意识到他的前任对中国的开放已为美国赢得了战略优势。里根是一个在意识形态言辞包裹下的实用主义者，因而他对中国的立场进行了相应的修改。不过，在1980年，这种丑陋的政治基调禁不住使任何从事与中国事务有关的职业外交官回想起被指控对蒋介石的中国国民党事业不效忠的上一代"中国通"（China hands）身上所发生的事情（离现在还不到30年，我的一个作为中国事务国别主任的前辈被安全人员正是从后来为我所用的办公桌前强行拖走，以对参议员约瑟夫·麦卡锡的指责做出回应）。即使它不会自然降临，有些情况下也还是保持温和倾向为最佳。

54　　美国陷入一场"谁出卖了台湾"（who sold out Taiwan）的辩论的政治对话的可能性早已昭然若揭。令人悲哀的事实是，与中华人民共和国关系的"正常化"还包括必须要与海峡对岸受到美国几十年彻底支持的政治军事对手的关系"非正常化"。尽管这样做的战略理由有一定的说服力，但对台湾及其人民有很深情感的人不能不觉得这是令人沮丧的事情。

当然，与中国大陆建立的新关系所促进的台湾海峡紧张局势的缓和最终导致了台湾军事管制的终结和一个民主政府体制的诞生。但对许多人来说，这只是加深了讽刺，事实上，美国还不得不继续正式地对岛上越来越有吸引力的现代化社会不予理睬。台湾的"外交"却不得不在这种尴尬的境地和美国人必然对待它的那种矛盾的心理状态下进行巧妙博弈。

我们很难再想到像这样一个大国故意牺牲与一个基本上处于非进攻和友好的前"被保护势力"的关系去追求与那个"被保护势力"不共戴天的敌人的战略合作关系的其他范例了。正如中美关系正常化后（post‐normalization）围绕"与台湾关系法"①的争论所揭示的，很多称赞尼克松总统对华开放的人对美国在与台湾关系上所付出的重大代价仍处于否认状态。他们认为，吉米·卡特总统与台北"断交"转而与北京建立外交关系，把其两个前任（共和党人）追求的外交事业变成了现实，这对美国可能有利但肯定是不光彩的行为。可以公正地说，很多美国人30多年后仍被美国大使馆从台北转移到北京所困扰。

我为朋友萧教授所写的这篇文章记述了从林登·约翰逊政府的最后几年到吉米·卡特担任总统期间美中对抗与解冻的故事。台湾问题也许会被巧妙地处理，但即使美国与台北的"正式关系"终结了，它也不会消失。台湾问题的一些后续阐述在本章接下来的内容中会有所体现。这个有争议的故事还没有结束，将会有越来越多的趋势和事件需要在未来的岁月中进行思考。

———————————

① 具有讽刺意味的是，我曾是成为"与台湾关系法"基础的一系列详细的法律研究的开创者（1974～1975年，在哈佛大学法学院杰罗姆·科恩教授的东亚法律研究中心的一年研究期间）。有些人由此把我称为"'与台湾关系法'的知识之父"。请参阅谭青山《美国中国政策制定：从关系正常化到后冷战时期》（1992年由林恩·林纳出版社出版）。

解冻的过程：成就与问题[*]

1980 年 8 月

　　准备竞选总统的理查德·尼克松早在 1967 年 10 月的《外交季刊》上就否认自己近 20 年的论调，敦促美国的政策要紧急应对中国的现实。① 美国和中华人民共和国审慎前行，历经 3 届美国政府并于 12 年后的 1979 年元旦最终成功相互承认并建立了外交关系。

　　整个关系正常化的过程是美国外交的一次特别体验，包括美国在中美双边关系中的地位及它们所影响的世界其他地区客观环境的一个完整的重新评估。这个漫长而艰难的过程充满了紧张、挫折、秘密外交操纵、激烈的讨价还价和多次节外生枝。最终结果是自朝鲜战争开始的双方相互敌对关系的一次逆转，以及与一个对美国和世界其他地区的重要性随着时间的推移似乎肯定会增加的国家的新型关系的开始。

从对抗到峰会谈判

　　1969 年由共和党新政府继承的中国政策实际上是杜鲁门政府于 1951 年 5 月在中国介入朝鲜战争后制定的。它建立在共同致力于对战

＊　这篇文章最早撰写于 1980 年末（作者那时是美国国务院中国和蒙古国事务办公室主任），最初发表在《中美关系正常化及其政策意义》（萧吉恩和迈克尔·维吞斯基主编，1983 年由普雷格出版社出版）上。

①　理查德·尼克松：《越战之后的亚洲》，《外交季刊》1967 年第 1 期，第 111～125 页。在 1960 年总统选举期间，尼克松曾公开声明："我想不出比承认共产党中国更能对和平或自由产生损害的东西。"

后亚洲和太平洋地区新的弱小国家实现共产主义霸权的苏中政策（中苏集团）密切协调的假设基础之上。这个假设似乎已被朝鲜战争所证实并在当时极端反共主义的背景下成为美国很多政治团体的一个信条。

1951～1969 年，美国把孤立和遏制共产主义中国作为其政策的目标。美国拒绝承认中国共产党是中国的合法统治者，极力反对其争取在联合国或其他国际组织中的合法席位的提案，坚决支持战败的中国国民党政权的国际地位，声援"中华民国"对台湾和其他国民党势力还未被驱逐的地区的控制，并大力扶植被美国政策制定者视为受到中国"侵略"威胁的中国的周边国家。

到 1968 年，这项政策所依赖的假设已经开始受到严重质疑。中苏 56 团结（从未达到曾被想象的那样紧密）显然已成往事。同年 8 月 21 日，苏联对捷克斯洛伐克的入侵已被 9 月 26 日勃列日涅夫的"有限主权论"证明是合理的，这似乎有预兆似地为苏联与中国的口水战上升为武装冲突提供了一个先例和理由。1969 年 3 月，中苏边境在发生一系列小摩擦后爆发了严重战争。"文化大革命"更加突出了中国在修辞学意义上的进攻性，同时也揭示了中国自身内部存在如此严重的分歧以至于对邻国的"威胁"呈下降趋势，这使独立的国家获得了相当大的生存空间。越南战争 20 年来第一次在美国遭遇了反战情绪的恶化，对这种旧的反共主义的立论需要重新审视。

正是在这种背景下，共和党和民主党的杰出领导人于 1968 年总统竞选期间在中国政策上开始提议进行更改。民主党候选人休伯特·H. 汉弗莱强调了用"门户开放"（open doors）取代"竹幕"（bamboo curtains）的必要性，并呼吁"要对中国大陆人民架起和平的桥梁"①。纽约州州长纳尔逊·A. 洛克菲勒紧随其后，在总统竞选中敦促美国人与中国进行更多的"接触和沟通"。② 与此同时，副国务卿尼古拉斯·德贝尔维尔·卡岑巴赫向全国新闻俱乐部的听众保证，美国会"很乐意对未来

①《纽约时报》1968 年 4 月 23 日。
②《纽约时报》1968 年 5 月 2 日。

中国改善关系的任何愿望做出积极回应"。他引用了约翰·泰勒总统1843 年写给中国皇帝的一封信，"这样两个伟大国家的政府应该和平共处。它们为顺应天意理应相互尊重并采取明智的行动"①。

在 6 月 21 日前，汉弗莱副总统曾告诉《纽约时报》的编辑，除了战略物资外，美国应该解除对中国的贸易禁运。② 两党总统候选人——尼克松和汉弗莱——20 年来第一次因赞成与中国和解而被载入史册。

尼克松在当选后就职典礼前，批准恢复了中美华沙大使级会谈。这将是它们自 1954 年在日内瓦开始以来的第 135 次会议，也是 1967 年以来的首次会议。原定于 1969 年 2 月 20 日举行的会议在 2 月 18 日被中方突然取消了，表面看是由中国驻荷兰的一个外交官叛逃到美国而引起的。新政府尽管对此比较失望，但还是承诺要实施"重新与共产主义中国建立更加正常关系的一些新举措"③。

2 月初，新总统发起了一项有关对华政策选择的重要研究计划。④ 5 月 24 日，尼克松总统委派威廉·罗杰斯国务卿（之后前往巴基斯坦）请巴基斯坦国家元首叶海亚·汗试探中国对与美国扩大谈判的态度。⑤ 7 月 21 日，政府采取了一系列行动以放宽中美贸易和消除接触的障碍，并宣布从 7 月 23 日开始，美国出国旅游的公民可以带回价值100 美元的中国货物并准许几类美国公民（包括国会成员、记者和学者）到中国大陆旅行。⑥ 8 月 1 日，尼克松总统访问巴基斯坦，向叶海亚·汗重申美国对扩大与中国对话的兴趣。第二天，他在罗马尼亚向尼古拉·齐奥塞斯库总统又阐明了同样的观点。⑦

---

① 《美国国务院公报》第 1511 期，1968，第 737 ~ 740 页。
② 《纽约时报》1969 年 9 月 6 日。
③ 《美国国务院公报》，第 1559 期，1969，第 397 ~ 400 页。
④ 亨利·基辛格：《白宫岁月》，小布朗图书有限公司，1979，第 169 ~ 170 页。
⑤ 《美国国务院公报》第 1564 期，1969，第 505 页。
⑥ 《美国国务院公报》第 1573 期，1969，第 126 页。
⑦ 亨利·基辛格：《白宫岁月》，小布朗图书有限公司，1979，第 180 ~ 181 页。

9 月 5 日，副国务卿埃利奥特·理查德森正式阐明了后来演变成管理 20 世纪 70 年代华盛顿、北京和莫斯科之间关系的"不偏不倚"（evenhandedness）的政策，声称美国将不会寻求利用中苏分裂，而是"将奉行一条逐步改善两国关系的路线"[1]。大约两个月后，也就是在 11 月 7 日，美国悄然结束了第七舰队对台湾海峡长达 19 年的巡逻。第七舰队在朝鲜战争期间进驻那里以"保护"台湾免遭中国大陆的攻击，其巡逻已成为美国对中国国民党政权承诺的一种象征。[2]

12 月 3 日，美国大使在华沙向中国大使提议重启华沙会谈。12 月 11 日，双方在中国大使馆举行了会晤。[3] 8 天后，国务院宣布取消美国企业参与第三国在中国大陆产品交易上的大部分限制，取消旅行者购买此类商品的 100 美元限额，并放宽了海关规定以助其实现非商业性进口。[4]

1970 年 2 月 18 日，尼克松总统在向国会递交的美国外交政策的报告中，重申了同北京"改善实际上的关系"的愿望，并且把他的政府前一年所采取的行动描述为"不需要中国的赞同，但强调了我们对有一个较为正常和建设性关系愿望的具体步骤"。他指出，美国已经"避免了可能招致戏剧性回绝的戏剧性的外交姿态"。[5]

此前，也就是在 1969 年 12 月中旬，中方实际上已通过巴基斯坦和罗马尼亚对美方的秘密提议做了回应。[6] 1970 年 1 月 8 日，国务院宣布 1 月 20 日重启华沙会谈。[7] 第 135 次华沙正式会谈与之前的会谈在几个重要方面有所不同。它在中国驻波兰大使馆举行，其使馆设施 58

---

① 《美国国务院公报》第 1578 期，1969，第 260 页。

② 美国国会参议院外交关系委员会：《附属委员会就美国海外安全协议和承诺研究之前的听证会》，第 91 届国会第 2 次会议，1971 年第 4 部分，第 1010 页。

③ 亨利·基辛格：《白宫岁月》，小布朗图书有限公司，1979，第 188 页。

④ 《美国国务院公报》第 1594 期，1970，第 31～32 页。

⑤ 理查德·尼克松：《20 世纪 70 年代美国的外交政策：和平的新战略》，美国政府印刷局，1970，第 140～142 页。

⑥ 亨利·基辛格：《白宫岁月》，小布朗图书有限公司，1979，第 91 页。

⑦ 《美国国务院公报》第 1596 期，1970，第 83 页。

并非由波兰提供，否则易遭到第三国的电子窃听。美国大使和中国代办在先复制了历届会议的枯燥气氛的正式场合下的新闻媒体前亮相之后，来到另一个房间进行非正式的会晤。

中国的谈判代表不失时机地抱怨说，美国大使在其之前的非正式讨论中"关于台湾只字未提"。他补充说，"我们必须指出，中美之间一直存在着严重分歧，而台湾问题就是其中的症结所在"。美国大使向中国代办保证，"美国在台湾有限的军事存在对贵国政府的安全不构成威胁，况且我们也希望，随着亚洲和平与稳定的增长，我们可以减少在台湾那些现有的设施"①。他接着说，美国"将准备考虑派遣一名代表到北平（北京）直接讨论……包括我今天讲话中所提到的任何一个问题或我们可能达成一致的其他事项"②。

当第136次华沙会谈于1970年2月20日举行时，中方接受了美国特使访问北京的提议。③ 还是在那次会议上，美国大使运用将成为《上海公报》主要内容的语言以"尽可能明确地和坦率地"阐述美国的立场，他说，"我方政府的立场是，台湾问题……是一个由那些直接参与的人来解决的问题……我们不打算干涉任何和平解决……随着地区紧张局势的缓解，我方政府会有意减少在台湾现有的军事设施"④。

这是最后一次华沙会谈，中方取消了原本定于1970年5月20日举行的下一次会谈以作为对美国入侵柬埔寨的抗议。在接下来的几个月里，中美之间继续通过其他的沟通渠道，尤其是巴基斯坦和罗马尼亚渠道来展开对话交流。

巴基斯坦总统叶海亚·汗于1970年11月10日访问北京，并把美国（1971年）10月25日一位高级官员将前往北京举行会谈的提议转告中国。在与毛泽东主席商议后，周恩来总理第二天（11月11日）正式答复来访的巴基斯坦国家元首，"为了讨论中国领土台湾的问题，

---

① 参阅杰克·安德森的报告，《华盛顿邮报》1980年5月11日。
② 亨利·基辛格：《白宫岁月》，小布朗图书有限公司，1979，第687页。
③ 亨利·基辛格：《白宫岁月》，小布朗图书有限公司，1979，第689页。
④ 参阅杰克·安德森的报告，《华盛顿邮报》1980年5月11日。

我们欢迎尼克松总统派遣特使来北京"①。美国 12 月 16 日通过巴基斯坦做出回应，接受邀请但要重新确定即将举行的谈判的范围，即主要是"中华人民共和国与美国之间广泛存在的问题，其中包括台湾问题"②。两天后（12 月 18 日），毛泽东告诉美国记者埃德加·斯诺，他很高兴邀请尼克松总统到中国访问，"无论他是以旅游者的身份还是以总统的身份"（斯诺先生不知何因未能直接或间接地向美国政府汇报与毛泽东主席谈话的内容，政府只是在《生活》杂志 1971 年 4 月 30 日的那一期出版之前才得知此信息）。

　　与此同时，罗马尼亚方面于 1971 年 1 月 11 日也转告美国由周恩来总理提出的关于（邀请）尼克松总统访问中国的建议。周的邀请明确表示，尽管中美之间一个悬而未决的问题（台湾问题）必须加以解决，但他对苏联挑战两国利益的问题更感兴趣。③ 随后通过巴基斯坦渠道继续进行的讨论为那一年夏天国家安全顾问亨利·基辛格到北京的历史性秘密访问铺平了道路。

　　在通过第三方交换信息的同时，中美两国政府也都采取了一些直接的行动以缓和紧张局势。在美国方面，使用美国护照去中国访问的所有限制会在一年内（1970 年 3 月 15 日到 1971 年 3 月 15 日）④ 被取消；对中国商业性出口的某些特定商品的许可证被颁发；⑤ 而且美国运输公司在海外被准许在第三国的港口之间运输某些托运给中国大陆的货物。⑥ 此外，在尼克松总统向国会递交的第二个年度外交政策报告中，他强调，"美国准备看到中华人民共和国在国际大家庭中起建设性的作用"，明确放弃美国 20 年孤立中国的努力，并且第一次在美国

---

① 亨利·基辛格：《白宫岁月》，小布朗图书有限公司，1979，第 701 页。

② 亨利·基辛格：《白宫岁月》，小布朗图书有限公司，1979，第 702 页。

③ 亨利·基辛格：《白宫岁月》，小布朗图书有限公司，1979，第 703 ~ 704 页。

④ 《美国国务院公报》第 1607 期，1970，第 496 页，1659 期，1971，第 510 页。

⑤ 《美国联邦公报》，第 71 - 8520 号文件，于 1971 年 6 月 18 日存档，第 36 卷，第 119 期；《规章制度》，第 11811 号文件，于 1971 年 6 月 19 日存档。

⑥ 《美国联邦公报》，第 71 - 6599 号文件，于 1971 年 5 月 10 日存档，第 36 卷，第 91 期，《规章制度》，第 8672 号文件，于 1971 年 5 月 11 日存档。

的一个官方文件中使用中国共产党政权的这个正式名称。① 在中国方面，中国政府自 1969 年以来已开始释放美国战俘。②

针对美国的这些举动，周总理以其典型的外交风格的戏剧性方式做出了回应：在中国乒乓球代表团参加 1971 年 4 月 6 日在日本举行的国际比赛时，正式邀请美国乒乓球代表团于 4 月 10 日访问中国。③ 4 天后，国务院宣布，美国对中国大陆实行了 21 年的贸易禁运将被放宽，被允许与中国进行的大宗商品交易几乎与苏联进行的贸易往来相当，并且美国也将终止影响中国的货币管制。此外，国务院还宣布，对愿意去美国旅游的中国人将会加快发证。④ 尼克松总统在 4 月 16 日宣布希望有一天能访问中国，⑤ 这令美国报纸编辑协会（American Society of Newspaper Editors）困惑不解。在 4 月 29 日的新闻发布会上他重申了这个观点。⑥ 同一天，美国国务卿罗杰斯告诉一家英国电视台的观众，如果双方关系继续得到改善，尼克松总统访华"完全有可能实现"。⑦ 4 月 30 日那一期的《生活》杂志把毛对尼克松总统的邀请昭告世人。

与此同时，美国取消了货币管制⑧并正式修改了出口限制。⑨ 最后，如前文介绍的，周恩来通过巴基斯坦渠道⑩正式接受了美国关于基辛格在 7 月 9～11 日访问北京的提议。访问按原计划进行，最终，

---

① 理查德·尼克松：《美国总统公文汇编：理查德·尼克松，1971》，美国政府印刷局，1972，第 276～278 页。

② 《纽约时报》1969 年 12 月 7 日。

③ 亨利·基辛格：《白宫岁月》，小布朗图书有限公司，1979，第 709 页。

④ 《美国国务院公报》第 1666 期，1971，第 702 期。

⑤ 《美国总统公文汇编：理查德·尼克松，1971》，美国政府印刷局，1972，第 544 页。

⑥ 《美国总统公文汇编：理查德·尼克松，1971》，美国政府印刷局，1972，第 594 页。

⑦ 《纽约时报》1971 年 4 月 29 日。

⑧ 《美国国务院公报》第 1666 期，1971，第 702 页。这一公告于 1971 年 5 月 7 日发布。

⑨ 《美国国务院公报》第 1666 期，1971，第 815 页。这发生在 1971 年 6 月 10 日。

⑩ 亨利·基辛格：《白宫岁月》，小布朗图书有限公司，1979，第 728 页。

尼克松总统在 7 月 15 日宣布了一个令世界震惊的消息：他本人已经接受了访问北京的邀请。①

尼克松对华主动性外交的主要目标是在美苏外交关系的纵横捭阖和应对越南危机中赢得主动，并诱使苏联做出更负责的行为。② 在尼克松成功访华之后不到两个月内美国就与苏联签署了《第一阶段限制战略武器条约》（SALTI），这绝非巧合。但正如亨利·基辛格在他的博士论文（后以《重建的世界》为题③出版）中所描述的，美国也在追求与 19 世纪初期法国大革命后期那些欧洲大国所实施的各种极为类似的长期目标。归纳起来，这些目标有以下几个方面：

（1）促进中国以有助于世界和平与稳定而不是相威胁的方式加入国际社会；

（2）承认我们的国家利益在于一个强大、安全、繁荣和友好并能够在亚太地区及最终在世界上发挥合法与建设性作用的中国的发展；

（3）缓和美中之间存在的争议性问题（如台湾问题），并消除对一个新兴核国家以及主要地区大国可能的灾难性误判的危险；

（4）发展与中国在国际问题上建设性的磋商模式，并为维持这些目标有必要与其在经济、商业、文化及其他方面建立友好合作关系。④

从一开始，美国就明确表示，它寻求对中国的开放不是一个权宜之计，而是一项长期的战略举措。在部分地利用了基于中国大陆的文件和周恩来在中国共产党第十次全国代表大会上的讲话（1973 年 8 月 61

----

① 理查德·尼克松：《美国总统公文汇编：理查德·尼克松，1971》，美国政府印刷局，1972，第 819 页。

② 亨利·基辛格：《白宫岁月》，小布朗图书有限公司，1979，第 763 ~ 765 页。

③ 亨利·基辛格：《重建的世界》，雷顿·米夫林出版公司，1957。这一观点在书中不时出现。

④ 理查德·霍尔布鲁克：《中国和美国：进入到 20 世纪 80 年代》，载于美国国务院《当前的政策》之中，1980 年 6 月 4 日（这是一篇演讲稿，虽然它由助理国务卿霍尔布鲁克发表，但它完全是由本书作者起草的）。

24 日）的第三方原始资料之后，① 我把北京行动计划的目标总结如下：

（1）平衡联合美国与抗击苏联的关系，以减少苏联进攻的危险；

（2）消除美国无论是单方面，还是勾结苏联、日本或他国对中国进攻的危险；

（3）防止中国将被排除在外并受到支配的美苏"超级大国联合主导地位"的世界的令人忧虑局势的形成；

（4）实现美国以及世界对中华人民共和国的合法性、中国国家利益的有效性和作为一个主要地区和世界大国在当前和未来国际政策的形成中有发言权地位的承认；

（5）接触和谋取美国的经济和技术资源以增强中国的工业和国防能力（同时削弱并最终消除由美国发起的中国进口尖端技术的多边壁垒）；

（6）获得美国对台湾被置于中华人民共和国主权之下及最终并入中国的默许。

《上海公报》的实施

美国和中国的目标在国际层面大部分是一致的，两国关系却"由于阻碍正常化的关键问题"（台湾问题）变得很复杂。这个问题在基辛格—周恩来的会谈中被重点提及。然而，基辛格 1971 年 7 月和 10 月对北京开创式的访问在很大程度上是致力于探讨在战略背景下每一方对国际问题的看法。双方像"达成默契"一样，都没有在"完全有争议的问题"上强迫对方接受条件。② 双方通过解冻过程而确立了任何一方都试图扩大共识并搁置分歧、留待日后解决的对话模式。

在基辛格 10 月的访问期间，《上海公报》的大部分是被美国国务

---

① 例如，周恩来：《毛主席革命路线的伟大胜利》，该译文载《问题与研究》杂志（台北，1974 年 6 月），对于周的演讲内容，请参阅《北京周报》1973 年第 35 ~ 36 期，第 17 页。

② 亨利·基辛格：《白宫岁月》，小布朗图书有限公司，1979，第 749 页。

院和国家安全委员会仓促成立的工作组所敲定的。这其中包括了后来《上海公报》中最重要的部分：共同承诺反对亚太地区"霸权主义"的战略协议（美国使用的语言后被中方采纳作为对反苏的简略的表达方式），共同坚持"和平共处五项原则"（在美国的倡议下，20 世纪 50 年代华沙会谈所解决的一个重大问题）和共同赞成实现（关系）"正常化"的渴求。双边问题，包括台湾这个至关重要的问题，以及诸如贸易和文化交流等其他问题都留待以后解决。 62

因为美国坚称愿意赞同包括台湾在内的一个中国原则（但有附带条件），所以现在已趋于明显的是，双方之间的分歧能被彼此共同采取的创造性模糊（creative ambiguity）所弥合。依照 1970 年美国最初的提议，美中双方的会晤还是要通过各自驻巴黎的大使馆保持直接接触来实现。①

尼克松总统于 1972 年 2 月 21～28 日访问中国。就在他启程访华前，他还下令进一步放宽对美国出口的管制，其结果是执行了把中国置于与苏联相同地位的"公平"的政策。② 正如早些时候基辛格的访问一样，尼克松访华期间的商讨主要是致力于国际关系的全面考察和对开始似乎越来越趋同的战略视角的探求。③ 公报协商以英语进行。美国期待关于中国内战"和平解决"的争议性问题直至 2 月 26 日清晨才最终被写入与中方措辞趋于一致的公报中。④ 美国的一位翻译官第二天下午对汉英两种文本的一致性进行了审核，发现并随后向国家安全委员会工作人员确认，中方在文本翻译中文中一直恪守公正严谨的准则。

2 月 28 日在上海，由于国际日期变更线的缘故，2 月 27 日在华盛顿发表的《上海公报》的台湾条款还记录了一个"保留分歧的共识"

---

① 亨利·基辛格：《白宫岁月》，小布朗图书有限公司，1979，第 703、765、781～784 页。
② 《美国国务院公报》第 1706 期，1972，第 29 页。
③ 亨利·基辛格：《白宫岁月》，小布朗图书有限公司，1979，第 1055～1074 页。
④ 亨利·基辛格：《白宫岁月》，小布朗图书有限公司，1979，第 1084 页。

（agreement to disagree）。中国方面保持适度克制，并未公布其关系正常化条件，而是仍坚持之前如周恩来于 1971 年 7 月 19 日对美国"关心亚洲学者委员会"（the Committee of Concerned Asian Scholars, CCAC）代表团所阐述的：美国必须承认北京是中国的唯一合法政府；与台北断绝"外交关系"；从台湾撤军并废除美国与中国国民党政权于 1954 年签订的"共同防御条约"（Mutual Defense Treaty）。① 中方在与美方暂时达成了在台湾问题上保留分歧的共识后，最终放弃了 21 年来对与美国进行贸易和文化交流的限制。

63　　在接下来的 6 年半，《上海公报》一直在中美关系中充当基本章程的作用，直到（关系）"正常化"协议最终被达成并在 1978 年 12 月 15 日的《联合公报》中被宣布。

　　在《上海公报》发表后的第一年，中美关系进展很迅速。双方日常接触仍旧通过巴黎进行，还有基辛格博士及其团队成员不定期造访纽约与中国常驻联合国代表团偶尔进行会晤。中美战略对话是 1972 年 6 月基辛格第三次访问北京时提出来的。双方似乎很乐意探索在新型关系中不迫切要求（关系）正常化的内在可能性，这种对话预期将在尼克松第二任期开始。国会代表团和美国的其他精英对中国的访问开始了这一探索（到 1978 年底，参议院和众议院的大多数主要成员都访问过北京。）尽管中国官员未亲自访美（除了在纽约的联合国总部外），但有越来越多的文化代表团出访美国。双方贸易蓬勃发展，中国于 1972 年夏天购买了 10 架波音 707 飞机就是一个例子。随着 1972 年底的临近，所建立的沟通渠道已不堪重负。②

　　部分出于这个原因，美国国务院说服不情愿的基辛格博士提出了一个更有效的（而且是常规的）接触方法。美国对北京的某种建议性的思想在 1972 年 2 月尼克松访华之前及访问期间一直是敷衍对待的，

① 《纽约时报》1971 年 7 月 21 日。
② 请参阅尼克松总统向国会递交的报告（1979 年 5 月 3 日），被引用在美国对华政策（从 1971 年 7 月 15 日至 1979 年 1 月 15 日）里，美国国务院《资料选编》，1979 年 1 月第 9 期，第 14～19 页。

但在当时的情况下由于过于草率被双方放弃了。在基辛格第四次访问北京期间（1973 年 2 月 15～19 日），中美双方同意将在对方首都互设"联络处"（liaison office）。① 因为联络处当时还不符合国际法和国际惯例，所以在相互承认之前彼此发展正式性关系并没有什么不妥。而且，联络处同时还可帮助双方过渡到都希望很快就要实现的正常化关系，并会使美国消除其预计的中国很快发生的"继承危机"给两国关系正常化所带来的忧虑。双方为了体现对关系的重视，分别任命了最杰出的高级外交官（戴维·布鲁斯和黄镇）作为联络处主任。② 联络处及其工作人员被赋予外交特权与豁免权。③

关于中美两国接触更具体表现形式的协议的时间选择是出乎意料的巧合。尼克松政府在大约几周的时间内忙于"水门事件"（Water-gate affair）引发的自身"继承危机"问题，而中国到 1973 年的下半年已在仇外和思想极端的"四人帮"的干扰破坏下开始走下坡路。双方在处理冻结资产要求等问题的谈判上（1973 年 2 月在巴黎原则上已达成了协议）取得了可喜进展，但是由于中方的蓄意阻挠很快就陷入了困境。

1973 年 11 月 10 日，基辛格博士第五次，也是作为国务卿首次到北京访问。这次访问发表了一项公报，把对《上海公报》反霸条款不仅是在亚太地区而且是要覆盖全球作为新增加的战略协议收入其中。它也是中方对关于（关系）正常化"只能在恪守一个中国的原则基础上被公认"的一次刻意提醒。④ 这反映了中国对台湾问题的高度敏感

64

---

① 请参阅尼克松总统向国会递交的报告（1979 年 5 月 3 日），被引用在美国对华政策（从 1971 年 7 月 15 日至 1979 年 1 月 15 日）里，美国国务院《资料选编》，1979 年 1 月第 9 期，第 8～9 页。

② 请参阅尼克松总统向国会递交的报告（1979 年 5 月 3 日），被引用在美国对华政策（从 1971 年 7 月 15 日至 1979 年 1 月 15 日）里，美国国务院《资料选编》第 9 期（1979 年 1 月），第 10 页。

③ 第 93 届国会第一次会议通过了公法第 93 - 22 号法律，载《美国联邦法律大全》，第 87 卷，美国政府印刷局，1973，第 24 页。

④ 美国国务院《资料选编》第 9 期，第 19 页。

性及其对尼克松政府将被证明无法实现（关系）正常化的忧虑。当时的政治氛围也未起到任何帮助作用，因为参议院于 1974 年 3 月 3 日批准安克志（Leonard Unger）出任美国驻台北新"大使"，尼克松出人意料地提名他担任这一职位主要是出于国内政治原因。①

无论是国务卿基辛格于 1974 年 11 月 25 日和 1975 年 10 月 19 日对北京的访问还是杰拉尔德·福特（Gerald Ford）总统于 1975 年 12 月 1 日对中国的访问在推进双边关系方面均未取得任何明显的深入进展，太平洋两岸关系由于受政治因素的影响陷入了僵局。尽管任何一方都把它看作按照自身的政治—军事利益来保持一个关系稳步推进的表面现象和一个对"正常化"的承诺，但是在此期间哪一方都没有认真地试图实现关系的突破，仍安于继续探索彼此日益趋同的战略观点。然而，据 1970 年在华沙所提议的和《上海公报》所记录的，美军撤出台湾的过程要继续下去。至 1976 年底，美国在台湾的所有作战部队和大多数美国军事人员都已撤出。

新任领导人努力下实现的正常化

在周恩来总理和毛泽东主席逝世后的 1976 年 10 月 6 日，以华国锋为领导的联盟力量在北京逮捕了"四人帮"。不到一个月后，吉米·卡特当选美国第 29 任总统。太平洋两岸的政治领导层都已发生改变。可以理解，尽管美中始终不断地强调它们在双边问题上的战略关系的重要性，但很快我们就会明白，任何一方现在都在认真准备以考虑与消除密切合作的政治障碍有关的正常化的谈判问题。

中方几年前就已把其立场公之于众，他们在 1973 年 11 月的公报中就曾指出，需要美国对"一个中国原则"要比《上海公报》中的"一个中国原则"有一些更清楚的"确认"，其中写道："美国认识到，台湾海峡两岸的所有中国人都认为，只有一个中国，台湾是中国的一

---

① 《美国国务院公报》第 1815 期，1974，第 380 页。

部分。美国政府对此立场不持异议。"

中方坚持 1971 年 7 月所提出的主张：美国必须承认北京是中国的唯一合法政府，与台北的中国国民党政权断绝"外交关系"，"废除"1954 年签订的"共同防御条约"以及从台湾撤出全部武装力量和军事设施。此后，美国在与台湾的非正式关系中可以采取"日本模式"（Japan model），保持与岛内人民在非官方基础上的实际联系。[①] 中方一贯反对违背中国对台湾拥有主权或在官方认可的台湾当局地位问题上似乎要进行磋商的任何正常化后（post-normalization）的安排。[②]

甚至在卡特当选总统正式宣誓就任前，通过获国务卿提名的塞勒斯·万斯（在美国国务院与中国联络处主任于 1977 年 1 月 8 日的一次会晤后）赞同尼克松政府和福特政府与北京实现关系正常化的政策。[③] 2 月 8 日，卡特总统在一个与此相类似的会议后重申要遵守《上海公报》。[④] 尽管总统宣称，实现正常化没有设置时间表或最后期限，[⑤] 但政府明确表示，要在承认一个中国的基础上"把完全实现关系正常化向前推进"，同时重申由中国人自己通过和平方式解决台湾问题的重要性。[⑥] 与中方在这个问题上（它检验了中国人对其底线的坚守程度，并显示他们不肯让步）进行的试探性会谈始于国务卿万斯于 1977 年 8 月对北京的访问。随之而来的是 1978 年 5 月国家安全顾问兹比格涅夫·布热津斯基（Zbigniew Brzezinski）与中国领导人的会晤。正是在北京的会晤期间，布热津斯基博士正式向中方表示，时任美国驻北京联络处主任的

---

① 对于日本模式的讨论，请参阅萧吉恩主编的《中日和解：举棋不定的关系》，载《中美关系缓和及其政策意涵》，普雷格出版社，1974，第 160 ~ 168 页。

② 例如，请参阅邓小平刊登在《泰晤士报》（伦敦）上的讲话，1975 年 6 月 3 日。

③ 《纽约时报》，1977 - 7 - 9。

④ 吉米·卡特：《美国总统公文汇编：吉米·卡特，1977》，第 1 卷，美国政府印刷局，1977，第 95 页。

⑤ 卡特总统在新闻发布会上发表的讲话，1977 年 5 月 12 日。请参阅美国国务院《资料选编》第 9 期，第 1 页。

⑥ 卡特总统于 1977 年 5 月 12 日在新闻发布会上发表的讲话，请参阅美国国务院《资料选编》第 9 期，第 32 ~ 33 页。

伦纳德·伍德科克（Leonard Woodcock）将很快准备好开始与中国外交部长商讨"正常化能否以双方都能接受的条件来实现"①。

在与国会等各方人士广泛协商的基础上，卡特政府决定，美国可以与中国建立外交关系，但是这样的行动只能以不损害台湾人民的福祉或不减少由中国人自己和平解决台湾问题的机会的某种方式来实现。② 这个基本的构想体现在几个具体问题上。

（1）美台"共同防御条约"将不被"废除"，而是根据"条约"本身的规定终止——"条约"规定，如果一方缔约国通告他方缔约国将终止条约，则条约在一年后终止。③ 此外，美国政府与台湾关系正式解除后，美国政府希望与台湾的所有"协议"和"条约"继续有效，不会自动失效，正如其他国家对中华人民共和国建立时予以承认所采取的方法一样。

（2）美国特别重视在中国的国共之间通过和平方式解决台湾问题；北京如果继续使用煽动性话语来讨论和思考台湾问题，那么正常化进程就不会向前推进。

（3）至关重要的是，美国在中美关系正常化后能够继续有效地保持与台湾人民的广泛联系（至少要按照日本模式进行修改以满足美国政府和国内法律制度的更严格要求），"尤其是正常化后的关系还必须包括美国继续向台湾出售防御性武器"④。

———————————

① 美国国务院：《外交备忘录：与中华人民共和国的外交关系和与台湾的未来关系》，1978 年 12 月，第 2～3 页。

② 请参阅国务卿塞勒斯·万斯于 1979 年 1 月 15 日发表的演讲，美国国务院《资料选编》第 9 期，第 55 页。

③ 在 1979 年，几位美国参议员质疑总统终止"共同防御条约"的权威。地方法院裁决终止条约的权力应由国会和总统共同行使，但哥伦比亚特区上诉法院组织全体法官出庭听审，推翻了这一决定，有四名法官认为，总统有权力独自终止饱受质疑的条约。最高法院撤销了地方法院的判决，并附有驳回通知书进行告知，简单说，就是这个案件与政治问题有关。有的法官尽管持有异议，但这触及了实质性问题，不得不在这个案件中维护总统终止条约的权力。请参阅《高华德诉讼卡特案》，载《美国联邦增刊》，第 481 卷，西方出版公司，1979，第 949 页。

④ 塞勒斯·万斯于 1979 年 1 月 15 日发表的演讲，美国国务院《资料选编》第 9 期，第 55 页。

有了这几个主要的例外，北京的条件就不会给美国带来更多的麻烦。美国的行政部门早已准备确认一个中国原则并从承认台北转向承认北京。之前（尼克松政府和卡特政府时期）的讨论已确定，"日本模式"的某些变化可能是未来处理对台关系的最佳选择。况且，美国依照《上海公报》中的承诺，除了几百人外，绝大部分军事人员都已从台湾撤出。

在布热津斯基博士于 1978 年初夏访问北京之后，卡特总统授权伦纳德·伍德科克与中国外交部长黄华开始关于正常化的一系列谈判。伍德科克在五次会谈中阐述了美国的原则立场（1978 年 9 月 19 日，卡特总统亲自会见中国驻华盛顿联络处主任柴泽民以表示美国在台湾人民福祉上的"担忧"）。在 11 月 4 日伍德科克结束演讲时，他告诉中方，如果美国之关切得到保证，美方将愿意朝着 1979 年 1 月 1 日正常化的预定目标而努力。① 同时，他向中方提出了一份可能的联合公报草案。②

中国的回应因外交部长黄华生病推迟到 12 月初。经过进一步磋商，12 月 3 日伍德科克应邀与中国国务院副总理邓小平会见。这是一次至关重要的会见，它直接促成了第二天与邓小平的再一次会见，并最终达成了满足美国根本要求的一项协议。③ 鉴于有泄露的危险，两国政府同时以《联合公报》（1979 年 1 月 1 日正式生效）的形式宣布了这项协议，并于 1978 年 12 月 15 日分别在华盛顿和北京发表了有关此公报的单方面声明。根据公报，两国同意自 1979 年 1 月 1 日起相互承认并建立外交关系。

《联合公报》重申了一个中国原则。它指出："美利坚合众国承认中华人民共和国政府是中国的唯一合法政府。"值得注意的是，新被承认的中国政府还要赞成接下来的声明："在此范围内，美国人民将同台

① 塞勒斯·万斯于 1979 年 1 月 15 日发表的演讲，美国国务院《资料选编》第 9 期，第 55 页。
② 美国国务院：《外交备忘录：与中华人民共和国的外交关系和与台湾的未来关系》，1978 年 12 月，第 3 页。
③ 美国国务院：《外交备忘录：与中华人民共和国的外交关系和与台湾的未来关系》，1978 年 12 月，第 3 页。

湾人民保持文化、商务和其他非官方关系。"为了消除对于台湾地位的任何疑问，美国政府进一步明确表示，它"承认中国关于只有一个中国且台湾是中国的一部分的立场"，这是对《上海公报》关于台湾问题公式化语言的简要概括。

美国政府的单方面声明（中方已提前知晓）承诺美国同台湾在民间层面将在没有官方代表机构也没有"外交关系"的情况下保持这种"文化、商务和其他非官方关系"。它进一步指出，美国政府将寻求调整法律和规章以便与台湾人民保持这样的关系。该文件还强调"美国继续关心台湾问题的和平解决，并期望台湾问题将由中国人自己和平解决"。

中国同时发表的单方面声明（也曾被美国政府事先知晓）对美国关心的中国解决台湾问题的方式的声明提出异议，并声称，"统一国家的……方式完全是中国的内政"。然而，中国政府和美国关于通过和平方式解决台湾问题的期望并不冲突。中国政府随后的声明和行动建立在台湾与中国大陆和平"统一"而非一如当年所强调的武力"解放"的前提之上。

此外，根据美台"共同防御条约"第 10 条的要求，美国还宣布准备在通知送达对方一年后终止该"条约"。这样，它就摆脱了与承认北京和与其建立外交关系不相容的法律文件，并明确表示，此前与台北缔结的政府间的"条约"和"协定"将不会由于美国的不承认而自动失效，实际上仍将有效直至依法终止。在 1979 年 3 月 1 日中美两国互派大使两个月后，剩余驻美军在同年 4 月 30 日之前全部撤出台湾。①

美国在（中美关系）正常化谈判的过程中就关于向台湾提供武器的难题曾公开表态称，美国"已明确表示，将在'防御条约'终止后准备继续向台湾出售有限的防御性武器"②。然而，鉴于中国的敏感

---

① 可参阅其他文件，请参阅美国国务院《外交备忘录：与中华人民共和国的外交关系和与台湾的未来关系》，1978 年 12 月，第 4 页。

② 美国国务院：《外交备忘录：与中华人民共和国的外交关系和与台湾的未来关系》，1978 年 12 月，第 4 页。

性，美国暂停实施新的售武承诺，而该"条约"在 1979 年内仍然有效①（该暂停在"条约"期限届满后从 1980 年 1 月 2 日起正式被解除）。

1978 年 12 月 16 日（北京时间），华国锋总理宣布了中美关系正常化，中国政府坚持认为，它"绝对不会同意"美国继续向台湾出售武器，但在阐述其反对依据后，继续指出，在这个问题上"双方虽有分歧，但即便如此，还是最终签署了《联合公报》"。这一未达成一致的分歧和随后美国国会在"与台湾关系法"中关于对台军售政策的一再重申给中美关系自"正常化"以来的成功发展带来了新的问题。

（关系）正常化后的成就

在美中相互承认并互派外交使团之后的两年内，几乎所有领域的双边关系都在以惊人的速度发展。涉及文化、科学、技术、经济、领事及其他领域的一个详细合作协议框架的制定以及两国领导人为讨论共同关心的问题进行的互访就是很好的例证。这些访问以及其他的重要事件在接下来的论述中我将予以介绍。

直到 1978 年底，尼克松和福特都曾在总统任内前往北京进行访问，但中国高层领导人由于国民党（即中国国民党）驻华盛顿"大使馆"的继续存在却未进行回访。随着这个障碍于 1979 年 1 月 1 日消除，邓小平副总理才对华盛顿和美国其他地区进行了为期一周的访问（1 月 28 日~2 月 5 日）。

邓的访问无论在形式上还是在实质性上都是中美关系的一座里程碑，用卡特总统的话，即在两国的历史上建设了"一条不可逆转的新道路"②。在这次访问期间，双方达成了有关文化、科学、技术合作和建立领事关系的几项基本协议。2 月 1 日，卡特和邓小平发表的《联合新闻公报》进一步承诺为在北京和华盛顿两地互派新闻记者提供方

①《纽约时报》1978 年 12 月 18 日。
②《美国国务院公报》第 2024 期，1979，第 5 页。

便，并着手在不久的将来缔结贸易、航空、海运等相关协定。

在这一历史性访问之后，两国之间的人员、思想、商品和服务交流都取得了跳跃式增长。1980 年 9 月底，国务院对美中关系的发展状况做出了如下总结：

> 尽管我们两国之间存在思想、文化和社会差异，但我们对全球的和平与稳定有着共同的关注。我们两国政府关于具体问题的协商是目前国际社会的一种正常现象。虽然我们对全球性问题的看法很少相同，但我们的政策通常是相似并相互支持的。我们的对话从开明的自我利益和相互尊重出发，几乎涉及国际议程中的每一个问题，如从战争与和平到世界经济、环境保护和我们对外服务的组织和管理等。在我们之间关于全球和地区战略、政治军事、联合国和其他多边组织事务、军控、地区政治和经济、国际毒品及涉及我们两国关系的所有方面都已建立了固定的协商机制。

美国国务院进一步强调了两国之间的人员交往自外交关系建立以来取得的快速增长，下面援引几个事例供参考。

（1）美国副总统蒙代尔和 5 名内阁成员已访问过中国；中国副总理邓小平、方毅、康世恩、耿飚和薄一波及很多部长和部门负责人也已访问过美国。

（2）我们联邦政府包括国防部在内的几乎每一个部门和机构目前已与中国的相关部门和机构建立了富有成效的关系。国家和地方政府及大学和其他私人机构也已开始与中国建立类似的关系。

（3）目前每个月有 100 多个中国代表团出访美国（1978 年每个月 2 个左右）；与 1978 年的 10000 人相比，1980 年大约有 70000 美国人访问中国。

（4）如今中国留美学者和学生有近 5000 人，而有几百名美国人在华工作、做研究或留学（两年前几乎没有这样的交流）。

美国国务院注意到了关于贸易和经济交流的事实：

> 中美贸易……明显超过了之前最乐观的预测……目前美国棉花约一半出口中国并且中国也是美国小麦、玉米和大豆的主要进口国；工业制成品出口是我们出口增长最快的商品贸易。纺织品和石油位居中国进口美国商品的首位。[①]

最后，美国国务院记录了其他领域的交流活动：

> 政府和私人层面进行的数量越来越庞大的文化交流活动使美中两国人民正在广泛地了解彼此的艺术和文化成就。1981年上半年，美中联合科学技术委员会（the US – PRC Joint Science and Technology Commission）将在华盛顿举行第二届年会以回顾自1979年初以来根据科技合作协议美中两国倡导的数以百计的联合研究项目和协作方案。这些方案目前覆盖从高能物理到地震研究的13个领域。[②]

蒙代尔副总统访华（1979年8月25日~9月1日）为这些在新型关系中取得的显著发展提供了动力。它足以打消美国将寻求缓和与中国关系的发展速度以与美苏关系的发展相匹配或把呆板的公正运用到处理与那两个截然不同的共产主义国家关系的做法中的任何疑虑。蒙代尔副总统8月27日在北京大学面向全中国的观众发表了前所未有的电视演讲，并宣称美国支持"一个强大、安全和现代化的中国"。他告诉中国人，"尽管我们两种制度之间有时存在显著差异，但我们会致力于和你们一起推进我们之间并行不悖的战略和双边利益。因此，在世界事务中任何一个寻求削弱或孤立你们的姿态也是对美国利益的违背"。然后，他宣布，美国与中国发展关系的目标是：

71

---

① 当这篇文章最初发表在《中美关系正常化及其政策意义》上的时候，主编萧吉恩和迈克尔·维吞斯基就指出，1980年底的交易结果甚至超过了国务院9月的预计。中国大陆成为美国第11大出口市场，仅次于中国台湾（第9位）和澳大利亚（第10位）。双向贸易达到了惊人的49亿美元，其中，38亿美元是美国的出口。在1980年1月，美国对中国大陆的4.24亿美元的出口首次超过了对中国台湾的3.15亿美元的出口。

② 请参阅美国国务院公共事务局《要点》，1980年9月。

（1）要建立相互安全背景下的具体的政治关系；

（2）要建立真正平等框架下的广泛的文化关系；

（3）要建立具有共同受益目标的实际的经济关系。

在蒙代尔副总统宣布美国专家将对中国几项大规模的水电和灌溉项目提供帮助时，他证实美国已指定中国作为实施《对外援助法》（the Foreign Assistance Act）① 的一个"友好国家"。他告诉中国人，中国在未来 5 年将获得美国进出口银行高达 20 亿美元的贷款。

国防部长哈德罗·布朗对北京的访问带来了另一个令人振奋的消息。在蒙代尔副总统的中国之行之前，中美两国政府多数相关部门就早已建立了正常的合作关系。然而，在该模式下的国防部却是一个明显的遗漏。蒙代尔访华期间，原则上同意布朗部长前往北京访问，并随后把访问日程初步定为 1980 年 1 月初。

1979 年圣诞节前夕，苏联入侵和占领阿富汗不仅直接挑战了中国的利益，而且也挑战了美国及其盟友欧洲和日本的利益，因此，布朗部长和中方商讨的背景和结果都发生了深刻改变。1980 年 1 月 6 日，在北京的欢迎宴会上，部长指出，"在这种情况下，中美之间日益增强的合作是维护全球安宁的一个重要的而且必要的因素。中美之间关系的改善不针对任何第三国，然而，其他国家的行为会影响这一关系的性质……（我们的）合作……应提醒别国如果他国威胁到美中的共同利益，我们就能够在国防和外交领域以互补的行动来回应"②。

因此，国防领域的交往也在两国之间得以建立和发展，包括副总理耿飚1980 年 5 月底 6 月初率领中国人民解放军高级代表团对美国的访问，以及 9 月当美国国防部副部长威廉·佩里对北京进行回访之时另一个远赴美国研究美军物流管理系统的中国人民解放军代表团对美国的访问。

与此同时，美国对华高科技产品的出口管制呈现明显的自由化。

_____

① 截至 1980 年，大约有 100 部联邦法律需要修正以使中国在各个领域有资格得到美国的援助。

② 包德甫：《布朗敦促北京开展应对莫斯科的合作》，《纽约时报》1980 年 1 月 7 日。

美国政府第一次允许向中国出售此类专门用于军事用途的产品。此外，美国同意根据具体情况考虑对中国进行军事保障装备（但非武器）的商业销售——只需美国在巴黎统筹委员会的盟友批准即可。美国国务院特别在《军需品控制新闻通讯》第 81 期公布了可以考虑出售给中国的军事保障装备列表。商务部还把中国转变成出口管制的一个新的和独特的类别，技术上称为"P 类"，其中规定向中国出口两用装备和技术将不会被视为出口到诸如华约国家等其他受控目的地的一个先例。① 事实上，为报复苏联对阿富汗的入侵，美国及其盟友同时进一步限制向苏联销售此类高科技产品。

与此相关的则是美中两国之间关于西南亚和印度洋地区发展进行的一系列定期磋商的协议。正是出于这个目的，1980 年 3 月中旬中国外交部副部长章文晋率小型代表团参观了设在檀香山的美军太平洋司令部并拜会了华盛顿的官员。章与美国高级官员的商讨标志着中美在国际问题上进行的友好坦诚协商进入了一个新阶段。这些商讨很快扩展到包括欧洲、东北亚与东南亚、中东和非洲的事务。

1980 年夏天，美国国务院几位高级官员分别访问北京以继续进行对话，这一双方达成共识的对话与沟通将被制度化以便双方可以在未来每年举行几次会晤。② 同年 9 月中国外交部副部长何英在华盛顿会晤国务院官员以商讨联合国和其他多边外交问题。这种广泛协商关系的迅速形成很大程度上被视为理所当然，媒体对何在美国首都的出现未给予完全关注就可以说明这一点。

中美关系尽管取得了这些成就，但在正常化的头两年并非完全没有遇到麻烦。1979 年 2 月中国对越南的自卫还击引发了华盛顿的

① 《美国联邦公报》，第 80－12796 号文件，于 1980 年 4 月 24 日存档，第 45 卷，第 82 页，《规章制度》，第 27922 号文件，于 1980 年 4 月 25 日存档。

② 这些官员包括：负责东亚和太平洋事务的助理国务卿理查德·霍尔布鲁克，负责打击国际毒品的助理国务卿马瑟尔·法尔科，主管政治和军事事务的主任霍金纳德·巴塞络缪，执行秘书彼得·塔尔诺夫和国家安全委员会高级工作人员罗杰·沙利文。

73

关注。美国政府通过国务院发言人霍丁·卡特三世要求"越南军队立即撤出柬埔寨，中国军队立即撤出越南"[1]。在迈克尔·布卢门撒尔财长同月访问北京进行有关冻结资产问题解决的谈判时，对中国军事打击越南给予公开批评。然而，因战争导致的中美关系的紧张并未对他此行的热烈气氛造成影响。除此之外，最棘手的问题依然是台湾的地位问题。

回到台湾问题

1978 年 12 月 15 日，美国政府在与中国建立外交关系的单方面声明中曾宣布，将"寻求调整我们的法律和规章，以便在正常化以后的新情况下得以（与台湾）保持商务、文化和其他非官方关系"。从这一前提出发，卡特总统 12 月 30 日发表了一份备忘录，指示联邦政府各部门机构借助一个非政府机构以非官方名义延续其与台湾实施的现行方案和其他往来。由国务卿任命的 3 位受托人组成的"美国在台协会"（AIT）成立于 1979 年 1 月 16 日，是作为哥伦比亚特区为和台湾保持商务、文化和其他关系而设立的"没有官方的政府代表和没有外交关系"的一个非营利机构。

1 月 26 日，美国总统向国会递交了一份作为 1978 年 12 月 15 日签订的《联合公报》的众议院第 1614 号立法实施法案。该法案旨在达到三个目的：依据美国法律授权规定，美国与外国或外国政府所进行或实施的各项方案和活动，同样可与台湾人民进行或实施；通过"在台协会"和台北的相应机构（即"北美事务协调委员会"，CCNAA）在非官方基础上准备执行这样的方案和活动以及允许对"在台协会"进行资金、人力和行政支持。[2] 随后国会就这个非常具有争议性的问题

---

① 伯纳德·格威特兹曼：《告诫苏维埃》，《纽约时报》1979 年 2 月 18 日。

② 美国副国务卿沃伦·克里斯托弗（1979 年 2 月 7 日）对美国国会众议院外交事务委员会关于台湾立法的声明，第 96 届国会第 1 次会议，1979 年 2 月 7~8 日，第 2~6 页。本书作者在这一方法构思中的作用已在青山的《美国中国政策制定》（第 40~42、44、54 页）里被讨论。

举行了一系列听证会。

参议院外交关系委员会（简称"参议院外委会"）认为总统的法律草案在以下几个方面存在不足。第一，参议院外交关系委员会声称，尽管卡特政府认识到中华人民共和国作为中国的唯一合法政府并且知晓了"台湾是中国的一部分"的中国立场，但"美国本身并不同意这一立场"。参议院外交关系委员会认为，承认"法律学者"试图确定台湾的国际法律地位的意见是不明智的，"最好的方法是把美国将与台湾保持关系的具体方式讲清楚"。第二，参议院外委会寻求对"台湾民众在美国法院起诉和应诉享有的法律地位"以及美台在组织和个人的产权保护问题上的澄清。第三，参议院外委会建议国会对"美国在台协会"的监管要设置相关条款。第四，参议院外委会要求总统根据互惠原则"提供广泛的特权和豁免权"给在美国的台湾机构（CC-NAA）的成员。第五，参议院外委会想要"对中华人民共和国明确，如果中国诉诸武力试图实现台湾与大陆的统一，它与美国的新关系就将受到严重威胁"[①]。出于上述原因，参议院外委会提出了自己重新起草的法案，即"台湾授权法案"（第 245 号），以实施新的对台政策。[②]

众议院外交事务委员会对所谓行政部门法案（第 1614 号）存在的不足持类似观点，并且也提出了自己起草的法案（第 2479 号），特别强调台湾的安全问题。委员会对它的见解做了如下陈述：

> 台湾的前途必须通过和平方式，即不损害台湾人民福祉的方式来决定……
>
> 尽管如此，法律却明确规定，一旦对台进行武装威胁或使用武力，就应该由美国做出迅速回应。在台湾的防御中采取包括可能使用武力在内的何种适当行动将依具体情况而定。委员会并不

---

① 请参阅美国国会参议院外交事务委员会"台湾授权法"，第 96 届国会第 1 次会议，1979 年 2 月 22 日，第 7~8 页。

② 请参阅美国国会参议院外交事务委员会"台湾授权法"，第 96 届国会第 1 次会议，1979 年 2 月 22 日，第 23~39 页。

试图预先确定什么样的情况可能是特殊情况并做出回应。在任何情况下，美国的行动都是按照宪法的程序进行。在委员会看来，在极少数情况下美国至少应该认真考虑撤回对中华人民共和国的承认。

最后，委员会特别注意到了中国领导人的最近声明，最引人注目的当属邓小平副总理所指出的，中华人民共和国将接受台湾保持目前的经济和社会制度，继续对外贸易和投资以及民间往来，并保持自己的武装力量。这些政策声明受到许多美国人的欢迎，并给对台湾未来安全担忧的他们带来一些慰藉。①

经过附加辩论和听证会后，参众两院就一些技术差异和用词②达成了妥协并通过了"与台湾关系法"。该法案于 1979 年 4 月 10 日成为"法律"。

正如可以预料的那样，北京强烈反对国会对这部法律进行的多处修改，特别是对反复强调的台湾问题由中国人自己和平解决的关心进行渲染的第 2 条乙款，它列举了美国以下 6 项具体的政策目标：

1. 保持并促进美国人民同台湾人民，以及同中国大陆人民和西太平洋地区所有其他人民之间的广泛、密切和友好的商务、文化和其他关系；

2. 宣布该地区的和平与稳定符合美国的政治、安全和经济利益，并为国际社会所关切；

3. 表明美国决定同中华人民共和国建立外交关系是基于台湾的前途将通过和平方式决定这样的期望；

4. 认为以非和平方式包括抵制或禁运来决定台湾前途的任何

① 美国国会众议院外交事务委员会："美台关系法"，第 96 届国会第 1 次会议，1979 年 3 月 24 日。
② 美国国会众议院外交事务委员会："与台湾关系法"，第 96 届国会第 1 次会议，1979 年 3 月 24 日。

努力，是对西太平洋地区的和平与安全的威胁，并为美国严重关切之事；

　　5. 向台湾提供防御性武器；

　　6. 保持美国抵制危及台湾人民或破坏社会经济秩序的任何诉诸武力或其他胁迫形式的能力。

这部法律中遭到北京反对的其他条款是第 4 条乙款第 3 项中的第 2 点，它指出：

> 根据美国法律，在一切情况下，包括在美国各级法院提出诉讼时，承认中华人民共和国一事丝毫不应影响台湾当局于 1978 年 12 月 31 日或以前所拥有或持有，或在此以后获取或赚得的对各种有形无形的财产和其他有价值的东西的所有权或其他权利或利益。

北京反对这个条款的依据是，它否定了国际法关于允许继任政府承担对其前任政府财产控制权的一般原则（一个直接的结果是有效阻止了美国对其自身 1949 年在华的外交和领事财产的索赔）。

出于种种原因，中国政府提出强烈抗议，声称这部法律如获通过，就违反了《联合公报》的原则。然而，当总统 4 月 10 日签署这部法律的时候，他通过声明再度向北京保证：

> 在这部立法的一些款项中，国会已明智地授予总统一定的自由裁量权。正如在我们的《联合公报》里所表达的那样，无论如何我都将以某种方式行使这种自由裁量权以符合我们对台湾人民福祉的关心以及与中华人民共和国关系正常化所达成的谅解相一致。（斜体为本书作者所加）

1979 年 4 月 19 日，邓小平副总理直言不讳地告诉来访的美国参议院外交关系委员会访华团，国会对该法案的修改已接近"取消"刚刚正常化的中美关系。①

美国与台湾之间在非官方性质上的继续交往于 1979 年 6 月在北京举行的五届全国人大二次会议上似乎产生了相当大的争议。在中国人看来，主要的问题是美国对台军售的延续。如前所述，卡特政府 1979 年已暂缓实行对台湾新的军售承诺。然而，根据（关系）正常化前的承诺，武器和零配件的交付将一直持续到 1980 年 "共同防御条约" 期满前。实际上，台湾是当年美国第 8 大军火买家。

1980 年 1 月 2 日，卡特政府宣布对台价值 2.8 亿美元的新的军售承诺。这一表态立刻招致北京的抗议。中方强调，这种武器销售和交付不仅违背了美国《联合公报》的承诺，而且削弱了中国大陆与台湾之间内战和平解决的前景。中国政府主张，美国的持续军售具有使台北失去对北京在与美国建立外交关系后立即做出的系列和解姿态进行回应的动力的作用。

这些姿态意味着，台湾在 "统一" 后可以如前面提到的在国会报告中所列出的几乎完全自治的条件下由国民党继续进行统治。此外，北京早已提出在海峡两岸之间进行开放的旅游、通邮、通信、通航及空中双向直达（包括允许台湾的 "中华航空公司" 班机飞往北京和上海）；消除贸易的关税壁垒和进行广泛的文化、科学与技术交流。1979 年 1 月 1 日，中国人民解放军已停止炮轰中国国民党控制的金门和马祖，并且中国政府已邀请台湾当局在平等的基础上参加党际（国共两党之间）对话以减少和最终消除台海军事对抗并制定 "统一" 的模式。

台北正式拒绝了北京的所有提议并称之为 "共党的统战伎俩"。然而，在接下来几个月的实践中，海峡两岸的中国人之间的间接往来却成为日益普遍的现象。这种往来主要发生在第三地，如美国和日本，偶尔也有直接往来。中国大陆与台湾之间主要通过香港转口进行间接贸易往来，预计 1980 年贸易额会迅速增长到 4 亿~5 亿美元，大大高

① 包德甫：《邓告诫对台湾指手画脚的参议员》，《纽约时报》1979 年 4 月 20 日。

于前几年的总和。① 这些进展再加上福建前线双方军事活动的减少把台海地区的紧张降低到了 30 年来的最低水平。

与美国当时取消承认时出现的担忧相反，台湾在《联合公报》规定的新安排下却十分繁荣。1979 年美国在台被批准的主要投资达 7070 万美元，1980 年已达 2 亿美元，从而使美国自 1952 年以来的投资总额达到了 8.662 亿美元。在贸易领域，1979 年台湾的出口总额达 161 亿美元（比 1978 年增长 27%），而 1980 年已达 198 亿美元（比 1979 年增长 23%）。在进口方面，1979 年进口总额达 148 亿美元（比 1978 年增长 34%），而 1980 年达 197 亿美元（比 1979 年增长 33%）。台湾与美国的双边贸易也在持续快速增长，1980 年共计 116 亿美元，比 1979 年增长 27%。为此，台湾享有的出口盈余达 20.6 亿美元。② 台湾在获取美国私人银行和美国进出口银行必要的贸易和金融支持上未遇任何阻力和障碍。

除了取得上述进展外，为取代原有的"政府间航空运输协定"，"美国在台协会"与"北美事务协调委员会"又于 1980 年 3 月 5 日签订了一项"民营航空运输协定"。同样，这两个机构之间 9 月 4 日通过书信往来确认了一项学术与科学合作的非正式协议。由于"与台湾关系法"第 10 条的授权，"美国在台协会"与"北美事务协调委员会"10 月 2 日对这两个组织及其指定的员工还达成了一项相互授予职能特权、免税权和豁免权的协议。从国际法的角度看，尽管这项非正式协议是不同寻常的，但它只有在非政府协定基础上才会促进这两个组织必要功能的实施。

78

---

① 这些是美国政府非官方的估计数字。根据香港官方资料，台湾和中国大陆之间经由英国管治地的贸易额在 1980 年的前 10 个月达到了 1.649 亿美元，比 1979 年同期的 1250 万美元增加了 12 倍。其中，经香港转运到台湾的大陆货物就占了 6565 万美元。请参阅《大公报》（香港）1981 年 1 月 2 日。

② 美国与台湾的双边贸易数据是由总部位于弗吉尼亚州阿灵顿的美国在台协会（AIT）发布的。

结论

从一个更大的角度看，美中从敌对状态到解冻所经历的漫长而艰难的谨慎缓和尝试过程代表的绝不仅仅是政治关系的正常化。两国为把关系推进到缓和之外的一个新阶段，即基于平等、开明的自我利益和对两国不同意识形态和不同社会制度相互尊重的密切协商的关系阶段，正常化承诺结束了自 1784 年两国第一次接触以来近两个世纪的不平等、歧视和时有发生的暴力。美中两国至关重要的战略关系在正常化中得到了巩固。美国在一个世纪内第一次获得了同时与中国和日本发展密切合作关系而根本不用在二者之间进行抉择的机会。正常化促进了朝鲜局势朝着缓和的方向发展，开启了中美在亚太地区其他地方进行合作的可能性并加强了中国内战和平解决的预期。最重要的是，假若双方对台湾问题的处理给予持续的关切，正常化过程就已为占人类总数 1/4 的美中两国人民形成真正平等与互惠互利的密切合作关系铺平了道路。

第三章

台湾问题的缘起

　　我在美国驻外事务处的成就主要集中在对中华人民共和国战略关系的开启上面。我对这个的期待就是我成为一名外交官的重要原因。然而，我所参与的美中两国互动在许多方面都带有戏剧性。1969～1971 年，在台湾台中的国务院外交学院华语与区域研究所，我敢说我是我的班级中发现台湾在许多方面是一个比大陆更加充满活力和更加有趣的新型民主（proto－democratic）政体的唯一学员。这种吸引以及了解台湾政治经济演变的渴望就是我专心学习"台语"（或称闽南语，是与在任何其他地方都将具有成为独立语言资格的与普通话截然不同的一种中国方言）的缘由。① 虽然我从来没有克服掉闽南语中带有的轻微的普通话口音，但我能够非常流利地使用这种方言甚至可以发表演讲并且为自己发展了对于台湾第二波中国（大陆）移民及其后代的

---

　　① 正如马克斯·魏因赖希指出的，"语言只是拥有陆海军的方言"。台语（闽南语）就是二者兼有的人所讲的方言，但如果它被书写，它也是用与官话（即中文普通话，在中国台湾地区一般称"国语"。——译者注）或与中国人的其他方言相同的表意文字写出来的。像书面粤语或吴语（上海话）一样，书面闽南语因此本质上与仍然是海峡两岸官方标准话语的普通话没有区别。台语与海峡对岸的厦门所讲的闽南话几乎是一样的。

同情颇为自得。①

我期望去台北服务。然而，我却被选派先为美中华沙会谈做翻译，然后作为美国首席翻译官陪同尼克松总统访华团一起前往北京。那次访问期间及之后进行的多数讨论主要集中在两国关于台湾及其国际地位的不同见解上。这三个联合公报是管理围绕台湾问题的中美关系的基本文件。

不过，在美中之间的台湾问题形成之前的很长时间内，台湾问题就已存在。问题是如何在形式上和实质上管理台湾和中国其他地区之间的关系。这个问题是对台湾历史的反映，在那个戏剧性情景中不同的参与者会有不同的见解。

我在为时任战略与国际研究中心（总部位于华盛顿）中国研究部的弗雷曼基金会②主席江文汉（Gerrit Gong）博士所撰写的一篇文章里（在 1995 年前往台北的长途飞行中）试图阐明这些差异及其原因。正如我的文章所指出的，台湾问题在 20 世纪 90 年代中期正处于一个拐点。接下来的这篇文章（《海峡两岸的不同记忆》）将有助于那些不熟悉台湾复杂历史的读者对李登辉领导下的岛内明显的"独立"倾向有所了解。这种倾向破坏了台海和平框架并在美中军事互动方面制造了一场危机（请参阅第 4 章）。

台湾的历史包括外国势力试图利用其战略位置来对抗中国的多次尝试，美国就是其中之一，然而美国在二战后以及在蒋介石领导的中

---

① 客家人定居在台湾要早于闽南人，并且仍占该岛人口的 15% ~ 20%。我学习他们的方言仅有一周时间，之后就被调到了华盛顿担任国务院首席中文翻译官。李登辉（1923 ~ ）是台湾本地客家人而不是闽南人。

② 弗雷曼主席是弗雷曼基金会授予的职位，这一基金会是由作为一位与他人于 1919 年联合创办美国国际集团（AIG）保险公司上海分公司的儒商的曼斯菲尔德·弗里曼捐资成立的。弗雷曼基金会主席职位多年来一直由他的"精力旺盛"的儿子霍顿·弗里曼担任（1921 ~ 2010 年）。尽管我的家庭是弗里曼大家族的一支，我们共同拥有源于 17 世纪的马萨诸塞州的祖先，但实际上我们不相关。下面事实的存在使这方面的混乱更加纠缠不清了，即战略与国际研究中心弗雷曼主席一职刚刚由我的儿子查尔斯三世接任，他和我的女儿（以我母亲的名字命名）卡拉·帕克·弗里曼一样都是汉学家。

华民国与中国共产党的内战中战败后和台湾的关系，与其说是出于战略斟酌还不如说是对一些事件回应的结果。

在线档案资料

当我 1969 年开始学习中文的时候，我从历史观的视角撰写了一篇关于台湾战略重要性的简短论文。我相信，它现在仍然是有关这个主题研究的有用的背景资料。不过，我提醒读者，尽管 1969 年美国与中国大陆关系解冻的迹象在本书第二章已详细讨论，但没有人愿意承认这需要美台关系也做出调整。对由"谁失去了中国"（who lost China）和对影响美国政策的"院外援华集团"（China Lobby）的取缔的问题而展开的麦卡锡"猎巫行动"（witch hunt，政治迫害）的回忆对倾向讨论这个主题的任何人都是非常大的禁忌。而把目光转向中华人民共和国（当时称"红色中国"）的这个逻辑对我来说似乎是显而易见的。我对它的感知对我决定进入美国驻外事务处发挥了很大作用。不过，我认为，台湾地缘战略地位的问题与美国的中国政策变化有关，因此我决定专注于这项研究。这一努力成果是可用的，其标题是《台湾对美国的战略重要性：一个历史评价》，参见 http://bit. ly/interesting – times。

海峡两岸的不同记忆 *

1995 年 3 月

1947 年 2 月 28 日，发生在台北市的一起非政治性的小事件引发了台湾的一场血腥屠杀，致使成千上万的岛内居民惨死在国民党军队的手中。这距离中国宣布重新收回该岛的时间还不到两年。国民党的暴行源于对它的竞争对手——中国共产党在大陆的全面胜利可能会蔓延到该岛的恐惧。

此后的几十年间，在台湾公开谈及 "2·28 事件" 是一个禁忌。随着中华民国在大陆的瓦解，逃亡台湾寻求庇护的官员、军人等数百万人曾回忆称，它是由共产党挑起的证明军管统治合法化的一次内部安全问题事件。中华人民共和国的宣传者们并未确切地响应这一观点，而是设法把 "2·28 事件" 描绘成虽未成功，却是共产党领导的一次人民起义。岛内政治上活跃的本省人将它作为来自中国大陆暂住的外地人把一个非民主政权强加给他们而使他们遭遇殉难和镇压的象征。无论对外省人还是对台湾本省人来说，"2·28 事件" 长久以来都是异化、分裂和民族主义竞争的一个象征。

然而，1995 年 2 月 28 日，外省人和本省人在台北的东吴大学一起举行纪念 "2·28 事件" 大会。在纪念大会上，蒋孝严（一位声望颇高的外省人）发表了讲话。蒋①是 "侨委会委员长"，但是台湾的每个

---

* 最初收录在由江文汉主编的《记忆与遗忘：东亚战争与和平的遗产》（战略与国际研究中心，1996）里。经许可转载。

① 已公开用他父亲的 "蒋"（Chiang，现在拼写成 Jiang）姓来承认他的血统。

人都知道他还是蒋介石之孙、蒋经国之子（这两位在台的"中华民国总统"曾为大多数台湾民众的民主统治奠定了基础）。蒋可用官话进行诗意般的表达，不过，像他的许多同龄人一样，他可以讲官话和闽南语。

蒋"委员长"在演讲中这样开头：

> 今天，我们从不同地方到这里集会。我们也许出生在不同的省、地区和城市；我们也许讲不同的方言；我们也许生长在不同的环境；我们也许有不同的宗教信仰；我们也许有不同的政治哲学，年龄不同、性别不同，我们也许对人类生活和命运及其阐释有不同的价值领悟，但如果我们没有给予对我们赖以生存的这片土地共同的关注和热爱，我们今天就不会来此相聚。

84

蒋在结束他的讲话时呼吁他的听众要超越对"2·28事件"迥然有别的记忆并代之以一个共同的目标：

> 我们都属于这片土地。我们都属于这个国家。在我们中间，不再有任何"过客"，也不再有任何"外来者"。……我们必须让我们的孩子和我们的孩子的孩子自豪地回想起他们的父母和他们的父母的父母承诺自己做到宽恕、和解及热爱以至于他们可能会免于疏离而在相互尊重和温暖的陪伴中生活。

虽然下一代或许会把台湾称为自己的"祖国"，但蒋"委员长"并没有这样做。不过，他呼吁用一种共同的认同和使命感代替过去一代因对同一事件的不同记忆导致的民族分歧所引发的怨恨。记忆可以产生让国家合并或分离的神话。它们是政治话语形成的深层原因。当一个民族把它们确定为对过去和现在的看法时，它们甚至会塑造这个民族的未来憧憬。矛盾的记忆会导致不同的观点。台湾的故事是由台湾本省人和从大陆来的人的不同记忆编织而成的。它在东京以一种截然不同的方式讲述，在华盛顿却以另一种方式讲述。它在北京通过一种方式被理解，而在台北和高雄却以另一种方式被理解。似乎可以确定的是，这个故事在未来的一年会进入一个新的篇章，或许将会终结；不确定的是，台湾的故事是否会有一个幸福的结局，如果有，那么这个幸福的结局属于谁呢？

台湾的中国体验

在国民党败退台湾前，台湾人的华夏先民在过去的几个世纪不断涌入台湾。台湾当时处于外族（满族）统治之下。汉族尚未形成民族国家的思想，更未被民族主义所操纵。来到台湾的中国大陆人忠于家庭和家族。对他们而言，要尽可能多地避免组建这种大规模的令人厌烦的政治组织。他们开垦土地并寻求享有一种从饥饿和政治动荡及从政府的苛捐杂税和官吏的勒索中解脱出来的生活。在台湾，他们发现了名义上由福州管辖但事实上超出了皇帝的官员实际管辖范围的一个边缘地带。

85　　北京迟来的关心致使其发现了台湾的中国人聚居区，而这一区域当时正掀起一股大陆非法移民台湾的狂潮。1885 年，北京把台湾提升到一个独立省份的地位。台湾省很快引领了中国在该地区的经济现代化。台北是中国最早通电的城市。台湾是中国第一个拥有铁路的省份。然而，该岛对中国的有效政府体验是短暂的。9 年后，随着中国在 1894～1895 年中日甲午战争中的失败，台湾及其人民被割让给日本。在中国的统治精英中，对这种领土及其人民的割让却没有同一时期承认日本在朝鲜的宗主权所激起的愤慨大。

直到 1945 年 8 月日本投降，台湾人民这 50 年期间都在日本帝国海军的管辖之下，成为日本天皇的臣民。日本人运用特别残忍的手段有效地抑制了台湾的中国人和土著居民的零星抵抗。日本针对台湾大多数文盲农民和部落居民的同化政策很快获得了成功。到 20 世纪 30 年代，许多台湾人住日本式房屋，食用日本食品并能够阅读日文报纸。有些人在日本的大学还获得了很多荣誉。台湾经济随着日本经济的发展而发展，日本已使台湾获得了一定的经济基础设施、文化程度、成熟的现代化方法，以及甚至比中国大陆除了少数特权阶层以外的所有人还要优越的生活水平。在日本军队入侵中国大陆期间，成千上万的台湾人通过加入辅助部队和充当雇佣兵来效忠天皇。许多台湾年轻人作为"神风"飞机飞行员在日本防御不断向前推进的美军部队的最后阶段献出了自己的生命。

鉴于台湾已被"日本化"，被派驻以恢复中国对该岛行使主权的国民党部队对台湾人怀着既敌意又嫉妒的复杂感情。因此，台湾人民经历了国民党以简单粗暴的军事方式管理台湾并对财产进行广泛没收的"恢复正常"的最初阶段。这种氛围为"2·28 事件"以及被逐出大陆后的国民党当局对台湾人民 10 年的严厉镇压提供了借口。台湾人被当作遭到征服的人口一样的对待，并饱受质疑。20 世纪 50 年代，不像国民党早期统治下的大陆，土地改革在国民党统治的台湾取得了成功，因为在很大程度上，这意味着台湾被剥夺权力的精英失去了自己的土地——这不同于与国民党官员有着重要关系的地主阶级的土地。

20 世纪 50~60 年代，国民党积极寻求以中国的方式再一次同化台湾人。在禁止他们说日本话的同时，教他们说官话；向他们传授中国文化，用中国文化教育他们并向他们灌输中国的民族主义思想。国民党把其模糊的社会主义的三民主义意识形态反复灌输给台湾人。① 用 20 世纪的中国历史教导他们并通过日本人而非中国人的视角向他们介绍他们曾经历的一些重大事件。国民党使他们心中充满对中国共产党的恐惧以及对北京"背信弃义"的警惕。它征召台湾人入伍以准备在其输给中国共产党的内战的重新再起中作战。它力求激励他们愿意为台湾与中国大陆重新统一献出自己的生命。国民党不容忍对其信仰的任何异议。尽管台湾在经济和军事上依赖美国，它对美国对其粗暴对待台湾人及台湾人后裔和大陆血统的持不同政见者的关切言论却不予理会。

到 20 世纪 60 年代末，台湾至少表面上已重新中国化。50 岁以下的人几乎很普遍地具备了中文的读写能力和熟练掌握了台湾官话的独

---

① "三民主义"是中华民国的创立者孙逸仙博士及国民党官方意识形态的政治纲领。它包括民族、民权和民生三个原则。

特发音。一场现代化的中国文化正在兴起，台湾人是其中的充分参与者。台湾不再拥有土地的地主成了一个新兴的企业家阶层，正如帮助制定该岛土地改革方案的美国顾问所希望的那样。随着台湾经济自由化与对外开放，以及其成为世界上最大的制造业中心之一，它的生活水平得到迅速提高，其政治也越来越宽松。国民党领导人仍是外省人中的保守派，但其成员逐渐由台湾人替代。年轻的外省人把自己的前途命运寄托在台湾的兴衰荣辱上，而不是国民党对大陆统治的恢复上。很多人背井离乡前往美国或加拿大以寻求一个更加安全的未来。台湾人也是如此，移民美国的人数与日俱增。鼓吹由台湾人而不是外省人对台湾的统治（"台独"）会为美国在日本的原有基地增加一个安全的大后方。

然而，就台湾本身而言，台湾人与外省人之间显然有一个相互吸收同化的过程。台湾人被慢慢地推进到权威的地位。当蒋经国 1975 年接替他的父亲蒋介石就任"中华民国总统"时，他就清楚地认识到，台湾的前途取决于参与"政府"的大多数台湾人。他稳步提高了台湾本省人的政治地位，取消军管，这为向地方民主选举过渡奠定了基础。蒋经国 1988 年去世后，台湾本省人李登辉继任"总统"职位。台湾的民主已演变为一场无休止的喧闹。

到 20 世纪 80 年代，台湾的生活水平超过了许多欧洲国家。由美国政策促成的台海紧张局势的缓和使台湾人到中国大陆旅游并亲眼欣赏了他们原来只能在老电影中领略到的或看到的情景。他们对大陆的面积以及到处可见的中国历史上伟大发明创造留下的痕迹感到惊讶。他们对大陆的贫穷落后感到忧虑。他们把大陆的中国共产党领导下的政治制度视为 20 世纪 50 年代他们所经历的国民党统治的一个极端化形式。这种体验不仅增强了他们对中华传统的自豪感，而且加深了此传统在台湾早已被更新和改良的印象。它增加了他们对自己所取得成就的得意感，并增强了他们要看到这些成就最终被认可的决心。它也加剧了源于一个世纪的国民身份危机，在这个世纪中，台湾人相继成为日本的国民、一个由台北统治的虚构的中国的国民，以及现在是未被国际承认的从中国外省人主导政治即将过渡到台湾本省人支配政治的民主政体的"国民"。

　　台湾人对大陆的日益熟悉提醒他们，过去 100 年两岸的台湾人与大陆中国人之间有 96 年未进行政治上的联系。[①] 作为台湾人和在台的外省人感到自豪和满意的一个以其仍未明确的独特身份而进行的台湾现代化民主政体的发展已于 20 世纪达到巅峰。当台湾民众着手准备 1995 年的"议会"选举和 1996 年的"总统"选举的时候，他们就确信，无论结果如何，他们都假设这将是其第一次对台湾"政府"的完全控制。通过与一个更大的大陆政体的统一把一些来之不易的政治权力移交给大陆人的思想对他们没有吸引力。台湾的反对党民进党（DPP）内越来越多的政客公然鼓吹台湾脱离中国。他们认为，没有执政的国民党或是华盛顿的有效驳斥，北京即使承诺也不可能采取军事行动阻止台湾"独立"，因为美国致力于"保卫"台湾以防范中国大陆的攻击。他们声称，如果中华人民共和国的确试图采取军事行动，那么美国军队必将捍卫台湾的"自决权"。

台湾外省人的中国心与台湾情

88

　　大多数外省人抵达台湾时还处于惶恐状态。国民党在与其对手中国共产党的残酷战争中败北。这些败逃至台湾的外省人失去家园并与妻儿老小分离。他们中的大部分是军人，其中许多农民并未真正委身于蒋介石和他领导的国民党。有不少人是在他们军官的枪口下被迫来到台湾的。他们对台湾以及台湾本地人所知不多。大多数人甚至都不知道"2·28 事件"。了解这一事件及其后果的那些人中很少有人对国民党关于该事件及其处理台湾动乱的说法有什么理由质疑。

　　这些外省人生活在经过 4 年的残酷镇压后，即使不再怀有敌意，也是充满愠怒的台湾民众中间。他们认为自己是过客，台湾本省人也愿意把他们视为过客。每一个人都认为中国共产党很快会把中国内战胜利的

---

　　① 截至 1995 年，当这篇文章被撰写的时候。

战火燃烧到台湾。随着中国人民解放军对海峡两岸国民党的抵抗势力的击退，报纸还充斥着中国共产党向台湾挺进的恐怖报道。新移民到台湾的外省人发现，台湾人已保留了更多的农村的而非城市的、更多的日本的而非中国传统的生活习俗。这些外省人的出现引起台湾人的不满，因为他们鄙视台湾人这种粗鲁无礼和没有文化修养的（非中国化的）行为。

1950 年 7 月①25 日，朝鲜战争的爆发给国民党和台湾带来了一次意想不到的援救。为防止中国内战的任何一方攻击对方情况的发生，美国第七舰队的战舰开始进驻台湾海峡。台湾任何一个外省人，同样，北京任何一个共产党统治者都不会被美国中立的借口所愚弄。他们知道，国民党的军队几乎不能实施对该岛的防御，更不用说进攻中国大陆。国民党曾指责美国对其与中国共产党在大陆的内战没有给予支持，现在却发现自己在台湾的生存更需要美国的军事和经济支持。这种支持直到中华人民共和国介入以阻止联合国军战胜朝鲜才被明确提出。北京的这个决策导致华盛顿做出了为在台的"中华民国"提供丰厚的经济和军事援助的决定。

国民党在台湾的弱势地位迫使蒋介石听从他在统治大陆时被排除在决策之外的美国人以及经济技术专家的建议。国民党基于日本早些时候对基础设施和人力资源投资上的合理的政策为台湾经济迅速稳定增长奠定了基础。然而，在整个 20 世纪 50 年代，台湾的外省人生活在被解放军征服的恐惧之中、对台湾人的忧虑之中和对美国"保护"的愤恨之中。这些担忧在台湾残酷的内部安全控制中得到了体现。

到 20 世纪 60 年代中期，台湾经济上的成功使其不再需要依赖美国的援助。对大陆进攻和台湾本省人叛乱的担忧的减轻允许国民党政权放松军管的实施力度。时间的推移已帮助外省人和台湾人学着去习惯和对方一起生活。台湾人学会了官话，同时越来越多在大陆出生的外省人也可以说闽南话。彼此间的通婚越来越普遍。但外省人越来越发现自己在经济方面正为台湾人工作，甚至在军队中台湾本省籍军官

① 原文如此。应为 6 月。——译者注

也被提升到对外省籍军官进行领导的职位。

　　一些外省人最终接受台湾成为他们的新家园并与之共命运。然而，对于许多老一辈人来说，台湾仍是一个短期逗留的地方，而回到祖国大陆才是他们的希望所在。对于与在大陆的妻儿分离且无法在台湾找到配偶的国军将士而言，这个愿望尤为突出。国际社会20世纪70年代不再承认台北而是转向承认北京（的政府）作为中国的政府给外省人带来特别大的心理创伤。这些创伤在美国1978年12月15日宣布与中华人民共和国关系正常化（这意味着与在台的"中华民国"处于非正常化的对应关系）时达到了顶点。

　　20世纪80~90年代，外省人被迫接受"中华民国"大多数台湾人在经济和政治上日益增加的支配地位，并在台湾的政体演变中使自己适应其少数族群地位。中华人民共和国在中美关系正常化后的旅游开放中允许台湾的外省人回家。其中，许多人对其以往经历的种种遭遇仍耿耿于怀。

　　那些事实在某种程度上对唤醒早已习惯于生活在台湾现代化社会的人们产生了不小的影响。许多人一直思念在国民党仓皇逃往台湾期间所抛下的妻儿，并梦想有一天能重返家园。在获得了有关中华人民共和国现实情况的第一手资料后，只有少数人选择永久重返大陆原籍。

　　在台的外省人一直以自己对中华人民共和国的否定及"中华民国"保留了中国的传统思想引以为豪。对大陆的访问使他们深刻体会到，台湾为适应普遍教育与工业社会发展的需求对中国传统的调整令人惊奇地取得了更大的成功，甚至在某种程度上比大陆的调整更加深入。然而，中国大陆的统一诉求却受到外省人保持在台湾由辛劳和成就所取得的优势的愿望所制约。从大陆访问归来的许多人重新要求，台湾应仍作为一个"独立"的中国社会继续发展，其中的现代思想和实践可以被传播到中国的其他地区以使其实现现代化。他们相信，只有当中国的转型与台湾社会结构更加接近并取得很大进展的时候，统一才能变成现实。随着台湾1995年"立法委员"选举和1996年地区领导人选举的临近，大多数外省人在拒绝台湾既不恰当又冒不必要风

90

险的任何脱离中国的宣言的同时，继续以含糊的语言支持统一的原则。

大陆中国人对国民党的记忆

中国共产党在中国内战中的胜利及 1949 年 10 月 1 日中华人民共和国的宣告成立结束了国民党在中国大陆的统治。对大多数中国人而言，中华人民共和国的成立标志着已夺走大约 9000 万中国人生命的一个世纪的混乱、外国势力控制、内战及外来侵略的胜利终结。对于中国的新精英们而言，在台的国民党只是一个逝去的混乱时代的残余，美国对其生存和发展起了重要支撑作用。他们相信，如果美国对在台湾的国民党的支持庇护被取消，那么中国的内战会产生合乎逻辑的结果，这样国民党在台湾的统治会被暴动或者军事斗争推翻，或者终结于谋略。

中国共产党对国民党在大陆内战期间的记忆使其漠视国民党在台湾正在发生的变革。在北京的中国人既不感知也不理解 20 世纪 60 年代国民党的迅速 "台湾化"（taiwanization）的内涵（到 20 世纪 70 年代初国民党党员的大多数是台湾本省人）。随着台湾民主化进程的加快，国民党被迫把自身体制从在大陆时精心策划的列宁主义政党组织结构转变为类似西方政党的组织结构。国民党与其说是关注如何重获在大陆失去的地位还不如说是更关注在台湾如何代表其选民并拥有权力。到了 20 世纪 90 年代，随着台湾民主化的深入，国民党在基于中国民族主义传统主张的一个中国原则和它为竞争以赢取台湾选民的忠诚与支持而被迫主张的 "台湾优先"（Taiwan first）之间实施了艰难的平衡协调。

不过，在中国共产党和人民解放军担任高级领导职务的元老们的记忆中，国民党在大陆最后的垂死挣扎中表现的却是极为嚣张暴虐。他们怀抱可以经受来自美国等外国势力挑战的统一中国的中国民族主义理想，仅把国民党视为领导中国 10 多亿人口中的极小部分的一个政党。在北京的中国民族主义者把国民党看作与美国合作而试图削弱和分裂中国的背叛者。

因此，中国共产党对国民党参与其中以共同完成祖国统一大业的

诉求持续了很长时间才在打算割裂台北与华盛顿的隶属关系以及呼吁
国民党要拥有自己的中国民族主义意识的协商条件中被明确地表达出
来。然而，民族主义的理想却在台湾不断遭到侵蚀。中华人民共和国
的诉求，如果有的话，只是对国民党的外省籍较年长成员产生共鸣。
北京的政策似乎仍旧执着于通过与国民党达成某种协议实现统一，而
不希望再次呈现 20 世纪 40 年代国共合作之后的内战爆发情况。直到
1995 年 1 月 30 日，中国大陆提出了与其说是指导国民党及其领导人不
如说是更能指导台湾选民的八点建议（中共中央总书记江泽民提出的
八点主张）。

大陆中国人对台湾的记忆

1895 年，清政府将台湾割让给日本的痛楚似乎很快就从大陆中国
人的记忆中消失了。毕竟，台湾是一个边疆地区，其政治和经济融入
中国的时间还不长。而困扰中国人的事情还有很多——满族统治的崩
溃，辛亥革命后出现了军阀割据，日本入侵以及中国内战爆发等。20
世纪 30 年代，毛泽东与埃德加·斯诺（Edgar Snow）交谈时指出，一
旦日本战败，台湾可能就会独立。然而，不是毛的中国共产党，而是
蒋介石的国民党随后统治了中国。蒋对其战时的美国盟友坚称，台湾
在战争结束后应该归还中国。国民党为中国收复了台湾，但对大陆中
国人而言，岛上的一些重大事件被在中国共产党军事打击下的国民党
在大陆统治崩溃的极富戏剧性的变化所淹没。

台湾只有 1949 年和 1950 年在成为蒋介石及其军队的避难之地时 92
才成为中华人民共和国的关注点。那时，解放军的艰巨任务就是组建
一只舰队以征服蒋介石在台的残余势力。这次进攻由于美国对朝鲜战
争的回应而受挫。

朝鲜战争导致美国与在台的"中华民国"的关系再次被确认。美
国拒绝把台湾归还中华人民共和国并增强台湾的实力被大多数中国人
视为是中国刚刚经历的以"百年屈辱"（century of humiliation）为特征
的外国干预以及划分中国势力范围的模式的延续。对在大陆内战中溃

退下来的国民党残兵败将在台湾进行收容整编这样一种举动被视为是对中国主权的一个重大挑战。

随着在美国的坚决支持下在台北的"中华民国"继续成功地使自己在联合国和国际上以包括台湾在内的全中国的唯一合法政府的身份出现，这种感觉变得越发强烈。关于中国常驻联合国代表的年度辩论使台湾问题从一个领土问题转变为对于中华人民共和国国际合法性的重要考验。在国共内战中，中国共产党最终取胜，但在台的"中华民国"及其美国盟友剥夺了中华人民共和国的国际政治胜利果实。代表中国参加国际会议的权利之争持续了四分之一个世纪。1971 年，直到中华人民共和国成立 22 年后，中华人民共和国才最终在联合国恢复了合法席位，开始作为中国的合法政府、公认的大国和联合国安理会的常任理事国出现在国际舞台上。直到 20 世纪 80 年代末，即 1979 年美国从承认台北转向承认北京近 10 年后，中华人民共和国才从国际上所有重要国家的首都逐出"中华民国"的"外交官"（在这些重要国家中，只有南非现在仍与台北保持着正式的"外交关系"①）。

1975 年蒋介石和 1976 年毛泽东的逝世终结了他们事关中国命运的个人对决。蒋和毛的继任者彼此打交道的时间较少，大概不会有那么激烈的个人纠葛。邓小平在北京复出及随后美国从台北转而承认北京的时候，"中华民国"就已不再对中华人民共和国的国际地位构成严重的"外交"挑战。然而，蒋经国统治下的"中华民国"迅速崛起，不仅成为一个更加以台湾为中心的政体，而且成为一个其金融实力既不被国际社会也不会被中华人民共和国忽视的以制造业为主的经济体。

93　　在美中 1978 年 12 月 15 日达成关系正常化协定后，邓小平的外交成功地消除了美国在台的军事存在和美台之间"正式外交"的存在。这就减少了对台最明显和最令人反感的外国干预活动，但对"中国内政的此类干涉"并未完全消除。卡特总统声明"继续向在台的'中华

---

① 1995 年。在 1994 年，南非结束了种族隔离制度，其标志就是普选实施以及纳尔逊·曼德拉当选总统。南非于 1998 年 1 月与台北断绝关系并转而承认北京。

民国'出售经过选择的有限的防御性武器"。1979 年春季，当华盛顿通过"与台湾关系法"并据此向台湾提供新的"安全保障"之时，中华人民共和国提出抗议。北京已开始将注意力从在华盛顿寻求台湾问题的解决方案转向与台北通过对国民党政权采取一系列公开和私人渠道的途径来共同商讨解决这一问题的策略。

　　然而，1980 年美国总统大选扰乱了对这一问题解决的关注，罗纳德·里根在大选中执意坚持要与在台的"中华民国"重建某种形式的"官方关系"并向其无限制地出售武器。随后，新上台的里根政府明确表达了向台湾出售新战机的意图。北京对此做出回应，要求华盛顿对台军售应与其达成谅解。接下来的谈判使台湾问题再一次成为美中关系的中心，并且这完全使北京对台北采取的种种策略不再成为关注焦点。谈判的结果是回到大致类似于 1978 年关系正常化时关于军售所达成的妥协方案，华盛顿不得不同意限制和逐步减少对台的此类武器销售。

　　这项协定在华盛顿引发了很大争议。伴随国会对美国军火贸易批准而到来的公开辩论不断地提醒着美国在保卫台湾抵御大陆可能的进攻上正在持续发挥着作用，并且这也成为美中关系中一个持久的刺激因素。许多美国人感到《八一七公报》有损美国尊严。美国对公报的阐释使它逐渐被削弱。1992 年，布什总统授权对台大规模出售先进战斗机。中华人民共和国以暂停执行与华盛顿签署的限制导弹出口的谅解备忘录作为回应，据说还向巴基斯坦出售了其此前同意不会转移到该国的导弹。但它未对台湾采取任何行动。同时，随着北京持续的军事现代化，包括从资金匮乏的俄罗斯购买大型新式武器系统和技术，以及华盛顿大规模的对台军售，海峡两岸的军备竞赛不断加剧。

　　然而，尽管存在军备竞赛的危险，北京和台北之间的对话不断扩　94
展并已涵盖越来越多的主题。双方就促进海峡两岸人民与机构往来的规模和范围的稳定增长的技术性问题达成协议。20 世纪 80 年代末，台湾已成为中国大陆经济现代化建设的贸易、技术和投资的一个日益重要的来源。在一些靠近台湾海峡的大陆地区，台商成为当地经济的主导力量。但是，台湾的影响并非局限于这些地区。到 90 年代中期，台湾企业家已把台湾工业现代化的先进经验（和劳资模式）运用到在中国大陆所投资的各个区域。

随着大陆的中国人对台湾社会和经济巨大成就的深入了解，他们开始试图仿效台湾的成功做法。中国人见证了香港 1997 年回归中国，不过他们很少有人对台湾与中国其他地区的统一有任何的紧迫感。

在大陆几乎没有人理解更不用说同情台湾人的被强加的身份危机的历史。在大陆的中国人在 20 世纪中国历史的动荡中形成了自己的民族主义和世界观。这些重大事件包括清王朝的灭亡、中华民国的建立、五四运动、军阀混战、北伐战争、国共战争、日本侵占中国东北、长征、日本侵略华北和华中、抗日战争、中国内战、中华人民共和国成立、朝鲜战争、苏联援华、反右运动和"大跃进"、中苏分裂、"文化大革命"、"四人帮"兴亡，以及随后邓小平改革的起伏过程。台湾人不能对由于上述事件形成的一个中国意识及其对此回忆得到的启发产生认同，这是大陆中国人所无法理解的。很少有人会停下来思考台湾人未参加这些重大事件的事实所产生的影响（不过在某种程度上，除了在二战期间在日本军队中服役的人以外）。

因此，台湾人不断坚称，台湾的"独特性"及其值得国际公认的经济和政治成就是在承认"台湾独立"的基础上获得的，这引起了北京的强烈愤慨。大多数中国人都已看到，有两只外国的手（一只笨拙的美国手和一只更隐蔽的日本手）在背后操纵着台湾人为台湾求得一个被承认的独立的政治身份而努力。然而，随着 1995～1996 年台湾选举季的临近，岛上发挥作用的基本政治势力的日益活跃导致了北京对中华人民共和国可能被迫进行军事干预以阻止台湾走向"独立"的危险举动的忧虑。这是几乎所有中国人都能理解的不仅对他们自己而且对他们与美国人和日本人的关系都将是灾难性的一条行动路线。如果他们一直忠于中国的民族主义精神，它也将是一条他们能感觉到的不可避免的行动路线。

被压抑的日本记忆

当日本在明治时期从自我强加的孤立中走出来的时候，没过多久就认识到台湾对日本本土的防御和日本帝国向南推进的战略重要性。日本在 1894～1895 年中日甲午战争期间侵占台湾就是出于这两方面的考虑。不像朝鲜，是在日本皇军的控制之下，台湾是在追求更加开明的同化政策（台湾的早期抵抗遭到了镇压）的日本海军的管辖之下。日本人并不确定具有多种文化背景的台湾人能否接受他们，台湾人的最终接受使他们有受宠若惊之感。被同化的台湾民众成为日本天皇的二等臣民，可以肯定的是，有点像冲绳人，不过，他们比朝鲜人更容易被接受。台湾果真成了后来被美国人采用的一个易记的日本术语，即一艘"不沉的航空母舰"，但它也是日本本土南部岛屿的延伸。1945 96 年，大多数日本人目睹了台湾的丧失，从象征意义上看，这不仅意味着帝国的瓦解，而且也意味着"准日本人口"的严重丧失。

即使台湾民众内心喜欢日本人的情感受到二战后政策突变及冷战政治的抑制，但他们的这种友好情感仍然持续存在。台湾人说日语的能力以及 20 世纪 50 年代日本人通过旅游和贸易与台湾接触的恢复又加深了这些情感。日本人对其战时的国民党敌人没有感情可言（不过，保守的日本人却比较欣赏蒋介石的反共主义），但对台湾人愿望的同情继续成为日本对台政策的一个不言而喻的因素。

长期以来，日本的对华政策都是从属于日本的美国守卫者的政策的。在尼克松总统 1971 年 7 月突然宣布美国对北京实施战略开放这个震惊世界的消息后，日本逐渐采取了一条更加独立的路线。这条路线是由要求日本示好和安抚北京的战略现实决定的。中国对日本的态度是务实的，但带有日本从 1931 年至 1945 年入侵中国大陆而屠杀数以千万计中国人的惨痛记忆。日本政府精心设计对台政策以期安抚大陆的中国人，但要在保持日本与台湾的经济和其他人员往来的前提下实施这些政策。日本可以自由地实施这些政策，因为对台湾的战略利益的管理是其美国"保护者"的责任。

随着台湾人认为自己控制了台湾的政治，潜在的对他们的同情就得到日本舆论越来越公开的赞许。日本人发现，台湾地区领导人李登辉是一个极具文化吸引力的人物。李曾拥有日本国籍，据说他讲日语（正如台湾的外省人讽刺地指出的）要比讲官话自如一些。然而，日本对台政策继续审慎遵从避免引起中国敌意的战略原则。日本力图避免重蹈与中国公开展开对亚洲政治和军事影响力的竞争。日本介入台湾的那段历史成了东京和北京互动的一个特别的敏感点。因此，在条件允许的范围内，日本对台政策将继续力争隐藏在美国的政策背后。

美利坚的记忆与遗忘

如上所述，美国对台态度和政策一直是二战后台湾与中国大陆以及国际社会的关系的主要决定因素。二战前，美国军方曾把日本在台湾的军事存在视为是对菲律宾和东南亚其他地区的威胁（正如后来所证明的，这是正确的）。而对于其他美国人而言，台湾还是一片未知之地。美国在战争期间轰炸台湾并做出了入侵台湾的决定。在美国计划占领台湾期间，一些美国人被委派对台湾岛的历史进行研究（其中的一些人，如参议员克莱本·佩尔等人，后来成为对台湾"自主和独立"渴望的铁杆支持者）。但最后，美军集结兵力绕过台湾入侵日本本土。美国协助中国大陆的国民党军队占领台湾并对台湾重新纳入国民党中国未提出任何反对意见。当国民党溃逃到台湾时，华盛顿明确表示，美国将不会采取行动来阻止中华人民共和国对台湾的进攻。

这些对台湾的命运漠不关心的政策被在东京的麦克阿瑟将军的总部成功抵制。在麦克阿瑟承担日本的防卫责任后，他特别赞同日本关于台湾战略重要性的传统观点。朝鲜战争的爆发促使华盛顿接受了驻东京的美国军方支持的对台政策。

然而，大多数美国人却单纯从反共主义和朝鲜战争的战略和情感需求角度来审视台湾。那场美国国内掀起的"谁失去了中国"的大辩论和麦卡锡参议员的上升的影响力很快使阻止积极向蒋介石及其国民党事业"效忠"（positive loyalty）这一做法成了政治不正确。20 世纪

50 年代和 60 年代初，美国介入台湾的不断升级使许多美国人开始意识到在台的外省人和本省人之间存在着紧张关系。不过，美国对"中华民国"在超越共产主义王国的"自由世界"的地位给予的关注和支持导致除了少数介入台湾的美国人外，大部分美国人能对国民党统治者产生强烈认同。

国民党荒谬地坚持，尽管其流亡台湾并对中国大陆的发展无足轻重，但自己还代表全中国，这使中国代表权问题和承认中国等相关问题成为一场零和博弈（1957 年，美国国务卿杜勒斯努力规劝蒋介石停止对大陆使用武力，蒋介石却对此不屑一顾。他的理由与当时及其后几十年的中华人民共和国的主张极为相似，即没有一个中国政府会对一个外国政府做出承诺不使用武力反对挑战中国领土主权的对岸中国人）。越南战争导致美国人对长期支撑美国在东亚和太平洋地区的政策的基本设想产生诸多质疑。越来越多的美国人赞成美国从承认台北转为承认北京及其在外交关系上做出的相应转变。在对中国政策的辩论中，一些美国人对台湾外省人的困境深表担忧，但很少有人去思考他们提出的对策对台湾本省人将产生的影响。在 1968 年美国总统大选之前，所有的候选人都保证，用理查德·尼克松的话说就是，"要认真面对中国的现实问题"。

与周恩来总理协商 1972 年 2 月 28 日《上海公报》的美国官员们都已意识到，一小群在日本和美国的台湾持不同政见者主张"台湾独立"。然而，这种意识源于共产党和国民党对与"中国"截然不同的台湾的地位的见解所产生的强烈异议，而不是源于对"台湾独立"运动的同情。没有一个美国官员接受这些持不同政见者关于"台湾人"有别于"中国人"的主张。

美国政策的关键不是如何处理岛内居民的"自决"问题，而是对由冷战战略考量决定的如何在接纳中华人民共和国的同时继续保持与在台的"中华民国"的关系的问题。台北和北京都声称，美国通过支持法律虚拟来处理这个问题的政策，就是要坚持只有一个中国并且台湾是中国的一部分。在《上海公报》中美国方面关于美国认识到"在

98

101

台湾海峡两边的所有中国人"都认为只有一个中国并且台湾是中国的一部分的声明措辞意在提醒中国不要忽视在台"中华民国"在国共未来谈判中的地位。正如后来"台独"分子在这一法律细节上的纠缠试图要表明的，它或许将在理论上对"台湾人"和"中国人"区分的可能性问题上悬而不决，但显然这不是出于它的本意。相反，如果有的话，它的本意是为了澄清美国所认为的没有任何依据对台北和北京关于决不允许有如此区分的共同立场的质疑。

"认识到"中国关于台湾是中国一部分的立场的这句简化的语言反复出现在 1978 年 12 月 15 日《联合公报》的规范的英文文本中。而公报的中文文本却把"认识到"（acknowledge）改为"承认"（recognize）。在华盛顿公众对此未引起警觉（这被北京视为美国立场发生的一次重要转变），仅在公报发布之前才略知它的变化。这种规范化的公报样式后来也出现在 1982 年 8 月 17 日记录美中关于对台售武的重新签订的临时协定的公报中。

1989 年 6 月的风波极大地改变了美国人对中国的看法，美国由此把人权问题置于美国的中国政策的中心。1989 年末，随着柏林墙的倒塌，苏联帝国在中东欧的影响力也开始瓦解。随后的苏联解体本身更意味着美中关系的战略基础已不复存在。20 世纪 90 年代初，美国人支持台湾的民主转型，并把此视为绕过中国大陆的世界民主化和尊重人权趋势的一部分。台湾与中国大陆的关系问题已被视为主要是一个人权问题，因此，繁荣民主的台湾与坚决拒绝台湾在国际事务中因其经济和政治成就理应占有一席之地的北京"专制政权"已形成鲜明对照。对台湾渴望"自决"的支持获得了来自人数日益增加、组织越发严密和经济尤为富裕的台裔美国人社区的大量竞选捐助的进一步推动。

同时，台湾当局的政策在台湾选举政治的压力下也发生了转变。台北不再宣称其根本不是台湾的"首都"。国民党用口头上说说的在未来某个时候会实现的中国统一的笼统概念取代了长期坚持的一个中国的原则。国民党曾联合其对手民进党寻求为台湾建立一个国际人格并以此使台湾成为一个与中国大陆分离的"民主政体"。对台湾人而言，这个问题是包括成为联合国会员国在内的与台湾新型民主的经济实力和政治美德"相称的尊严"的获得问题。这一主张获得了美国国会压倒性的同情和支持。

在克林顿政府对北京的"专制政权"在外交上的正确关系和其不愿意给予台北的"民主政权"类似的关系之间的鲜明对照中，国会两党议员发现了一个简单的政治目标。大多数美国人已经忘记，中华人民共和国容忍美台密切关系的基础是美中关于美国将支持中国不被分裂和美台持续不断的实质性关系将做出改变的法律虚拟所达成的一个谅解。记得美中这一谅解的许多美国人都声称，在台民主的形成和几乎同时发生的中国大陆"专制"性的暴露使北京的见解不再值得关注。其他人强烈赞成一个中国的法律虚拟，当它有利于台北的反共主义者时。但当它似乎为北京的共产党的利益服务时，他们就总是拒绝它。因此，对人权或台湾"自决"关注的国会自由派议员就会和支持国民党的传统保守派一道，迫切要求结束华盛顿与台北之间模糊而扭曲的关系。

1994 年秋季前，克林顿政府迫于国会压力宣布要适度加强包括恢复部长级公开接触在内的美国与台北的关系。1995 年 5 月，国会几乎一致地试图否决政府先前拒绝允许李登辉以接受其获得博士学位的康奈尔大学的颁奖为借口访美的决定。5 月底，克林顿政府屈服于国会的压力，同意李的访问继续下去。

所有美国人都把李的访问视为一个"对一个友好的民主社会的受人尊敬的领袖的应有礼遇"的简单个案，并认为，包括北京在内的第三方都无权对此事说三道四。虽然考虑到如此举动的代价可能会使大陆中国人（包括中国年轻一代十分激进的民族主义者在内）日益把美国视为一个充满敌意且根本不友好的国家，但美国人几乎没有对此进行公开讨论，也没有就美国政策的变化对台湾和中国大陆的所有影响进行任何讨论。这些影响越来越明显，美国正在变化的政策就是在推进一项与中国政策脱节的台湾政策，即忽略或无视北京和中国民族主义遗产的一项台湾政策。

100

在这种氛围中，中华人民共和国国家主席江泽民于 1995 年 1 月 30 日对在台"中华民国"释放的和解姿态在美国几乎无人注意到。然而，台北却严肃对待江泽民的倡议并于 4 月 8 日以其自身的和解声明做出回应。尽管北京与华盛顿的关系在台湾问题上出现恶化，但它与台北的对话仍在继续。

1995 年：灾难的一年？

正如 1995 年所呈现的，北京的中国领导人一边向台北再一次伸出橄榄枝，一边采取在台海扩大演习和在台湾对岸重新部署军力等一系列行动，表明他们阻止从一个中国的法律虚拟中公开分裂台湾的决心。美国国会继续施压以深化美国对台北隐含着承诺的关系。台湾的一些民进党政客在竞选演说中不断声称，"与台湾关系法"实际上是提供给台湾的一张"空白支票"，它可以兑现以保护台湾免受宣布"独立"而产生的不良后果。这些政客断言，无论台湾与中国大陆有何冲突，他们都可以求助美国人为其解围。截至 1995 年 5 月中旬，这些改变台湾名称和旗帜的账单可以用美国的鲜血来支付的断言既未遭到在台的国民党的反驳也未遭到华盛顿的任何反驳。

日本人保持其在台湾问题上的传统的低调态度，依旧刻意回避对此进行讨论。无论是美国人还是日本人似乎都不太担心，台湾选民的决定和北京对此做出的反应可能会在台湾海峡引发一场无人期待发生的武装冲突。美国对"自决"理想的忠诚将受到这样的冲突的考验，就像在"与台湾关系法"中体现的美国防卫承诺的可信度将会遭受的考验一样。日本的战略利益及其对台湾的影响也将受到挑战。

美国向台湾援助的决定需要日本对美国使用驻日基地和设施的默许。因此，一场台海战争就将迫使日本在与美国结成同盟和与中国非敌对的战略利益之间做出选择。如此艰难的抉择将不可避免地刺激许多日本人试图恢复追求独立捍卫日本战略利益的权利。日本在增强其军事能力的同时，将与美国保持一定距离。同时，如果美国对中华人民共和国攻打台湾未能有效应对，美日安全关系将大打折扣，以至于会更加促使日本人发展能够独立行动的军力以捍卫其战略利益。无论哪种方式，台海冲突都有可能导致亚洲出现重大的战略调整，包括美日关系弱化和中日军事对抗再次上演。然而，截至1995年年中，华盛顿和北京似乎对此没有任何警觉：就像海峡两岸的和平前景一样，它们和中国大陆的关系以及彼此的关系在某种程度上被当成了台湾选民手中的筹码。

　　台湾选民从1995年11月至1996年3月所做的决定在某种程度上将影响台湾反抗还是继续容忍生活在法律虚拟下的一个中国内部。关于台湾身份的这些决定以及北京、华盛顿和东京对此的反应有可能比台海处于和平或战争状态产生的影响还大。台湾选民也许还将决定中国是否与美国和日本享有和平与合作的关系，以及日本与美国的安全伙伴关系是否还将代替日本在亚洲独立的军事作用而继续存在。各方对其事关紧要的问题做出实际的决定，完全受制于它们彼此之间和它们对台湾及其历史不同且不相容的记忆。

102

第四章

台湾问题的再现

　　罗纳德·里根总统任期内的中美关系呈现开局不利的局面。里根总统就职典礼委员会成员邀请了台北"内阁官员"作为"官方嘉宾"。如果没有亚历山大·黑格（被提名出任国务卿）和罗伯特·麦克法兰（被提名出任国家安全顾问）的不懈努力，导致美国不再与台湾发生任何官方关系的承诺相当严重的失效的危机就不会被避免。因为里根总统终于意识到，要与苏联对峙，只有发展与中国的新型外交关系，才会对美国外交的意义更大。所以他放弃了与台北"恢复官方关系"的努力。

　　但同时，里根总统也明确表示，他不打算坚持其前任提出的继续对台军售政策作为与邓小平关于此问题达成存在分歧的协议的一部分。① 最直接的问题就是里根政府正酝酿向台湾出售 FX 先进战斗机（当时，这指的是什么样的特定飞机还不是很清楚，不过，比较清楚的是，是否在两家竞争的航空航天承包商中至少选择一家承包商提供飞机的争论正在进行中）。中国要求美国对其政策给予澄清。

---

　　① 卡特总统欲使美国承担"在保持克制的基础上进行精心挑选的防御性武器的销售"的义务。

因此，中美双方经过近乎一年的艰难谈判，终于达成了通常被称为《八一七公报》的一项美中协议。^① 在该公报中，美国做出如下单方面声明："美国……不寻求执行一项长期向台湾出售武器的政策，它向台湾出售武器在性能和数量上不超过中美建交后近几年供应的水平，它准备逐步减少它对台湾的武器出售，并经过一段时间导致最后的解决。"

《八一七公报》成为 20 世纪 80 年代美国军售政策的一项指导方针。然而，1992 年末，在创造就业机会被视为至关重要的激烈的总统竞选期间，乔治·布什政府授权出售 150 架 F-16 战斗机给台湾，这在当时是历史上最大的一笔对台军售订单。这导致中美关系紧张局面的骤然升级以及 10 年来远离军事对抗并呈现稳定态势的海峡两岸再次进入紧急军备状态。美中关系在比尔·克林顿总统的第一任期受到美国坚持将人权问题与对华永久性最惠国（即正常的贸易）地位的延长挂钩等问题的支配。

正是在这种背景下，国会执意允许台湾地区领导人访美，引发了中美之间长达 9 个月的危机，最终导致了 1996 年 3 月美中海军的对峙。

直至 1995 年，李登辉对康奈尔的访问表达了他对台湾居民"自决"的愿景，而中国政策的目的就是期待台湾与大陆重新恢复那种被认为是天然的和必然的有机关系。大陆中国人的普遍共识是，时间只会使一个中国的现状延长或实现统一，而没有第三种可能。因此，在北京的中国民族主义者意识到，台湾很快同意统一条件的可能性不大，支持长期维持现状。他们认为，这最终无疑会导致结束中国遭受"国家解体"之苦。耐心终将会有回报。

在 1995 年和 1996 年期间，李越来越清晰地表示，他对现状及其可能如何演进持不同见解。按照李的观点，现状可以界定为，台湾与

---

① 关于美国在台湾问题政策上的重要文件的相关摘录，参阅网址：http: // www. bit. ly/interesting - times。

中国大陆其他地区的无限期分离以及它应由在台湾出生的中国人（"新台湾人"，由李登辉最终提出的概念）进行统治（李或许比其他人更可能提出"新台湾人"这样一个包容性概念，因为他是少数人中的少数人——台湾客家人）。李假定的这个现状就是无须把台湾与大陆的其他地区重新连接。他补充说，台湾与大陆的再组合无论如何只有在海峡两岸意识形态趋同（也就是只接受"民主"的大陆）的基础上才会发生。

如果台湾确实致力于走"分离主义"路线，那就不能指望与其协商任何统一的条件，除非迫不得已，否则台湾自己不会走到谈判桌前。换句话说，没有强迫，统一就不可能发生。这种逻辑就是为什么台北在李于1996年第二次就职后不久继续进行分离主义活动的时候，北京大多数关注台湾问题的政策制定者就得出结论：最终将很可能不得不依靠使用武力来处理台湾问题。在1995年年中，虽然当时这并没有被普遍意识到，但中华人民共和国军事现代化的方向已开始转向，开始聚焦台海以防突发性事件的发生。我于1995年初秋写的一篇文章里回顾了这一结论产生的因素，这篇名为《针对台湾的再次小题大做》的文章现已是本章第一节的组成部分。

1995年秋，我事先知晓中国已被迫采取定将与美国产生对抗的军事行动，却很少有美国人愿意接受这种可能性。与此同时，我与国防部部长、参谋长联席会议副主席、联合参谋部情报部主任、国务院和中央情报局的高级官员与分析师及国家安全委员会官员（包括国家安全顾问本人）等就中国意欲向台湾基隆港和高雄港附近的目标发射导弹一事与他们进行了交流。我的警告几乎遭到普遍的怀疑。

随着1996年台湾地区领导人选举的临近，华盛顿对中国采取更加强硬的军事手段影响台北决策的迹象仍熟视无睹。当人民解放军把我所警告过的付诸行动时，美国已感措手不及。有人还误以为中国炫耀武力的这样一个举动显然是意欲发动对台湾的广泛攻击。据我看来，在其他种种不确定因素开始影响冷战后亚洲的背景下，即将发生的事情具有非常广泛的战略意义。我在随后撰写的三篇文章中的题为《美

105

中走向军事对抗（1995～1996年）》的第二篇里探讨了这些潜在的影响。

1996～1997年修订的《美日防卫指针》的目的暴露无遗，中国对驻日美国空军部队在台湾地区的重要干预作用日益关注。在1996年3月的台海危机期间，美国在菲律宾海①公开部署航母战斗群以逼迫人民解放军扩大其包括打击美国海军干涉对台作战在内的规划重点。然而，总的来说，1996年中美海军针对台海危机的对抗结果却是模棱两可的，双方对所发生的事情及其原因得出了不同的并且在我看来都是错误的结论。1998年，我在《外交》杂志上发表了一篇题为《1995～1996年台海危机的余波》的文章，对中美从这次对抗中得出的不同教训及其一些可能的后果进行了分析论证。这篇文章现已构成了本章最后一节的内容。

在线档案资料

截至1998年12月，关于台湾问题军事层面的一些要点可以在题为《人民解放军与台湾》的在线档案中找到，参见网址：http：//bit. Ly/interesting－times。与美国对台相关的重要文件也可以在那里找到，包括《上海公报》（1972），《建交公报》及附于其后的《美国政府单方面声明》（1979），《建交公报》发布后华国锋举行的记者招待会摘录（1979），"与台湾关系法"（1979）及《售武公报》（1982），参见网址：http：//bit. Ly/interesting－times。

---

① 并非像媒体所传说的在台湾海峡。

针对台湾的再次小题大做[*]

1995 年 10 月

大多数美国人原来认为（或希望）台湾问题已成为历史，但现在它再次成为中美关系的主要障碍。台海的军事紧张局势也是如此。自从中美关系正常化为台北和北京之间的贸易、投资与和平交往创造了条件以来，在某种程度上这种情况还尚未出现。那些不愉快的事态发展的直接原因就是台湾地区领导人李登辉于 6 月对美进行私人但政治倾向性很强的访问。李的访问使北京关于美国对华政策方向的担忧达到了顶点。中国领导层如今相信，美国政府正在偏离有可能使双方建立正常关系的基本谅解。他们坚信，美国与台湾合谋并协助台湾确立"脱离"中国后的身份。

台海紧张局势的再度恶化及中美关系的再度紧张都带有很大的危险性。无论是努力为台湾赢得更高国际地位而挑起危机的李登辉，还是对台北纵容而引爆危机的克林顿政府和美国国会，都严重低估了北京的民族主义者对美国改变长期对台政策的反应强度。台北和华盛顿都不寻求或未预料到与北京的对抗，而北京也不渴望与台北或华盛顿对抗。相反，北京正在对挑战台海现状的行为做出回应。它认为自己是在试图恢复现状和尽可能地恢复框架。不过，那个框架和它巩固的利益是否都可以回到原位仍是一个悬而未决的问题。达成这些协定的

---

* 这篇文章最早发表在《中国商业评论》（第 22 期，1995 年 11 ~ 12 月，第 6 页）上。经许可转载。

111

冷战背景显然已经消失。现在，中国在忧虑，那些协定本身以及关于台湾问题达成的临时协定或许也会如此。

中美关系的基本框架和台海和平通过 10 多年的细致外交才构建起来。确立这个框架的三个协议运转得如此顺利以至于包括克林顿政府一些官员在内的美国人几乎不会阅读或记住它们谈判的历史。

1972 年的《上海公报》结束了美国 20 多年的遏制政策并在华盛顿和北京之间开始了一场互惠互利的战略对话。它标志着在尚未结束的中国内战中对美国支持台北和反对北京的终结。在此公报中，美国指出，"在台湾海峡两边的所有中国人都认为只有一个中国，台湾是中国的一部分"，并且明确表示，美国人支持"由中国人自己和平解决台湾问题"。

1979 年，美国从承认台北转为承认北京作为"中国的唯一合法政府"。在正常化协议中的一个关键要素就是华盛顿承认中国关于"只有一个中国，台湾是中国的一部分"的主张。公报使美国人"在此范围内"致力于同台湾保持"经济、文化和其他非官方关系"。这种折中形式的实质就是允许美国人在与北京互派大使的同时，仍保留与台湾事实上的关系。华盛顿继续向台湾出售经过选择的防御性武器以维持台湾的自卫能力。由"与台湾关系法"授权的这项政策是期望确保（正如这部法案所写）"台湾的前途（将）通过和平方式解决"。北京既反对美国军售也反对"与台湾关系法"，但即便如此中国也与美国建立了外交关系。

中美关于美国对台军售水平的分歧很快使缔结第三个协议成为必须。在 1982 年的军售公报中，北京接受美国继续对台军售。里根政府同意限制武器的性能和减少其数量以期最终停止销售。双方承诺"采取措施，创造条件，以利于彻底解决这个问题"。

北京把布什总统于 1992 年由大选驱使而对台出售的 150 驾先进的 F－16 战斗机（美国历史上最大笔军售）视为对记录在 1982 年公报中的中美关于军售谅解的一次公然违背。它把克林顿政府 1994 年与台北进行"内阁级"对话的决定视为是对 1979 年公报中关于美国同台湾仅仅保持"非官方"关系的规定的违背。它还把李登辉的访问视为一个在中美关系正常化对中方容忍美台经济和文化关系之外的无法接受的政治目的。

北京现在毫不掩饰其对华盛顿或许正在回到 23 年前在《上海公报》中放弃的敌对政策的忧虑。许多中国人把美国对其在世贸组织成员资格问题上的强硬立场以及美国在技术转让上的限制视为阻碍其国家现代化和阻止其财富与权力上升的企图的一部分。中国领导人也把美国持续关注中国人权视为煽动反对他们和政治上分裂与削弱中国的图谋。几乎所有中国人都被美国国会推动西藏"独立"的妄图惹恼。大多数中国人都把美国国会对台湾的倡议看作美国希望中国像苏联一样崩溃或分裂的证据。

李登辉对美国的访问就是在这样严峻的背景下发生的。李自己把其访问粉饰成是台湾决心通过单边行动而不是与北京协商以赢得其身份和国际地位的重要一步。当他回到台北时，为购买联合国成员资格，他向联合国提供了 10 亿美元的活动经费。对错暂且不论，北京得出的结论是，李行动的用意是打破对台海不必要的对抗达成的初步谅解以实现台湾的"独立"。北京现在要求，台北以及华盛顿都要表明，它仍然把台湾与中国其他地区事实上的分离视为一个暂时的和异常的状态。海峡两岸的谈判代表应该通过统一进程的协议（即使它需要几十年才能实现）纠正这一错误。

今年夏天，① 中国人民解放军在台湾附近海域举行了一系列规模空前的军事演习。北京把它说成是例行演习，但这显然是欲向台北传递一个信号，即北京将不再容忍台湾从中国分离出去。中国民族主义将迫使北京采取军事行动来阻止台湾"法理独立"的努力。北京采取的类似军事行动，即使是由台北宣布"独立"挑起的，也将促使华盛顿决定在"与台湾关系法"中需要美国的武装力量来保卫台湾的政策是否付诸实践。

109

————————

①　开始于 1995 年 7 月。

北京在专注于向台北传递信号的同时，会暂停与华盛顿的关系，并采取措施加强与东京和东南亚国家的对话。到目前为止，（北京）与华盛顿官方关系的阵阵寒意还未扩展到（中国）与美国公司的业务关系。北京似乎已得出结论，只有采取加强中美两国之间人文与商务交往的战略，中国的利益才能得到更好实现。中国领导层希望，在美国支持面的扩大或许有助于适时减少美国政府的敌视政策。

不过，这种方法不是一成不变的。商业关系由于华盛顿和北京之间对抗的进一步加剧而可能受到严重影响。这可能会因中方采取的如关于向巴基斯坦出口导弹这样的行动（或未采取）而发生（美国法律规定，违反"导弹技术及其控制制度"者都应受到相应的制裁，不管违反者是不是导弹技术及其控制制度的成员国。而中国法律则未有此项规定）。它可能作为中国对国会关于其西藏、人权或美国关注的其他一些问题的进一步抨击做出回应而发生。然而，不幸的是，它也可能由于台海冲突的偶然爆发或由于北京和华盛顿均不能可靠预测或控制的台湾选民的决定而发生。更糟糕的是，这样的事件可能会挑起美国不能坐视不管的台海军事对抗。

台湾在接下来的半年内将面临两项关键选举。它的选民将于 12 月 2 日选出一个新的"立法院"（"国会"）。1996 年 3 月，他们将首次直选台湾地区领导人。在一个层次上，这些选举将决定谁将上台执政。然而，在另一个层次上，它们还是关于对台湾本土的自我认知和对其国际身份和地位的台湾的自主看法。

包括许多民进党的"立法委员"候选人和台湾地区领导人候选人在内的台湾一些政界人士与主张"一个中国，但不是现在"的中国民族主义思想相悖的"台湾民族主义"。他们声称，北京既没有决心也没有能力预先阻止台湾走向与中国"正式分离"的举动（最新关于北京试图用武力阻止或推翻"台独"的民意调查显示，台湾 1/3 或以上选民把"与台湾关系法"理解为美国与中华人民共和国开战以保护他们的承诺）。包括执政的国民党提名的李登辉的一些竞争对手在内的其他人则赞成一项与大陆中国人的谈判与和解的政策（台湾 1/3 或以上选民相信，如果他们试图使台湾与中国分离，美国不会提供援助）。

北京目前的军事和其他行动显然是欲影响台湾选民的决定。其中的一个原因大概是，尽管北京正在对台北施加压力，但大陆仍继续欢迎来自台湾的投资者和商人。然而，现在没有人可以确定，台湾人在12月和明年3月将如何进行投票。更不用说确定北京影响台湾选举的努力会不会适得其反。

这些不确定性已对台湾的投资环境产生了负面影响，这可以从台北证券交易所股票价格的暴跌反映出来。与北京紧张局势的不断升级也损害了台湾投资者在大陆的信心。大部分人目前在退缩，因为未来两岸关系会走向何方还不确定。同样，曾一度指望台湾成为一个在大陆经营活动的投资平台和主要管理与技术人才来源地的美国和其他外国公司目前正在别处寻求对其在中国大陆业务的支持。实际上，使台湾成为一个国际商务区域营运中心的计划现在处于搁置状态。

与此同时，在美国、中国香港、中国台湾和中国大陆的大多数商人对其政治领导层可能产生的混乱感到不安。与良好的美中关系和两岸关系利益有关的商人似乎普遍希望那些相关人士接受亨利·基辛格的建议。这位前国务卿敦促台北停止挑战北京的底线，北京停止威胁台湾，美国国会停止进一步展现亲台、亲藏或反华姿态，北京恢复与华盛顿的对话，克林顿政府应对其意欲不遵守中美三个联合公报之意做出解释。努力这样做或许可以防止已糟糕的局面进一步恶化。

111

美中走向军事对抗（1995～1996 年）*

1995 年 12 月

　　自冷战结束以来，似乎只有亚太地区已处在和平与相对稳定的状态。多民族国家和帝国的崩溃在欧洲、欧亚大陆和非洲产生了强烈震撼。在原南斯拉夫、阿富汗、塔吉克斯坦、外高加索、利比里亚、扎伊尔（现在的刚果民主共和国）、索马里和卢旺达爆发了无政府主义和种族或宗教冲突。在中东，野蛮的伊拉克试图吞并科威特，阿尔及利亚的公民共识已终结。以色列人与巴勒斯坦人和其他阿拉伯人之间的关系发生了重大变化，并且公民社会在黎巴嫩再度出现。与巴拿马和海地军事政权的对抗以及秘鲁和厄瓜多尔的一场边界战争预示着拉美新时代的来临。其中的很多事件导致了美国的军事干预或使其对军事干预进行了认真思考（要么以美国自身名义，要么打着联合国的旗号）。

　　与此同时，美国的军费开支及其军队员额的重大调整都已落实。现在，美国军费开支占国民生产总值的比例只是 20 世纪 30 年代中后期的水平。美国军队的规模已缩减，其人数已降到 1939 年底的数字。美国从根本上调整其亚太地区以外的军事部署格局并把其部队驻扎于波斯湾。法国现已重新加入的大西洋联盟正在通过和平伙伴关系向东扩展。美国在巴尔干地区参与北约历史上首次军事行动的时候就已

　　＊　这篇文章最早发表在《哈佛国际评论》（第 18 期，1996 年春季，第 2 页）上，题为《不情愿的守卫者：美国与东亚》。

从欧洲撤出了 2/3 的军队。

同时，随着美国军队撤出菲律宾，美国不再试图对冷战期间形成的亚太联盟格局做出进一步调整。相反，华盛顿断言，美国还将保持美军过去 10 多年时间内驻扎在亚太地区的美国陆军士兵、水兵、海军陆战队和空军的人数（约 10 万名）。

事实上，亚洲没有几个国家相信美国的如此存在会持续下去。东南亚国家的人和韩国人希望它持续下去。然而，越来越多的中国人，甚至一些日本人，在质疑它是否应持续下去。一些拥护"美国优先"主张的美国人也加入了怀疑的行列。其他的美国人则怀疑军事同盟的重要性。尽管有来自其他地区越来越多的证据，但这些美国人仍期望未来的数十年应被经济竞争而非政治或军事竞争主导。我们希望他们是正确的。

然而，看似平静的亚太地区正在发生的变化要比其他地区发生的变化更深刻。这些变化远不止是正在使该地区成为全球贸易和投资重心的中国及邻近地区取得的众所周知的经济奇迹，它们还包括在该地区对现有的战略平衡和美国作用进行挑战的政治军事趋势。

五角大楼国际安全事务局指挥部于 1995 年 2 月发布的一份文件界定了美国军队在该地区的优先作用。"美国东亚—太平洋地区安全战略"把维护美国现有的同盟格局假定为"地区稳定的一个基石和促进美国在亚洲主要问题上的影响力的一种手段"。① 它认为，与亚洲盟国及盟友的合作是为了支持美国的全球战略和"阻止潜在威胁、反抗地区侵略、确保地区和平、监控大规模杀伤性武器扩散的企图和有助于保护该地区内和从该地区到印度洋与波斯湾的海上交通线"。简言之，美国在促进非暴力解决冲突的同时，还把其与同盟国和与非盟友的协同作战视为其实现亚太平衡与和平改变现状的有效途径。

为了实现这一战略，必须具备下列条件：

①　国际安全事务办公室：《美国东亚—太平洋地区安全战略》，美国国防部，1995 年 2 月。

● 美国人必须准备支持在西太平洋地区及与其类似的其他地区无限期的军事存在；

● 日本人必须准备支持持续的且大量的美国陆军、空军和海军在日本的存在，并维持这样一种分工协作，即美军管理日本的战略防御和更长远的利益，日本自卫队则保卫本土；

● 美国必须与中国形成一种包括对话和军事合作元素在内的非敌对关系；

113

● 在朝鲜半岛和台湾海峡这样的次区域发生的有可能打破现有军事平衡的重大变化如果真的发生，它必须以和平而非战争的方式出现；

● 东南亚国家必须继续与驻日美军联合演习并承担相应费用；

● 美澳同盟必须保持紧密和牢固的状态；

● 东亚人必须在地区安全问题管理中把美国视为一个明智的、可靠的和富有同情心的伙伴。

这些条件有许多现在还在面临挑战，结果还不明朗。但是，主要的挑战还是来自美国国内的因素、美日关系演变的不确定性及美中关系的不断恶化。如果美国人民不支持美国在该地区有活跃的军事外交，如果美日安全关系削弱或者中美由怀疑转化为敌对，美国就不可能希望管理韩国或东南亚地区的安全事务（如南海争端问题）。

国内方面

不要认为美国人民对美国在西太平洋地区持续的军事作用的支持是理所当然的。维持它需要坚强的领导。苏联的解体终结了对美国的生存和独立的任何明显的威胁。由于这些至上的国家利益不再受到威胁，美国的心态已变得既自私又内向。这可以从美国传统治国工具预算的萎缩中反映出来，包括全球的外交和领事机构、对战略或商业意义重大的国家的直接或间接的经济援助、文化交流或其他形式的公共外交、对国际组织的捐助及对盟国的武器补贴等。

美国在世界各地的大使馆正在关闭。美国国际开发署（AID）的对外援助计划正在迅速缩减。该机构可能会被彻底裁撤。美国新闻署及其项目也面临同样的命运。美国对世界银行和其他国际金融机构的捐助正被削减或取消。美国对联合国及其所属机构经费的拖欠以及不再向一些机构提供经费已是尽人皆知。美国几年前终结了对除了以色列和戴维营和平进程伙伴（埃及）之外的其他盟国和盟友的军事援助。美国人似乎仅仅在贸易和投资方面逐渐确定了美国适当的国际角色。他们希望美国继续保持世界最卓越的政治和军事大国的地位，但似乎不准备继续支付这个角色历来承担的账单或牺牲生命。甚至像防扩散和环境保护一样的热点问题，美国国会也不会再给予更大的资金支持。美国在国际上试图要做的越来越多的事情必须用别人的钱来完成。

114

美国从在世界事务的主导地位撤出的趋势对美国在亚太地区的地位尚未有多大影响，不过，国际开发署在那里的任务正在被停止，在那里的外交机构像其他地方一样也在减少。到目前为止，除了美国驻日海军舰艇母港因西海岸造船厂利益发起的一次不成功的辩论外，对美国在该地区军事存在的真正辩论还未出现。然而，除了美国承诺对大韩民国的长期防卫外，美国在西太平洋持续军事存在还未得到美国人很好的理解和强有力的支持。这样的存在是否能够承受严重质疑还有待观察。为美国在该地区的持续军事介入提供一个有说服力的例子是可能的，但没有任何一位美国领导人有动力做这件事。

美日同盟

美国在西太平洋的存在以及美国权力在亚洲和邻近地区延伸的基础就是美日同盟。如果没有日本提供基地和财政上的支持，美国将很难把其力量投放到该地区，更不用说进入印度洋/阿拉伯半岛战场。日本与美国的联盟已阻止了日本自身发展实质性军力、力量投放能力或核威慑的要求。通过向日本提供这些能力，一件不可思议的事情就是美国已使日本再度成为亚洲的一个潜在军事竞争对手。它已防止了中日之间军事竞争和军备竞赛的可能爆发并已管理了富有情绪化的有利于日韩双方的安全关系。通过对驻日基地的维护，美国已获得了一个相对安全的前沿阵地，这不仅能确保韩国和台海的和平，发挥其在东南亚的持续影响力，也能保障通往印度洋的海上通道的安全。美国已与日本的纳税人共同承担所有这一切的财政负担。美日同盟已经是并仍然是美国在西太平洋地区居主导优势的军事强国地位的基础。

如果有什么区别的话，就是规模较小的美国军队、更受限的国防预算和减少的海外基地就已强调了日本对美国的重要性。然而，对于日本人来说，俄罗斯作为一个有力的战略竞争对手的衰落（至少持续十年或二十年时间）使美日同盟及其授权的美国军事存在的价值受到了质疑。一场辩论很快在日本悄然兴起。

因为苏联已不复存在，所以日本人比较关注他们现在还需要美国人来帮助他们阻止哪个国家。无论美国人还是日本人都不希望把中国作为这样一个假想敌（在该地区没有人相信遏制是对崛起的中国权力的一个必要的或适当的反应，或者希望在日本、中国和美国之间增加敌意和对抗）。然而，在日本的辩论气氛高涨起来之前，朝鲜核武与导弹威胁的出现对谁或许威胁日本提供了一个明显的答案。来自朝鲜的进攻或恐吓的威胁已被日本正式采纳作为其防御的组织原则（既然朝鲜与苏联不同，不能入侵日本，所以东京正在缩减日本地面部队的规模，这反映了在其本土发生地面作战风险的降低）。

日本人对朝鲜威胁的重新重视已使辩论在日本处于搁置状态。不过，朝鲜本身并未对美日防卫合作奠定一个长期的基础。在某种情况下，朝鲜可能对日本构成直接威胁（一旦朝鲜半岛发生冲突，平壤就会希望阻止日本与首尔的美国盟友进行积极的合作。它也希望美国不再把日本作为美军可以针对朝鲜军队和目标采取行动的一个安全大后方。这大概是平壤核武与导弹计划的一个主要动机），但是，朝鲜绝不会像苏联那样能对日本产生强制性的威胁。如果韩国统一或朝鲜放弃其核武和导弹计划，美国仍将希望维持在日本的驻军。华盛顿将把这视为服务于美日地区和全球的共同利益。而东京也将如此认为吗？美日安全关系的合理性需要扩大、再定义和更新。这就是五角大楼通过助理国务卿约瑟夫·奈寻求与东京进行安全对话的原因。然而，奈的突然离任已使东京方面对他的继任者如何继续积极地推进这一对话产生了怀疑。

同时，日本外部威胁感的下降已使日本人不太愿意像以前那样容忍由外国基地及其驻军在其领土上导致的不可避免的摩擦。同日本地方当局相比，自民党向日本政治主导地位的复归已削弱了东京的权力。日本政治非集中化的趋势很可能会随着一个取代地方选区比例代表制的新选举法固定下来而加速。由于地方问题在日本政治中的（地位）越发显著，东京将难以约束地方对美国军事存在的不满和反对，而且华盛顿也将难以巧妙地处理来自日本地方社会的抱怨。冲绳儿童遭强暴案已为东京和华盛顿敲响警钟。该事件就如何重新部署美军以减少其与东道主日本之间的摩擦引发了一场旷日持久的对话。这场对话是及时的和必要的，但其过程很可能是长期的和充满争议的。美日贸易和投资关系矛盾的不断加剧将不会使其管理更加轻松。

美国在韩国的存在

驻韩美军已经并继续是对朝鲜政权征服韩国以解决其问题的企图的一个重要威慑。朝鲜的军事能力在其经济衰退和政治不确定的逆境中达到巅峰，所以朝鲜进攻韩国的危险无时不在。朝鲜不可能长期承受战备的巨大负担。随着朝鲜能力的消退，其注意力自然会转向如何安排其政权的软着陆。在目睹了两德统一的整个过程后，韩国人希望韩朝统一是一个渐进的过程而非南北边界的突然消失。

只要美军一定会阻止朝鲜的进攻，它们在战略上就被固定化了。它们从朝鲜半岛的撤离可能会导致朝鲜走向冒险主义（这种冒险主义也可能是被其他地方阻击驻韩美军增援的重大冲突的爆发而驱使的）。然而，朝鲜的威胁一旦消失，华盛顿和首尔就将不得不考虑是否可以从韩国撤出美军。

首尔有些人强烈主张，美军甚至在统一后也应继续存在。他们把美国的持续存在视为使韩国在包括中日的东北亚发挥关键作用的一个因素。他们也看到了作为韩日军队之间桥梁的驻日美军的持续存在的效用。出于同样的原因，许多日本人也希望美军继续驻扎在两国。还有一些人把美国继续保持在韩国的驻军视为有利于美国在日本的撤军。然而，韩国对美国军事存在的普遍态度是越来越敌视。如果中国人把美国在亚洲的持续存在视为威胁或不利于中国的利益，那么韩国人可能会对中国主张的美国撤军运动做出回应。

美中关系

包括美国军队在内的美国与中国的合作性互动对美国在亚太地区安全事务平衡者和协调者的任何角色的作用发挥都是不可或缺的。北京如何与亚洲国家或地区（与日本、菲律宾、越南、文莱、马来西亚和印度的领土争端，与朝韩两国和印度尼西亚的海洋争端，与中国台湾地区的对抗）调整所存在的多种分歧将决定亚洲是保持和平还是走向对抗。美国如不与中国进行积极的对话，它就不能在这些纷争中发挥调解作用，而且韩国和南亚的和平与稳定以及在这些次区域的核扩散问题也不易得到保证和管理。如果没有北京的帮助，亚太地区诸如贩毒和非法移民等跨国问题也是难以处理的。仅仅是地区性因素的考虑就为美中合作提供了充足的理由。然而，美中关系却正日益陷入困境。

一个共同敌人（苏联）在 20 世纪 80 年代末的坍塌摧毁了中美关系的战略基础。随着华盛顿、莫斯科和北京的战略三角的消失，美中在意识形态上的相互包容以及以共同探索作为其相互关系指导原则的耐心解决问题的方式也已消失。起到催化剂作用的事件就是 1989 年政治风波以及美国对其的迅速反应。自 1989 年 6 月 4 日以来，中美关系一直被美国对中国人权做法的批评和中国反抗美国通过排斥与经济压力迫使中国内部发生变化的图谋所支配。

美中之间达成的包括通常像环境一样远离政治的问题的相互谅解已与战略对话一道渐渐被遗忘。对于美国政治家而言，中国已不再是"政治上正确"的国家。而对于中国的政治家而言，美国现在是一个需要抵抗的恃强凌弱者。这种氛围不利于问题的解决。受其影响，华盛顿和北京在全球贸易、技术转让、投资、核扩散，以及西藏问题、香港问题、南海的领土争端和南亚与波斯湾的地区平衡等规则各不相同的问题上的分歧已在扩大和深化。

然而，美中之间最危险的分歧还是那些针对中国台湾而出现的分歧。这些分歧与发生在台湾本身的重大事件密切相关。大陆许多人把海峡两岸的逐渐统一视为希望的关键。另一方面，台湾的政治已把对台湾身份危机的关注作为重点统一之梦已逐步淡化而更热衷于台湾独特的通过其国际公认的"独立"成就体现的"国家认同"愿景。

几十年来，台北在联合国及其他场所一直寻求美国支持只有一个中国，只有唯一的一个中国合法政府，台湾是中国的一部分，中国的首都不是北京而是台北。现在，北京几乎是举世公认的中国的首都，台北正在谋求争取美国支持与其相反的论调，即不管怎样，中国都是由应被国际社会公认并享有联合国独立席位的"两个平等的政治实体"（两国）构成。台北通过"务实外交"使台湾从中国分离出去的企图已导致北京和华盛顿之间产生严重摩擦。目前，台湾分离主义冲动在冒北京对台采取军事行动的风险。

在某种程度上，美国的立场是明确的。1979 年，美国从承认台北转向承认北京作为中国唯一的合法政府。它承认中国关于台湾是中国的一部分的立场（实现该目标的联合公报的中文文本指出，美国"承认中国的立场"）。在此范围内，美国与台北关系形式的实质就是同意仅保持"与台湾人民的经济、文化和其他非官方关系"。在一个中国基础上，美国与台湾非官方关系蓬勃发展的同时，华盛顿与北京的关系也正常化了。

美国在台的军事存在以及美国与台北"防御条约"的终结准许北京把"解放台湾"搁置一边而支持"一项致力于和平统一的根本方针"。由美国国内立法（"与台湾关系法"）所授权的美国持续的对台军售强调了台湾问题由双方"和平解决"与美国的利益息息相关。它确保台湾保持强大的军事威慑以抵抗大陆的进攻，并给予台湾人民一定的安全感。台北和北京只有一个中国的共识消除了关于统一的任何

118

119

紧迫感。这一共识的基础是海峡两岸达成的心照不宣的妥协。它导致了紧张局势的明显缓和以及促进了双方之间的关系和对话始料未及地快速扩大。它使台湾军事管制的终结以及实现向民主社会的转变成为可能。美国人以及海峡两岸的中国人从两岸心照不宣的妥协的形成与显著的巩固中获得了重要收益。

这一妥协现在已开始瓦解。今年春季，台北为国际社会承认其作为一个不同于中国其他地区的国家的首都的追求出现了戏剧性的变化。台湾地区领导人李登辉对美国进行了一次私人但富有政治色彩的访问，而其"行政院长"连战却在中欧受到"官方接见"。当他们回到台北时，他们向联合国提供了10亿美元以争取台湾在联合国大会的一个"独立"席位。北京把这些举动视为台北对已强化海峡两岸达成妥协的一个中国原则的正面攻击。它把李登辉的访问作为华盛顿的一系列政策决定的一个最明显的表现，即视其为一个美国意欲放弃一个中国政策的信号。它把美国视为台湾分离主义的同谋。

中国的领导层认为，美国正试图分裂中国（使台湾"独立"出去、西藏分离出去和颠覆中国1997年后对香港的控制），不仅政治上削弱中国（支持持不同政见者和强烈反对共产党的统治），而且阻碍中国的现代化（限制技术转让和将中国排除在世贸组织之外）。美国随后与越南关系的正常化强化了北京关于美国人正转而"遏制"中国以导致其像苏联一样崩溃的认知。

120　　北京的首要任务是获取美国忠实于一个中国政策的新保证。它召回驻美大使，暂时搁置美国新驻华大使的上任，取消高级别国防与军事交流并中断美国特别关注的问题的对话直到获得这样的保证。有了这些条件，北京就开始把注意力转向台北。

中华人民共和国仍未放弃与台北协商解决问题的政策。然而，不是耐心等待从过去几年发展起来的非正式的"辜汪会谈"的谈判，北京现在试图迫使台北要么停止实现从中国脱离的进一步图谋，要么同意在北京提出的条件的基础上实现统一。

北京以一定的军事力量作后盾来推动用明确的台海协定取代零散

隐形的临时协定。这是它几十年来第一次不断强化对台的军事行动（起初，这些被称为在一个"军区"总部指挥下的演习，现在，它们被称为在一个"战区"的行动）。不断升级的军事压力很可能随着1996年3月23日台湾人首次投票直选领导人的到来而达到顶峰。如果台湾地区新领导人（李登辉很可能获得连任）没有令人信服的迹象表明愿意放弃"分离主义"而公开与北京谈判，人民解放军就会声明为（局势）进一步升级做准备，包括低强度的冲突和可能对台湾地区的目标发动直接的导弹袭击。

　　除了台海和平与稳定遭到破坏外，这样的结果也意味着美国长期以来防止台海冲突所做出的努力是令人怀疑的和不可信的。在某种程度上，美国将不得不在支持台湾的反华作战和在冲突中保持中立之间做出抉择。毫不夸张地说，任何一种选择对于亚太地区战略稳定都将是可怕的，甚至是灾难性的。鉴于台湾对日本的战略重要性，美国不参与台海冲突的决定将被日本人视为美国对管理日本战略防御责任的失约。日本人的反应会更强烈，因为他们与许多台湾人之间有一定的情感关系（台湾人是唯一与其前殖民地主人保持密切关系的日本天皇的前子民）。日本不再相信美国可以被依赖为其做这项工作，它将不得不重新担负起自身的战略防御的重任。

　　如果美国决定介入并支持台湾，它将不得不使用日本的基地来实施这一任务。那时，东京将不得不在与北京维持友好关系和与华盛顿的联盟及其在台的利益之间做出抉择。它几乎肯定会选择华盛顿和台北。然而，未来的日本政府将不会愿意再被置于外国人替日本人做出基本选择这样一个位置。结果将是日本会再次缓慢地承担起自身防御的重任。

　　因此，台海冲突的战略影响在于，其不仅会使几十年的美中关系被破坏和中国现代化遭受挫折，而且也会使亚洲战略平衡出现根本性的调整。在中日敌对的情况下，日本重整军备将会使亚太地区呈现两极化和美国走向边缘化。日本甚至可能会适时地转向俄罗斯、印度和东南亚，并使之成为其平衡正在崛起的中国权力的战略伙伴。

无论美国是否介入以及北京收复台湾是否成功，台海战争爆发的这些影响都将展现出来。北京关于台湾问题在法律上是中国的内政问题的论点或许是正确的，但这些论点忽略了最重要的一点：台湾问题在政治上和战略上根本就是一个地区事务。这个问题在未来数月如何展开将决定和谐或对抗盛行于亚太地区。它也可能决定美国是否可以保留美国人认为的其在那里理所当然的极具影响力的作用。

避免台海冲突爆发显然符合美国的利益。美国人不希望被迫在干预和不干预台海之间，即与中国的战争与和平之间做出抉择。因此，北京和台北达成新的妥协符合美国的利益。美国应大力促进这样的谈判作为唯一可行的对抗和冲突的替代方案。这样做并不容易。台北和北京都不希望战争，但哪一方都不愿意主动寻求妥协。每一方都需要面对那些令人不快的现实。为了自身的利益，每一方都需要艰难地适应彼此。

台湾必须面对不能无视北京的看法而确定自己的地位的现实。台湾的过去和现在都与海峡对岸的中国人的过去和现在密切相关。台湾的未来也会与他们有关。无论谁统治台湾，无论岛内如何自称，台北都必须与北京形成一种工作关系。这种关系（不论台北是否参加国际机构）的质量将决定台湾及其人民所享有的安全与繁荣的水平。台湾能够赢得一场与中国大陆的战役，但它不能赢得一场战争。

122　　北京必须面对不与台湾进行妥协和和平的互动，而是与其对抗和作战，很可能为中国创造一个根本不利的和敌对的国际环境的现实。中国的现代化及其与外部世界的联系和与亚太地区乃至整个世界的其他大国的关系都将受到这种环境的损害。

结论

作为在亚太地区不断发展的合作安全体系的管理者，美国的愿景是极具吸引力的。然而，如果没有华盛顿更大的努力，这个愿景似乎有可能胎死腹中。当美国把注意力集中在波斯尼亚、海地和远离亚洲的其他事件的时候，该地区的安全态势和某些政治事件或许正在粉碎这一愿景。

领导力犹如肌肉组织，除非得到锻炼，否则它会萎缩。亚洲许多人把克林顿总统面对国内政治干扰而在最后一刻决定不参加亚太经合组织（APEC）会议视为美国缺乏积极参与该地区事务的兴趣和放弃承诺的象征。其他人则担心美日两国安全关系的游移不定，尽管经过美日双方的努力，这种关系已经得到好转，现在可能已经恢复正常。同时，亚洲人尤其对中美关系反复无常的变化过程感到不安。美国通过非战争手段而不是参与到战斗当中的方式，帮助亚洲人解决争端和纠纷的愿望，在台海问题上面临着重大考验。

到目前为止，美国似乎已不愿承认存在一定的问题，更不用说美国会针对这个问题给中国各方施加外交压力。美国在这个紧迫挑战上的失约对"美国世纪"在亚太地区的延长将不是个好兆头。

1995～1996 年台海危机的余波 *

1998 年 5 月

两年多前，中美陷入了双方都不曾寻求或预期的台海军事对抗。然而，1996 年 3 月美国航母与中国军舰和二炮部队之间的对峙回想起来似乎已产生了一些有益的效果。对两国重大利益有提醒作用的那场危机使每一方都成功地管理了与另一方的关系，并且还提醒双方，台湾问题对彼此关系的处理会一直占据中心地位。两国人对那次提醒一直铭记于心。

自 1996 年 3 月以来，两国政府已努力扩大在双边和国际问题上相互尊重的对话的范围。首脑会晤和其他高级会议再次成为中美关系的一个常态化特征。目前，在台湾地区还未出现军事对抗进一步恶化的情况。去年秋天，当比尔·克林顿总统在美国会见中国国家主席江泽民时，他敦促尽早恢复北京和台北之间的对话。1998 年初，在双方都把对话破裂的责任归咎于对方三年之后，北京和台北终于开始交换关于在何处以及如何会谈的意见。1998 年 4 月下旬（就在已预定的克林顿总统对中国进行回访之前两个月），台北同意派遣一个代表团前往北京提前交流双方会晤可能要探讨的问题。

许多观察家从这些动态中得出这样的结论：华盛顿、北京和台北分别从 1996 年 3 月的军事对抗中汲取了相应的经验教训。他们相信，

123

导致它们之间不断升级的军事紧张局势的所有这三方的误判已被纠正，在台海不可能发生另一场危机。

但是，华盛顿、台北和北京对所发生事件的前因后果（美国航母部署，诱发美国部署航母的中国导弹发射，台湾试图改变台湾问题的国际环境导致中国炫耀武力等）的领悟是明显不同的。每一方的教训都是从处于直接的和危险的冲突的三方边缘政策的实践中汲取的。尤其是北京和台北的结论，对证明是严重关切的问题的看法是如此的截然不同。1996 年 3 月的那场危机还可能最终证明是停止已久的中国内战的血腥恢复的预演，这一内战可能引发中华人民共和国和美国之间的武装冲突。为防止这种情况出现，美国需要在政策上做一些调整。

汲取的教训：美国的观点

克林顿总统巧妙地落实在台湾地区部署两艘航母的决定旨在重新向亚洲盟国和盟友保证，美国仍然致力于亚太地区和平与稳定的维护。尤其是部署航母这一行动的开展，是为了强调美国长久的利益，而这确保了解决台湾问题以和平的而不是武力的方式发生。这次部署实现了两个目标。包括多数国会议员在内的美国人从这次危机中汲取的主要教训是，美国军事干预的前景可能会阻止中国对台湾的攻击。然而，当政府做出部署决定的时候，它不相信它正在把美军推入险境。它准确地做出了中方还无意进攻台湾的判断。也没有证据表明，美军的到来会导致人民解放军改变或限制其 1996 年 3 月的演习——这是它曾计划并于 1995 年 7 月开始的 6 轮不断升级的武力炫耀中的最后一轮。但是，航母部署还是为美国应对未来的总统也不能忽视的台湾的任何明显的威胁设定了一个基准。

许多美国人认为，无论是不是台湾自身的行动挑起冲突，美国都有义务对台实施援助。然而，1996 年 3 月台海的战争恐慌把对台湾企图在政治上胜人一筹的默许的潜在代价带到了国内，就像 1995 年 6 月李登辉对康奈尔大学不明智的访问一样（经国会授权和极具政治性的李对美的私人访问——参加一个由他资助的教授头衔的启动活动——

124

是台海军事紧张局势升级的最直接原因）。国会议员关于可能对美中关系产生意想不到的后果的台北的举措进行投票表决时，他们似乎比以前更加谨慎。就算国会没有意识到，克林顿政府也已经开始设法说服台北避免采取可能引发不断加剧的台海军事紧张局势和战争的危险的进一步行动。

台湾的反应

人民解放军于 1995 年 7 月李登辉访美之后进行的 6 次武力炫耀激起了台湾民众对中华人民共和国的恐惧与厌恶并加速了民众的支持统一思想的消失。然而，随着军事紧张局势的上升，岛上许多人开始考虑如何接纳大陆中国人。1996 年 3 月，美国航母在人民解放军第 6 轮和最后一轮演习期间的突然驶入打断了进一步对北京做出和解姿态的考虑。这使台湾朝野政党的领导人深信，他们能够倚仗美国的干预以保护其免遭中华人民共和国对他们可能实施的任何政策转变而带来的军事挑战。克林顿政府试图通过与台北私底下进行对话动摇这一信念，但台湾领导人更加相信支持他们的国会议员发来的那份绝对公开支持的声明。他们毫不掩饰自己的信念：无论什么原因导致未来的台海危机，任何不愿意帮助他们的行政部门都将很快屈服于国会的压力。

125　　台湾的政客们得出结论：他们在以武拒统使台湾成为一个具有国际地位的"主权和独立的国家"方面有更大的自由。包括李登辉和民进党领导人许信良在内的一些人把台湾的身份界定为国际认可的"中华民国"，是一个与中华人民共和国截然不同的"主权国家"，其领土现在只包括台湾及其一些沿海附属岛屿。李登辉的国民党仍然口头上表示要统一，并指出，只有中国大陆在实现"民主化"的时候，它才会考虑（统一的问题）。许的民进党在任何情况下都断然反对统一。包括享有民意支持的台北市市长陈水扁（许多人把他视为下一任台湾地区领导人）在内的其他民进党领导人赞成公民投票以建立"台湾共和国"。

北京的结论

李登辉对美的访问和随后发生的事件导致北京的领导层得出三个完全不同的结论。

首先，鉴于台湾政治的演变，和平统一政策的前景比较暗淡。即使在非常优厚的条件下，台北同意统一似乎变得越来越不可能。北京确信，台湾领导人对探索如何统一中国已不再感兴趣。相反，他们的目标是要找到一种方法使台湾问题国际化以便让台湾从中华人民共和国分离出去。"台湾民族主义"正在以一种或另一种方式推动岛内民众用比以往更加公开的企图来获得国际认可，最终成为一个有别于中国本土的并与北京没有任何有机关联的"主权国家"。中国领导人不情愿地得出结论，更有可能的是，他们最终将不得不诉诸武力以防止台湾政客实施意欲妨碍统一或使岛内与中国主权无法挽回的脱离的行动。

其次，1996 年 3 月的那场危机也迫使北京面对人民解放军不到迫不得已是不会准备以武力夺取台湾的这个事实。对中国军队而言，将需要近 10 年的集中努力才能获得一定能力的装备、制订规划并做好其他的准备以等待绝佳时机突破台湾强大的防御（实际上，考虑到台湾正在进行的异常迅速的军队现代化，它或许需要更长时间）。增强征服台湾的可靠能力已成为人民解放军军队计划者的第一要务。中国的文职和军事领导人清楚地意识到，征服台湾的努力即使成功了，也要付出惨重的政治、经济和军事代价。他们希望展示攻击能力能足以劝阻台湾人搞分离主义并且说服他们关于其与中国其他地区的长期关系要展开认真的谈判。

最后，北京得出的结论是，对台诉诸武力实为必要，但人民解放军几乎肯定会遭遇美国航母的军事抵抗，也可能遭到美国驻日空军部队的拦阻。因此，中国军队必须准备或快速夺取台湾以至于美国和日本不得不面对这个既成事实，或击败任何可能干预的军事力量。

总之，这场危机使华盛顿更加自信，台海战争已被阻止并且通过

126

非暴力的武力炫耀可以被无限期地阻止。它唤起了台湾人的希望，美国将是他们未来试图结束台湾与中国大陆的往来的军事后盾。而且它也使北京深信，尽管它不愿意攻打台湾，但它必须做好攻打台湾以及与美国作战的准备以保持台湾至少在名义上是中国的一部分。

一个中国与"和平解决"

尽管近期台湾的民族主义者试图对台湾是否应当是中国的一部分提出了质疑，但它的肯定性说法不存在任何国际争议。没有国家质疑中国 1895 年割让台湾给日本或 1945 年日本战败后收回它（在美国的帮助下）的法定资格。也没有任何人把蒋介石的国民党政府及其军队被中国共产党在中国大陆击败后的溃逃台湾视为飞往国外。1949 年末至 1950 年初，随着人民解放军在台湾海峡另一边集中，美国明确表示，它无意为阻止中国共产党征服台湾所表明的在中国内战中的完全胜利而实施干预。

1950 年 6 月 25 日，朝鲜战争的爆发使美国除了进行干预别无选择。两天后，为阻止朝韩冲突蔓延，美国第七舰队被部署到台湾海峡以防止中国内战中的一方攻击另一方。然而，落实美国公开宣布的台海停火这一决定并未改变华盛顿对台湾地位的看法。20 多年来，美国支持在台北的"中华民国政府"有权利在国际场合和联合国代表包括其在中国大陆从未有效控制的地区（如西藏）在内的全中国。美国政府这样做的部分原因在于，"中华民国政府"仍未被从中国驱逐出去，因此它还不是一个流亡政府。美国的外交官断言，台湾仍是中国的领土，因为它是中国的一部分。

127　　对蒋介石而言，他和毛泽东一样坚持有并且只可能有唯一的一个中国的原则。他的政府就是中国政府的声称成为其作为在台统治者的合法性的核心。40 年前，约翰·杜勒斯曾试图说服蒋对台湾海峡另一边的中国人放弃使用武力。蒋的回答与当今北京的中国领导人给出的答案相似。他断言，他的"政府"是包括台湾和大陆在内的中国的唯一合法政府。蒋说，没有一个政府愿意——即使不得不——对自己的公民使用武力，但也没有一个政府可以放弃在其自己的领土上对反对派武装集团采取军事行动的权利。

直到最近，两岸达成了台湾是一个省的共识注定台湾最终要与中国其他地区一样在一个中国政府（中华人民共和国或"中华民国"）下统一，并确定了在北京和台北之间进行较量的每一个元素。它使理查德·尼克松总统和周恩米总理为了追求更广泛的战略利益能够同意保留在台湾问题上存在的分歧（阻碍华盛顿和北京之间关系正常化的关键问题）。在 1972 年 2 月 28 日的《上海公报》中，美方声明："美国认识到台湾海峡两边的所有中国人都认为只有一个中国，台湾是中国的一部分。美国政府对这一立场不提出异议。它重申它对由中国人自己以和平方式解决台湾问题的关心。"

一个中国的理念深深地根植于中国的民族主义之中。然而，"由中国人自己通过和平方式解决台湾问题"中的中国内战的谈判解决的相关概念是由美国人提出的创新解决对策。无论是国民党还是共产党最初都认为谈判解决是不可能的。哪一方都不曾希望美国人或其他外国人插进来促成谈判。①

中共对台的态度特别受其下述认知的影响，即美国在台的军事存在和对台防卫承诺就是要极力否认中共在内战中的胜利和延续中国沦为外国支配的势力范围的殖民时代的被分割（的命运）。直到美国开始终止其"防御条约"和断绝与台北的"官方关系"（1979 年 1 月 1 日），中华人民共和国才正式地有了与台北谈判的想法。中国新一代领导人邓小平在当时放弃了关于"解放"台湾的言论，同时颁布了"一项致力于和平统一的基本方针"。邓小平提出了"一个国家，两种制度"的解决方法（1997 年 7 月 1 日已在香港成功运用）以期北京和台北之间的谈判能够达成一致。中国人民解放军为了凸显其对和平统一的支持，停止了对国民党控制的岛屿金门和马祖的炮击。台北的军队也就此停止反击。

128

———————————

① 这是作者的观点。事实并非如此。——译者注

"和平解决"与美国对台军售

台湾地区的繁荣和民主主要是台湾地区人民努力劳动和奉献的骄傲成果，但它们也是美国外交的一项成就。不断增强的安全感使台湾地区成为一个繁荣和民主的社会，而这种安全感的获得是美国对华政策的直接结果。几十年来，美国部署部队保护台湾以免其被强行并入中华人民共和国。美国可以结束与中华人民共和国的这种军事对抗，为此它规劝北京，鉴于海峡两岸达成的一个中国原则共识，只有一个通过和平谈判结束中国分裂的可信前景。北京认为，这一个关键性因素决定了在香港和澳门回归中国的谈判条款中允许超过一种政治、经济和社会制度存在于一个中国范围内〔正如很多人常常说的，北京拨一个电话很可能就可以收回香港（澳门）〕。美国继续对台军售以确保台北有足够的自卫能力以防止北京单方面强加一个解决方案，并可以增强台北对有能力与海峡对岸的中国人协商一个彼此都接受的关系的信心。

美国总统继续对台军售的国内法律依据就是1979年4月10日签署的"与台湾关系法"。与"与台湾关系法"有关的事实是，1979年1月1日，总统"终止美国和台湾统治当局间的政府关系"并把外交承认和关系转移到北京。在此之前，华盛顿获得了北京对维持美国人民与台湾人民的"商业、文化和其他（非官方）关系"的同意。

"与台湾关系法"强调，"（美国从同台北转为同北京的关系的）期望就是台湾的前途将以和平的方式来决定"。它宣布，"以非和平方式来决定台湾前途的任何努力……（将被认为是）对西太平洋地区的和平和安全的威胁，并为美国严重关切之事"。它保证，美国军队将"保持抵御会危及台湾人民的安全或社会、经济制度的任何诉诸武力的行为或其他强制形式的能力"。"与台湾关系法"的总体目的就是"为了帮助维护西太平洋的和平、安全和稳定"。为了这个目的，"与台湾关系法"授权对台出售"防御性武器"以使它"维持足够的自我防御能力"。

129

中美在美国对台军售上的分歧导致中美关系从 1981 年到 1982 年经历了一场危机。1982 年 8 月17 日，里根总统宣布，他已与中国政府就"美国对台军售的历史问题的一种双方都满意的处理方式"达成了谅解。在美中《联合公报》签订的当天，美国声明，关于对台出售的武器在性能上和数量上的限度以及逐步减少是以中国努力实现"台湾问题的和平解决"为前提条件的。里根总统强调，美国未来的行动将"充分考虑实施这项和平的政策。美国政府在这方面的立场一直是明确的和一贯的。台湾问题是由海峡两岸的中国人自己来解决的问题"。

"和平解决"的进展

这种和平解决得以发生主要受到海峡两岸关系日趋缓和、交往日益密切的深刻影响。20 世纪 80 年代，人民解放军从台湾海峡对岸的区域撤出了大部分军队和设施。北京和台北从海峡两岸的军事对抗转向对经济相互依存和人员往来的谨慎促进。台北一直拒绝北京对通商、通邮和通航（所谓"三通"）正式放宽限制的提议。但军事对抗的消失和美国持续的军售给予的信心使台湾当局默许了海峡两岸的贸易和投资关系事实上的广泛拓展（1982 年在台湾和大陆之间根本没有任何经济联系）。到 1997 年，海峡两岸贸易已达到约 265 亿美元的规模，并且大约 35000 家台湾企业在中华人民共和国的投资估计已达 300 亿美元或更多。每年的人员往来达到近 150 万人次，其中，绝大多数是从台湾到中国大陆。

1993 年，中国竞争的两方之间的紧张局势的缓和促使在北京和台北被授权的（名义上是"非官方的"）高级特使在新加坡举行的一次会谈的发生。这次会谈就促进两岸邮政和贸易交流的四项小举措达成了协议。它还建立了一个双方之间进行协商的非政府组织之间的正规渠道。

北京赴新加坡是为探索与"一个国家，两种制度"的概念相符的一个中国原则的表达方式。而台北参加新加坡会谈则是在"国家统一纲领"的指导之下，该纲领设想了分阶段统一的方法，根据这一方

130

法，私人部门的交流会谈将逐渐被高级别的访问或最终被双方之间的正式谈判所代替。双方同意对一个中国原则在现实中的确切含义有不同理解。在此基础上，他们同意进一步会谈。另一轮这样的谈判最终定于 1995 年 6 月，但它在李登辉的康奈尔大学只强调其"政府"的"主权"和"独立地位"而未阐述国家统一问题的演讲后被取消了。

和解的终结

李登辉的声明、北京随后的军事还击以及美国对此做出的反应加速了台湾民主政治的日益分化。1996 年 12 月，四方"国家发展会议"在李登辉的国民党和反对派民进党之间达成了搁置"国家统一纲领"的共识。这次会议表明台北正式拒绝了北京的（和已故的蒋介石的）一个中国及其以谈判实现统一的"一个国家，两种制度"建议（倾向统一的国民党分裂派别拒绝承认这一共识，而同意与北京的任何会谈都应当把台湾 2100 万人民的利益置于首要地位，而非全体中国人的利益。倾向"独立"的民进党分裂派则退出会议，因为它未要求从中国完全独立出去）。到 1997 年末，为防止有人误解问题的主旨，李登辉召开了有《泰晤士报》和《华盛顿邮报》记者参加的会议，他声称，他的"政府"统治着一个"主权独立的国家"，有资格获得国际社会的单独承认，就像英国一样。

李的逻辑是简单的，并且是非常清晰的。他声称，"中华民国"自 1912 年以来就一直是一个"主权独立"的"国家"；"中华民国"的管辖范围现在局限于台湾、澎湖列岛、金门和马祖及附近岛屿（台湾地区）。"中华民国"与台湾因此是等同的或类似的。这样，台湾就是一个以"中华民国"为名的"主权独立的国家"。李登辉总结道，既然台湾已经是一个在那个名称下独立于中华人民共和国的（"国家"），它就没有必要在像"台湾共和国"一样的另一个名称下宣布"独立"。

李登辉的立场把目前有"两个中国"的论点和台湾"独立"的原

因巧妙地结合起来。这使他的国民党在两岸关系方面与许信良代表的民进党的主流达成了共识。然而，与此同时，它是对海峡两岸关于美国的有关和平解决的立场和北京与台北之间于 1993 年在新加坡开始对话的基础即一个中国共识的否定。为表明他们的新立场在某种程度上与一个中国一致，国民党发言人辩称，台湾目前是其一个部分的中国只是"一个历史或文化的表述"而不是指一个民族国家（民进党不接受台湾作为中国的一个部分的地位，因此它认为没有必要阐述这个问题）。

台湾努力将自己重新定义为一个与中华人民共和国截然不同的、拥有"主权"的、"独立自主"的，就算可能只能称之为"中华"的"民族国家"，这种努力往往伴随着由充足资金支持的、旨在改变台湾问题的国际背景的"渐进务实外交"。1995 年 6 月李登辉对美重要的访问仅仅是如此"外交"的最著名的例子而已。台湾的高级官员为了提高台湾的国际声望已访问了其他许多国家。台湾为获得作为一个"独立国家"的国际身份的努力包括利用经济援助计划说服发展中国家（主要在非洲）除了与北京也要与其建立"外交"关系。台湾也发起了一项为自己在联合国和其他国际组织当中赢得一个单独席位的运动。台北极力证明争取国际空间的这些努力对其作为有别于中华人民共和国的政治实体的安全是必要的。

不过，到目前为止，台北发起运动的主要结果（正如在李登辉访问康奈尔之后的事件中清楚显示的）已挑起北京再次对台湾安全产生长期严重威胁的反抗。台北"购买"支持的努力导致其在非洲与北京展开了一场"外交"争夺战，目的是使一些国家转而与其建立"外交"关系。

具有讽刺意味的是，作为与北京的零和斗争，台北追求国际组织会员资格的方法已阻止了台北在其赢得代表资格上所取得的进步（实际上，鉴于北京的否决权和鼓动阻止多数票产生的能力，除非北京同意，否则台湾不能加入很多国际组织。当台湾避免寻求确立作为与中国分离

132　的一个"国家"的身份时，北京就愿意这样做。例如，早期台湾以"中国台北"的名义在亚洲开发银行中的会员身份就得到了北京的默许)。

　　台北从其人民渴望他们的政治和经济成就（荣誉或"面子"）获得承认的角度对"国际空间"的寻求是完全可以理解的。然而，从结果来看，追求"国际空间"不是一个增强台湾的繁荣和安全，或甚至是推动其实质性参与国际社会的战略。台湾的繁荣和安全依赖于其与海峡对岸 13 亿中国人的关系的性质。台北的经验证明了否认或无视这一不可避免的现实就会适得其反。

　　台北最近的声明和行动无视以往海峡两岸的一个中国共识或台湾以及大陆非台籍的中国人的看法，只是维护了决定台湾的未来的单方面的权利。台湾的政客提出把台湾建成一个在联合国拥有自己的席位（以中华民国或"台湾共和国"的名义）的"主权独立的国家"。台北很清楚，它提出的解决方案意味着对中国永久性的肢解。鉴于中国民族主义的力量，这对于大陆中国人是一个绝对不能接受的结果。对于任何中国大陆政府而言，它是一个开战的理由；对于中华人民共和国全体国民而言，这也是一个开战的理由。台湾对分离而非统一的新关注也因此使西太平洋的和平、稳定和安全的前景随着台海冲突的再次爆发而变得更加扑朔迷离。

小题大做？

　　在某种程度上，即使台湾获得了作为"独立"于中国的"主权国家"身份的国际承认，除了"国旗"和其他的国家象征外，很难看到台湾会从中获得什么利益。台湾目前尤其在国际和地区的经济事务中是一个有价值的实际参与者。包括美国人在内的外国人，很少会赞成台湾民族主义者为了获得从前门而不是从后门进入各国外交部的权利①，而与中国开战。

---

　　① 意指台湾不是"独立国家"，不能与各个主权国家进行官方的、正大光明的往来，而只能在私底下进行秘密往来。——译者注

尽管台湾唤起了美日公众对其渴望自决的同情，但与北塞浦路斯土耳其共和国相比，其独立还不是一种更可靠的选择。与车臣、库尔德斯坦、比夫拉、巴斯克或美利坚合众国的州一样，台湾的"独立"也是不可能获得外国政府的广泛支持的。台湾的"独立"得到偏远小国的承认对其在国际社会获得地位无任何帮助。对台湾试图获得"独立的主权"，除了中国诉诸武力毁灭或征服的威胁外，任何国家（包括美国）或国家集团都没有充足的理由来挑衅中国以承认台湾与其分离。

说实话，北京除了结束从事打击台湾分裂主义的烦恼和损失外，也不会从统一中得到什么。中国大陆已经受益于台湾的经济技术和财政资源，并且台北不再对北京的政府构成有效的威胁。现在，中华人民共和国几乎普遍地被认为是包括台湾在内的中国的政府。

"统一"

北京与台北进行谈判的公开提议（1995 年 1 月 30 日，江泽民的八项主张）似乎承认了这一点。它假定实质上是象征性的统一而不是把台湾纳入中华人民共和国的政治和经济制度之中。江泽民 1995 年提出的主张保证绝没有任何改变台湾的政治、经济或社会制度的意图。它放弃北京参与治理或驻军台湾的权利，并设想台湾为了自卫可以保留自己的军队。江泽民的主张承认台湾在（两岸）达成一致的基础上作为一个有别于香港、澳门或中国内地的经济组织和社会团体继续参与国际组织的可能性。

如果台北接受了北京的提议，在台湾的变化甚至将会比 1997 年 7 月 1 日以来香港的变化要少得多。自从北京对香港行使主权以来，香港人的生活方式未发生重大改变。台湾与大陆的关联远不及香港那样密切。甚至可以完全预见到，沿着北京提出的路线而实施的名义上的统一不会对台湾产生很大的影响。此外，鉴于台北娴熟的谈判技巧，不难想象，它在把可靠的保证变成一场实际的交易的同时，可能会对北京的提议加以改良。

133

既然其利害关系大多是象征性的，很少有实际的后果，那么人们很容易得出结论，没有什么能证明双方之间的战斗是合理的。然而，正如南斯拉夫的事件提醒我们的那样，象征主义（"荣誉"）往往是最激烈的战争的根源。1979～1994 年，台海出现了走向和解的趋势。自 1995 年以来，它已经转向新的军事对抗，因此，一个真实的前景是，它可能会在 10 年左右的时间内爆发战争。

为什么不谈判？

实际上，没有中国的同意，台北既不能指望独立于中国，也不能指望获得安全担保以反抗来自北京的控制（举个例子：在 7 年残酷战争后签订的《凡尔赛条约》的勉强承认下，英国的同意对确保美国的独立是必要的；波多黎各作为一个与美国有关联的自治邦的地位是华盛顿曾赋予它的）。对于北京而言，它不希望仅靠军事压力来说服台北放弃分离冲动。它需要与台北进行对话。鉴于北京目前军事能力的缺乏，除非与台北签订协定，否则它也无法实现统一。这样的协定只能通过谈判来获得。考虑到这些现实因素，为什么双方发现他们在新加坡设想好的谈判却很难开启？

由于多种原因，台北不愿与北京就台湾和大陆之间的长期关系进行讨价还价。台湾的民主政治已达成了对其渴望保持一个独立的社会的共识。然而，如果有的话，有关台湾应与大陆具有什么类型的关系的共识还未达成。

统一是一个被台湾少数人支持的长期目标。几乎没有人赞成在短期内实现统一。台湾对反对接受北京的"一个中国，两种制度"已达成了政治共识。简言之，对台湾的领导人而言，即使他们想要讨论北京的统一议程，目前台湾内部的政治分歧也使这种讨论失去了可能。没有迹象表明，他们将这样做。对台湾政客而言，获得海外荣誉①要比在政治上与北京进行冒险谈判容易得多。

---

① 意指在其他领域取得政绩相对更加容易、更加保险。——译者注

　　只有谈判是在保持台湾从中国分离的条件下，台湾舆论才将允许台北与北京进行实际的谈判。台北深知，北京将不会（的确不能）与其就此谈判。另一方面，台湾政界似乎还不想反对与对岸中国人的对话。台北最近同意与北京进行谈判，反映了其希望预先阻止克林顿总统在 1998 年 6 月访华期间进一步提出敦促两岸进行谈判的主张。台北的同意并不预示着谈判就一定能够发生。

　　台湾内部在其是否应促进海峡两岸更强的经济相互依赖关系或增进海峡两岸政治互信等问题上也存在分歧。台北的行动一直是矛盾的，这反映了其无法调和因为依赖大陆经济带来的安全问题的关切，台北意识到其长远的经济前景与海峡两岸的贸易和投资是联系在一起的。李登辉最近遏制对内地经济投资的企图在台湾商业界并没有引起共鸣。一方面，李登辉继续禁止两岸的直接贸易；另一方面，他已经开始允许大陆进出口货物通过台湾港口转运。

135

　　同时，大陆一些政治家关于两岸开始军事对话的建议还未得到台北的答复。台湾军方知道，很多台湾人对他们的政治取向存在疑心，怀疑如果他们与人民解放军的领导人会晤，就会试图与中华人民共和国达成一项交易。可能的军事对话的问题由于台北关于北京要同意一条类似国际边界的人民解放军不能超越"进行违法冒险活动"的台海分界线的坚持进一步复杂化。实际上，台北已经提议进行讨论的技术性问题是如何成功地将中国划分为不同的主权或司法管辖范围，而不是如何把海峡两岸团结在一起。

　　在这种情况下，一方面，北京对与台北会谈的效用存有严重怀疑。它怀疑，李登辉将企图利用任何会谈以寻求对其炮制的"两个中国"或"一中一台"的怪论进行象征性的检验。台北对之前达成的一个中国共识的抛弃和对"一个中国，两种制度"更加坚定的拒绝使北京很难想象一个与台北进行会谈的共同议程。在北京看来，会谈唯一合法的目的就是防止分离主义并促进符合"一个中国，两种（即一种以上）制度"的某种形式的统一。

　　另一方面，北京似乎不像台北那样强烈反对两岸对话。中国的领导人可能会怀疑和平统一的前景，但他们仍认识到，它将比武力统一的问题要少并且对中国会更加有利。中国的领导人承认，他们的主要关切就是防止台湾与中国其他地区分离，并维持"一个中国，即使不是现在"的愿景。他们说，只要双方把统一视为现状的唯一选择，北京就不会感到改变的迫切性。

鉴于中国民族主义的力量，对中国内地的任何政治家而言，承认统一之外的任何解决方案在政治上都是不可能被接受的。然而，中国的领导人在私下却是现实的。他们认为，如果台北同意不再坚持改变现状，那么北京可能会把改变它的努力推迟至未来的几十年。他们预测，随着时间的推移，台湾的民族主义可能会失去其优势。同样，中国大陆或许会成为一个对台湾人更具吸引力的社会。

总之，尽管双方都希望会谈，但每一方现在都感到认真的磋商受到了政治上的限制。然而，哪一方都不希望被指责为阻止了两岸的对话。北京可以接受继续维持现状，但台北不能。在这种情况下，双方将很可能会晤讨论谈判事宜，但不能对其长期的关系着手进行认真的探讨。同时，台北将继续尝试寻求支持其要求"独立主权"的国际动因。北京将继续计划诉诸武力以防止台北成功确立此地位。台北将继续依靠自身能力使美国卷入其可能挑起的与中华人民共和国的任何冲突。

美国的利益

自1950年6月27日美国第七舰队首次被部署以防止台海战争爆发以来，美国在这种争夺中的根本利益是一贯的。美国在种种规则下一直寻求稳定台海军事局势并确保台湾与中国其他地区关系的任何改变不是通过双方之间的武装冲突而是通过彼此的谈判和平发生的。在此过程中，美国始终在避免试图为解决台湾问题开处方而是让双方当事人自己来决定。美国在中美三个联合公报和与"与台湾关系法"中的政策声明的重点从根本上讲是相同的。美国的政策一直强调是为防止台海战争的需要，坚称台湾争端的双方应和平解决他们之间的分歧，即通过达成双方都能接受的条件来处理。

在过去 50 年时间里，因为蒋介石最初受到"约束"，海峡两岸的和平与稳定的威胁主要来自中华人民共和国。在这期间的大部分时间里，北京过于强调其"解放"台湾的权利，而忽视了岛内民众的看法，忽视了中国邻国关于台湾与大陆之间冲突的地区和战略影响的关切。不过，北京现在是处于守势。目前，不是北京而是台北在力图改变长期存在的"一个中国，但尚未实现"的现状。北京准备忍受这一现状，但台北不是。

这使美国的政策陷入了明确的两难境地。当美国继续限制大陆对台采取强制行动时，美国的利益也致使其努力告诫台湾并阻止它可能挑起与大陆的冲突的行动。美国一个世纪以来倡导的关于自决的说法，虽然没有使美国人愿意在其他地方（代表车臣人、库尔德人、科索沃的阿尔巴尼亚人或东帝汶人）冒战争风险，却将美国推向相反的方向。

美国的政策

克林顿政府已通过重申其对半个世纪的美国方式的基础的一个中国政策的坚持与"和平解决"的关注来应对这一困境。它最近已确认，美国现在不会将来也不会支持"台独"或台湾地区作为一个与中国分离的国家在联合国拥有席位。另外，日本（它比美国与台湾人有更直接的历史和战略关系）也表示了与此基本相同的观点。在与台湾官员的直接对话以及通过非官方使者的接触中，美国政府一直寻求警告台北，正如其描绘的台湾与海峡对岸的中国人的未来关系一样，美国不会提供一张用美国人的鲜血兑现的"空白支票"。它敦促台北与北京就双方都同意的临时协定认真地展开讨论。就目前来看，这些都是合理的步骤。然而，它们在国会中并未获得多少赞同。

部分原因在于，政府在这些问题上重新定位美国的努力还未对台湾政治观点的演化产生很多警示性的影响。相反，台湾人仍继续巩固和完善刺激北京多年来第一次认真思考不得不诉诸武力阻止台湾"独立"或把统一强加于该岛的可能性的分裂共识。台湾政客似乎相信，即使台北忽视克林顿总统的建议并颠覆之前达成的"一个中国，即使不是现在"的两岸共识，美国国会也将迫使美国在军事上支持台湾。台湾愿意冒包括战争风险在内的重大风险以实现台湾本身就是一个"主权独立国家"的国际承认，无论在什么名称之下，上述考量就是这一意愿的核心。

这是自20世纪50年代以来第一次，不仅仅是北京，还有台北的决定面临着可能引发台海冲突的真正危险。在任何此类冲突中无论美军是否参加，美国以及两岸双方都将是输家。美国的政策再也不能指望通过把重心放在预防北京可能出现的破坏现状的行动来阻止台海战争。美国现在必须确保，其政策也会有效地阻止可能使北京除了在军事上做出反应之外有很少或别无选择的台北的决定和行动。如果美国的行政和立法部门仍存在分歧，这样的政策将无法实施。

138　　美国政府现在不得不做很多工作来获得国会对其中国政策的支持。它也没有试图以台湾最近的事态发展和中国大陆对其的反应给台海和平带来的危险说服国会。打造包括台湾在内的对华政策的国家共识的认真努力现已呈现落伍之势。这样的努力的出发点就是必须承认，台湾争端的中国任何一方把其首选的解决方案强加于另一方的努力与美国在和平解决中的利益是不相容的。

这就是美国现在明确表示的将不支持，也不会赞同，在台湾地位上由北京或台北单方面策划或强加的任何改变的原因。美国应该清楚表明，它赞成两岸扩大接触，发展贸易、投资和其他关系，以及尽可能早地开始高级别谈判。美国可以接受两岸关系可能的在竞争双方之间达成一致的任何改变。鉴于日本在此背景下的重要性，华盛顿应鼓励东京与其一道坚持这一观点。

在当前海峡两岸双方竞争的民族主义之间的分歧越来越多的形势下，对所有关注的各方来说，台湾问题短期内的最佳解决方案很可能是根本没有解决方案。"一个中国，但不是现在"的现状不会有任何改变，不许统一，不许台北拥有"独立主权"的任何主张。

美国应该鼓励北京和台北讨论它们是否可能同意把关于台湾与中

国大陆其他地区的长期关系推迟至某一特定的时期（比如说 50 年之后）。在这样的谈判前的过渡时期，任何一方都不得试图单方面改变现状，任何一方都不得诉诸武力或以武力相威胁。

北京的官员一再强调，其政府的主要目标是防止台湾"脱离"中国。他们说，如果没有这样的分离危险，他们就可以对实现"和平统一"非常有耐心。台北需要被鼓励检验这些声明的诚意。随着时间的推移，很多事情会发生并减少紧张局势，以便在挑战中国和国际社会的台湾角色问题上形成两岸的协议的可能性更加容易。台海不断加剧的军事紧张局势也决定了要重新评价旨在维护和平、推动北京与台北之间谈判解决早日实现的对台军售的作用。在 1982 年 8 月 17 日的《中美联合公报》里，里根总统和中国领导人邓小平就如何管理这个有争议的问题达成了谅解。中国声明了"争取和平解决台湾问题"的决心。为了确认这一点，美国声明，它不寻求执行一项长期向台湾出售武器的政策，它向台湾出售的武器在性能和数量上不超过近几年的供应水平……并且它准备逐步减少对台湾的武器出售，并经过一段时间导致最后解决。

使北京遵守这一约定的承诺符合美国的利益。然而，这样做也将需要美国信守承诺。要求任何一方现在完全遵守 1982 年 8 月 17 日的公报是非常困难的。

在里根与邓小平达成谅解 10 年之后，美国于 1992 年 8 月向台湾出售 150 架先进战斗机（F－16）。这笔销售（当时是美国历史上最大的单笔军售）是由政治上陷入困境的（乔治·H. W.）布什政府于 1992 年大选前夕努力赢得制造 F－16 的德克萨斯州的选民的青睐的结果。F－16 的销售和其后的多次销售不符合里根与邓小平达成的谅解。自 1992 年以来，台湾已进行了大规模的军事现代化活动。台湾的军队还一直未能从美国购买到所有其想要的东西（例如，到目前为止，他们已否认，倘使台海发生敌对行动就用潜艇攻击上海和大陆的其他港口），但他们已购买了很多。

美国担忧，北京坚持和平解决与台北分歧的政策的决心正在发生动摇。这种动摇有多少是由于美国不遵守里根与邓小平达成的谅解导致的、有多少是由于台北强化关于统一的态度导致的，尚不明确。有一点非常清楚：美国对台军售不再是有效增强台北解决与北京之间的分歧的信心，相反，它们却强化了台北不顾历史、地理和海峡对岸中国人的看法而我行我素，以及这样做可以从美国获得军事庇护的观念。这不是美国应该向台湾传递的信息。

140　　　　试图维持台湾目前的台海军事优势以及台北和北京之间的长期军事平衡已没有任何意义。这样做将会鼓励双方展开军备竞赛，因为从长远看，台湾没有希望战胜海峡对岸那个规模更大和同样充满活力的中国社会。台海争端引起军事冲突既不符合台湾的利益也不符合美国的利益。台湾 2200 万人的最大优势是其优越的政治和经济制度，不是其拖垮、攻打或击败海峡对岸近 1.3 亿中国人的能力。台湾的安全最终取决于其解决与中国其他地区的双方都满意的关系的能力。

　　这就是美国应至少重新严格遵守里根与邓小平的谅解并坚持北京也这样做的原因。并且，当美国考虑未来对台军售时，它也应当权衡这对台北以及北京的意图和行为所产生的影响。这样做将不会威胁台湾的自卫能力。（对台军售）现在已经为台湾军队今后几年规模的扩充做好了准备。

　　目前，两岸关系的基本动力存在于台北和北京之间。然而，华盛顿不只是一个极其感兴趣的观察员。即使美国对海峡两岸关系不再起关键作用，其言行也将继续对这一地区的环境有塑造作用。美国有意或无意犯下的错误可能导致美国被拖入与中国的战争。至关重要的是，华盛顿的言行应鼓励针对台海争端的竞争的两岸双方通过谈判而非战争解决彼此的分歧。上述提到的美国政策的相对较小的调整都将有助于做到这一点。

　　最后，尽管在前进的路上会遇到各种各样的困难，但北京和台北之间一旦开始谈判，美国就必须要有耐心并继续克制直接参与双方之间的谈判或代表他们中的任何一方的冲动。美国人不应试图对中国人之间磋商的结果说三道四。20 世纪 40 年代中后期，乔治·马歇尔将军对国共两党之间的分歧调解的巧妙尝试未能满足或赢得任何一方对·切实可行的方案的支持。马歇尔的使命也导致了其后 10 多年来针对"谁失去了中国"的问题的美国政治的两极化态势。台湾问题是马歇尔善意调解失败后的中国内战依然持续的结果。这使当今的外国调解人会面临同样的风险。

　　美国应该鼓励和支持台湾海峡两岸当局为达成和平解决彼此分歧的方案而努力。在即将到来的世纪内完成这一任务还需要美国政策的微妙且重大的调整。1998 年 6 月的克林顿—江泽民会晤将开启这样的调整。

141

第五章

战争、和平与台湾

1999 年，台湾地区领导人完成了其从谨慎地倡导到公开拥护"独立"的 5 年过渡。李登辉于 1999 年 7 月明确宣布，台湾是一个有别于中华人民共和国或中国的"国家"，在国际上应被视为如此，并且就海峡两岸关系而言，也必须被如此对待。用一个曾使台湾的知识分子柏杨锒铛入狱的比喻来说，这是一个彻底"捅破政治处女膜"的举措。现在，北京关心台湾政策的每个人都很清楚，如果中华人民共和国无动于衷，台湾将逐渐把自己打造成一个国际意义上的"国家"，也就是说，台湾最终将实现其已经开始公开声称的应有的"独立"地位。李登辉走向分裂的举动促成北京确定从致力于无限期和平解决转向在可预见的未来必须解决的政策的相应转变。

北京对李登辉 7 月 9 日"两国论"的表态的最初反应是严惩台湾，包括考虑对台湾有政治和军事意义的各种显著的特定目标的打击（如果没有别的事情发生，这个目标的审核过程会让狂热分子做一些事情，直到头脑冷静的人能够重新控制局面）。但中国共产党对那些实际目标考虑得越多，就会使一个问题变得越加明显，即对其有力的打击或许将对台湾和国际方面特别是对美日产生非常不利的影响。

因此，中国的政治家们最终被迫面对达不到用军力把他们的意志施加于台湾然后将其置于他们的指挥之下的无能（人民解放军早已认识到，不过只能私下议论）的现实。在 1999 年 5 月中国驻贝尔格莱德的大使馆遭到美国轰炸的这种羞辱激起了全国人民的愤怒之后，他们的反应是要加快国防现代化以准备北京决定在某个时候以某种方式对台采取的军事行动，而不是简单地应对台北的挑衅。北京着手加强军事建设会呈现可怕的可能性：台北政客或许做出招致如此明确挑战的事情以至于人民解放军不管是否做好准备都将不得不紧随台湾之后做出应对。几乎与此同时，美国在这个地区部署战区导弹防御系统的意向声明使人民解放军认为，中国将需要一个比传统部署的还要更强的中短程导弹力量才可应对台湾的突发性事件（美国政府在 2000 年初宣布意欲继续推进国家导弹防御系统，中国人民解放军因此加强了对拥有更大核威慑反击能力需求的长远规划建设）。

但是，中国对台湾分裂威胁的反应绝不是单纯军事上的。中国领导人于 1999 年 8 月初在北戴河海滨度假胜地进行商议之后，采纳了中国传统治国之道所使用的"两手"政策。除了发起到 2008 年旨在实现军事上压倒台湾的能力的前所未有的 10 年扩军行动，他们还极大地把其"统一战线"拓展到岛内利益集团和政治活跃人士那里。他们积极追求军事实力和政治拓展。这些极大地压缩了台湾的选择和回旋的余地，并致使岛内一些人思考台湾如何改弦易辙才能恢复李登辉以及民进党官方反对派中的独立支持者曾推翻的海峡两岸模棱两可的一个中国共识。

2000 年，公开致力于"独立"的陈水扁当选台湾地区领导人，接替了李登辉。这凸显了北京采取强制措施以防止台湾成功获得一个从大中华分离出去的国际身份的必要性。适逢香港和澳门成功重新融入大中华之际，陈的就职典礼为设定台湾回归的最后期限带来了越来越大的压力。直到 2005 年，中国国民党和中国共产党建立了关系并在台北民进党当局的背后开始了两岸对话，胡锦涛作为江泽民的继任者，其面临的国内压力就是设定一个明确的统一时间表。这就是我在 2004 年初的一次谈话中描述的台湾发挥作用情势的背景，这次谈话现已是本章第一节的内容，即《中美关系和台湾问题》。

到 2005 年，中国距离构建一个摧毁台湾的可靠性能力的自我制定的目标仍有三年时间，但实质上为关注岛内变化，它已重新配置了自己的武装力量。它正不断地引入新类型和新一代的武器装备，以及一些保证会接着引入的"令人意想不到"的武器装备（这显然主要是指可以击沉航母和削弱天基监视、通信、指挥和控制系统，以及增强旨在使外敌指挥、控制和后勤系统及本土经济瘫痪的网络战争能力的导弹。然而，它或许已经拥有了迄今未披露的军事创新）。中国的军力现代化计划被精心设计以在台湾灌输一种在军事平衡上优势正不可阻挡地转移到大陆和台湾正变得靠军事手段也无法防卫的理念。

2005 年 3 月，作为对美国的"与台湾关系法"的讽刺性回应，中国通过了《反分裂国家法》。该法强调并授权使用和平手段促进统一，它对台湾持续的高度自治权进行了明确界定，但它也迫使中国的领导人在特定情况下对台湾诉诸武力。这些包括：①"台独"势力以任何名义、任何方式把台湾从中国分裂出去的真正实现；②导致台湾从中国分离出去的重大事件的发生；③和平统一的所有可能性的丧失。虽然这项立法被描述为一个旨在阻止台湾走向"独立"的应急措施，但它代表了对岛内心理战的显著升级。《反分裂国家法》的通过掩盖了当时在准备过程中的海峡两岸关系在许多方面所取得的重大发展。这促成了中国共产党和中国国民党以及其与从国民党分裂出来的两个政党之间的党际关系的建立。各方同意制订加速海峡两岸经济和社会的一体化的详细议程步骤并在党际基础上落实，从而限制陈水扁的亲独立"政府"作用的发挥。这个过程改变了海峡两岸关系的原动力，破坏了大陆迫切要求统一的那些人的计划并协助了台北民进党的亲独立"政府"。最终，促进两岸联结的整个方案实现的国共合作最早是由大陆于 1979 年 1 月 1 日提出的。海空客运和货运的直航已经开始。两岸之间的邮政业务也已开通。金融交易更加便利。在国民党主席马英九于 2008 年当选台湾地区领导人后，两岸关系取得了更快速的进展。2010 年 6 月 29 日，他们在重庆签署了被广泛视为 60 多年以来双方政治合作的最重要的进步的经济合作框架协议。

　　然而，将结束双方之间战争状态的政治合作框架协议的谈判不应当只是出现在谈判桌上。中国应继续追求包括在台湾对岸大幅增强军力的政策。

　　我估测的所有这一切都体现在 2011 年秋季的一次讲演中，即本章最后一节的内容：《台湾问题及中国的战略应对》。

中美关系和台湾问题[*]

2004 年 4 月

就海峡两岸关系问题，我应邀做个讲演。我认为，要说明这个问题，就不能脱离 21 世纪美国的敌友问题。请让我从中美关系的全球背景开始。我将尽力给予直接和简洁的阐述。

世纪之初，我们美国人仍然为失去了敌人而痛苦，有一种因为失去了强大的敌人而迷失方向、不清楚如何为持续和庞大的国防开支辩护的病态感觉。曾经有段时间，中国似乎可以替代无人感到惋惜的苏联而对此有所弥补。然而，2001 年 9 月 11 日，美国蒙受到真正和残暴的而并非想象中的敌人的攻击。现在，只有那些神经错乱和连皮毛知识都没有的人，或是紧绷神经机构里的某些匆匆过客，才会试图把中国看成美国的头号敌人。中美两国发现，它们共同努力的课题范围在不断增加，两国关系的氛围得到了稳定的改善。

然而，有些东西在影响美国公众舆论，即中国的崛起对美国目前超群的财富和力量形成了重要的长期挑战。就此而论，美中关系如何，可能是影响 21 世纪前景的决定性因素。我同意这种见解。

中国已经成为亚太地区的经济重心。为了从这个现实中获益，中国的远东邻国，包括日本，正在重新为它们的经济政策定向。越来越多的全球经济供应链跟中国连接起来。据世界贸易组织统计，中国的外贸进口增长率是 40%、出口增长率是 35%，是去年全球贸易增长幅

---

* 这是一篇于 2004 年 4 月 22 日在斯坦福大学所做的演讲。

度最大的国家，世界贸易增长很大程度上源于中国贸易的增长。然而，中国的经济贸易增长主要还是由于国内市场的规模和国内的拉动，事实证明，相对而言它不受全球经济周期的影响。中国正在发生令全球惊异的变化。仅举几个例子。

去年，美国生产了大约9000万吨钢，日本大约上亿吨。同年，中国生产了2.20亿吨钢，进口3750万吨，追上了美国，成为世界最大的钢铁进口国。到2010年，一些迹象说明，中国可能生产5亿吨钢材，超过2000年的全球钢材产量。① 实际上，由于中国对能源和原材料的需求导致其价格上升，我们也许正在进入一个商品成本的上升时期——正在扭转过去一百年的趋势。

中国正在像日本那样发展科技力量，可能成为全球技术革新的一个主要中心。美国每年大约有60000名工程技术毕业生，日本有70000名，而中国大约有325000名。正在出现的中国创造能力和科学技术的结合，将使中国再次成为世界文化的一个主要贡献者。中国和世界之间，包括中美之间的技术流动，将成为双向的技术流动。

中国重新富强起来将在许多方面对美国和全球产生影响。中国旅客已经成为东南亚旅游业的关键客户，同样的情景将在欧洲出现。如果我们的签证政策宽松，那么，中国旅客也会到美国来（当然，我们没有那样的签证政策）。将来，上万上亿的中国人将有资金和护照到海外冒险。

跟日本商人和日本旅客打交道，我们美国人向他们学习烹调寿司，然后，我们学会了吃寿司。跟中国的互动往来将给我们带来什么文化转变？我相信，那不是粤语歌曲，也不是中国的海参或狗肉包子，但很难说，谁能预言美国人不会对中国的"小精灵"游戏，功夫动画片，或中国的方便面迷得发疯？

我援引这些事情，是要说明，中国正在成为一种世界性力量，它在按照自己的方式取代日本在东亚的经济地位。在一代或一代半的时

---

① 2010年实际生产水平却是6亿吨以上。

间里，在15、20或25年的时间里（您可以像经济学家一样自己估计），中国的经济将大于美国的经济。如同历史上曾经出现过的那样，东亚将再次成为全球经济的重心地区。从商业活动角度说，你可以做出体现这些趋势的图表；用经济学术语说，中国正在成为世界强国。现在，如果没有中国的参与或默许，能获得解决的世界经济问题很少，不久，所有的世界经济问题都要有中国的参与或默许才能获得解决。

七国集团（G7，有时称G8，八国集团）吸纳中国的失败使双方很难一起商讨与彼此密切相关的重要的全球议题。亚洲的繁荣与中国有不可分割的联系。无须更多评论，中国和美国的经济也变得越来越互相依赖。我们依靠日本和中国为我们的国债提供财政支持，说明我们的繁荣越来越依靠其他国家，就这一点来说，中国在扮演一个史无前例的重要角色。

美国人已经关注人民币的价值与美元的关系。就所谓的"大中华"的中国大陆、香港和台湾三个部分的互相关联程度来说，以某种货币联盟的形式连接它们的货币，符合经济学原理。随着时间的推移，政治状况或许会允许这样的连接。然而，不管这是否发生，中国经济的规模和它在外贸中的角色，意味着成为"硬通货"的人民币将可能跟欧元和日元一样，成为相对于美元的另一种储备选择。因此，我们应比以往更密切地关注中国的财政政策和货币政策。

中国对其邻国的军事威慑力和强制力则是另一回事。随着经济的增长，在没有更大国防预算支持的情况下，中国也能保持它的军事能力。在21世纪的前三分之一的时间里，中国可能成为亚洲最强大的军事强国。21世纪，随着时间推移，或者由于中国自己的选择，或者由于其他国家的刺激，中国的军事力量可能会发展成为与美国军事力量对抗的力量。为了与中国的军事力量增长取得平衡，美国可能和中国进行一系列的军备竞赛，这是一个很实际的风险。

然而，中国的那种选择并非必然，正如与崛起的中国发生敌对冲突并非不可避免一样。不能用俄国、德国、日本和美国的崛起来类推中国的崛起。中国没有帝国主义、殖民主义、重商主义、军国主义的

149

155

思想体系，没有天意授命民族扩张和领土扩张的命运论，也没有文明传播的使命。相反，令许多人惊异的是，中国强调国家平等、国家主权不可侵犯和联合国宪章的权威。

中国没有给亚洲订立"门罗主义教条"。中国没有寻求替代美国或填补美国力量撤出后留下的真空。尽管中国人可以用武力收回香港或澳门，但他们没有那样做。他们恢复了这些领土，并尊重现状，没有寻求把自己的体制强加给那些地方，虽然他们本来可以对那里的民主改革给予更多支持。同样，中国与俄罗斯、新独立的中亚国家和越南解决了它们之间的边界问题，在谈判中，中国给的多得的少。中国说，它准备以同样方式解决沿海边界问题。

迄今为止的所有证据表明，中国不是一个以（牺牲）地区或国际秩序为代价而为自己寻求惯例以外势态的新强国。在亚洲，中国是在回归到历史上的那种超群绝伦的角色。中国人民梦寐以求的，是在一个半世纪后成为全球文明中引以为豪的领导国家。这样，中国终将摆脱它早期的软弱和贫穷，摆脱西方列强带给它的创伤。

由此，中国正在恢复自信。北京对前几年亚洲金融危机的回应，最近在朝鲜半岛问题上展现的纯熟外交，它关于东北亚安全对话的建议，它跟我们一道赞赏不扩散政策，它在联合国越来越活跃的维和角色，这些都在说明，中国能力和地位的恢复使其成为一个更成熟和更负责的国际成员。像日本一样，中国正在成为一个更加规范的国家，它也期望如此被国际社会接受。

如果所有情况都是如此，那么，中国就更是一个全球和地区稳定的力量，而不是当前世界秩序的挑战者。借助双方点点滴滴的努力，中美关系的合作应该比对抗更多，中国应该是我们的朋友而不是我们的敌人。如果真是如此，那么，21世纪就会有一个广泛和平、繁荣和民主的美好愿景。

然而，不幸的是，并非所有情况都是如此。在这个十年结束前，美国也许会看到，我们也许会因为台湾而与中国交战的真实可能。

150　　在过去的一个世纪里，中国有两次革命，即1911年革命和1949

年革命，旨在铲除外国帝国主义在中国肉体和灵魂上刻下的痕迹、铲除在中国领土上的外国势力范围、结束外国列强对中国内部事务的干涉、恢复中国的全国团结及其财富和力量。随着其他思想体系的消逝，留下的是很容易被点燃引爆的中国民族主义。台湾与中国其他地方的分离，是国民党和共产党都感到耻辱和都想克服的。统一是中国国家的最高原则。

值得注意的是，鉴于台湾问题在中国民族主义中的中心地位，20世纪70和80年代，美国以纯熟的外交技巧说服了北京，台湾问题有望像香港和澳门那样通过和平手段即谈判手段获得解决。然而，我们的台湾朋友总是说，香港和台湾的情况有根本的不同，台湾的状况是没有外国统治的自治，外国力量不能就台湾问题跟北京做交易，台湾如何，只能由台湾当局决定。

在很长一段时间里，台湾当局的民族主义者和他们的共产主义对手都致力于中国的统一。只有一个中国的跨两岸共识，使双方能够巧妙处理诸如主权之类的敏感问题，同时能够寻求到互相包容的务实手段。这样的共识使北京提出了一个国家可以有两种制度并存的概念。这使双方提议就在统一后确保而不是改变台湾的政治、经济、文化和军事自治进行对话。无疑，这些提案回答了日本和美国的战略利益问题，即人民解放军不在台湾驻防，这就保持了东亚的军事平衡。到目前，中国的这一立场没有改变。

但在过去几年，台湾方面的立场有所改变。台湾当局抛弃了一个中国的想法。陈水扁断言，台湾海峡两岸是分开的"国家"。他说，在他看来，既然台湾已经"独立"，那么"独立"就是现状、没有必要宣布"独立"。他提出了全岛范围的"宪法""全民公投"，在法律上巩固那个"独立"。

台湾的现行"宪法"是1947年全国投票通过的，而2006年可能由台湾地区人民制定并可能于2008年生效的"宪法"却没有包括其他中国人的意见。从法律角度看，这是一个自决行动。陈水扁表示可以跟北京对话，但要以明确或含蓄地重申他关于台湾是"独立国家"的

151

见解为条件。

布什当局对陈水扁警告说，美国反对任何改变台湾海峡的一个中国现状的单方面行动。陈水扁拒绝了这个忠告，他否认现状是一个中国，并重申说，作为民主国家，美国有责任支持台湾人民表达的让台湾"独立"的民主意愿，而不用顾及台湾海峡另一边的中国人的见解。

然而，没有得到它所要分离出去的国家的同意，就不能实现国家独立。跟我们美国和其他许多国家的情况一样，"独立"往往是经过多年血战之后才能获得的，例如美国南方人的例子，例如巴斯克人、比夫拉人、库尔德人、巴勒斯坦人、斯里兰卡的泰米尔人、车臣人、南苏丹人和其他人的例子都证实，不管屠杀和人类苦难有多么大，分裂企图总是失败，而像捷克和斯洛伐克那样通过各方协议而实现和平分裂的情况，则是非常罕见的。

但是，就台湾问题，目前，海峡两岸的立场没有谈判的余地。陈水扁坚持"独立"，并明确宣布了单方面的最终时间表。目前，北京则准备容忍事实上分裂，条件是，这种分裂状态能导致就某种形式统一的协议的谈判。双方都不准备就对方提出的问题表态，更不要说接受它们了。

作为对台湾当局的声明和行动的回应，中国增加了国防开支，为防止台湾脱离中国而做了很大的军事准备。中国当局说，陈水扁的行动使他们没有选择的余地，只能使用武力。很巧，他们的准备完成时间差不多跟陈水扁提出的"公投独立"的日程表一样。

陈水扁说，北京是只纸老虎。似乎是在强调这种判断，他减少而不是增加了台湾的防卫开支，同时，延迟了回应美国关于台湾自卫能力升级的建议。当被问，台湾外部担心，一旦北京对他的单方面行动采取武力应对台湾将如何自卫的时候，陈水扁自信地表示，美国军事力量将会因为"与台湾关系法"而感到自己的责任，美国国会的亲台情绪也将（使美国）站到保卫台湾这一边。他和他的追随者似乎很确定，一场美国与中国的战争的结局就是"台湾独立"。

就算这是可能的吧，然而，美国、中国大陆还有台湾，他们各自的代价是什么？而且，为台湾不负责任的行为而去跟中国打仗，我们为什么要觉得那是我们美国人的责任？鉴于台湾当局领导人明显地要与中国的民族主义进行血腥的冒险，现在，是清楚地考虑和说明中美战争意味着什么的时候了。

20 世纪 50 年代，由于跟台湾防御有关的危机，美国曾数次威胁要动用核武器攻击中国。然而，如果不冒遭受中国核反击的风险，我们就不能再发出同样的威胁。好消息是，中美双方都不愿意为了台湾而冒核战争的风险。

一场为台湾而发生的中美战争，不会在第三国进行或由代理国进行，例如像朝鲜战争和越南战争那样。在那些战争中，美国非常审慎地避免攻击中国国土。但是，台湾防御则要求还击那些攻击台湾的中国大陆的基地和设施。长期以来，中国表明，如果它的国土受到美国的攻击，它将以美国的攻击方式做出反击，包括攻击美国国土和海外军事基地。这样的冲突可能迅速升级为全球水平的风险，这种风险是真实存在的，中美双方都没有任何控制战争升级的战略，我们的国防部的鲁莽决定会导致更糟糕的结果，而当战争可能存在的时候，我们跟中国人民解放军的通信往来，与不存在中美战争的可能性时相比要少得多。

中国把台湾看作中国的一部分，全世界，包括美国在内，都承认这个立场。在一场为台湾而跟中国进行的战争中，我们的盟友会很少，尽管我们在日本有军事基地，但日本很可能会发现它很不情愿，却不得不支持我们。

这样，战争将会分裂亚洲，将会使 21 世纪陷入中美两国之间的全球性的角逐和敌对中。这将比冷战更危险并将迫使美国比在冷战时期做出更大的牺牲。跟苏联不同，中国没有机能失调的思想体系和经济体制的牵制，它不太可能崩溃。中美之间的问题，不是中国在世界场合的行为如何，或它如何对待我们的盟国，而是中国如何结束自己的内战。

152

当然，跟美国发生战争，中国将蒙受巨大损失。我相信，我们的武力能迅速地摧毁大多数中国的海军、空军和导弹基地。在经济发达的沿海地区，中国也许将蒙受非常严重的战争破坏（我不会推测美国的哪一部分将蒙受中国报复攻击的损失）。战争结束后，中国将需要巨大的努力来重建工业基础设施和军事力量。

如果中国夺取台湾不成功，那么，中国的民族主义将迫使它一再尝试，战争将会断断续续，直到某一方放弃。中国现代化的各个方面都将可能发生倒退，国家对外开放政策将遭受严重挫折，近些年来的政治松动将被严厉的戒严令所取代。少数海外中国人，特别是在美国的华人，将可能变得心神不宁。

不过，不管战争如何进行，台湾将成为主要战场。即便战争只有一个回合，如果没有暂停，那么，整个海岛的基础设施将被摧毁，它的繁荣将被破坏，它的民主将受到损伤。如果战争结果是台湾与中国实现统一，那么，人民解放军将发现自己面对的是带有敌对感的平民。国内外的投资者不会支持中国以这种方式收复台湾，中国也不会以武力取得台湾而赢得这样的经济奖励。

如果战争的结果是台湾从中国分裂出去，那么，台湾当局就会面临中国大陆不断更新的攻击威胁。几乎不会有投资者乐意冒险把他们的钱扔在中国枪口下的一个海岛上。由于中国大陆为制服台湾而不断重组它的武装力量，台湾的跛脚经济也许无法买得起武器装备来保护自己。结果，就可能像 20 世纪 50 年代一样，台湾不得不再次依靠美国的援助生存，同时，美国和中国的军队将会继续在海岛对峙。

事实上，没有任何一方能成为台湾战争的"赢者"，所有各方都是失败者。所以，我们必须确保避免这样的一场战争。当然，中国的民族主义者可能回应说，避免战争的明显方式就是台湾放弃它的"独立"梦想，而台湾的分裂主义者们会争辩说，海峡对岸的中国人应该尊重台湾的"自决权"。两者都能在美国找到许多支持者，在台湾海峡的对岸却几乎无法找到支持者。

就短期看，那些矛盾是不可调和的，然而，在很长的时间里，海峡两岸若没有彼此挑战，就可以避免战争。而且，随着时间推移和彼此之间的更多理解和友善的增加，也许会出现双方都能接受的妥协。对于很大一部分是因为海峡两岸的互动和台湾政治经济模式的吸引力而引起的中国变化发展的速度来说，尤其如此。在现在被视为问题的双方之间的差异可能在一定时间内会逐渐模糊和消失。为这样的融合而争取时间，本身就是一个有价值的目标。

长久以来，使台湾问题和平解决，经过双方协商谈判而不是采取 154 单方面行动或通过战争来解决问题，符合美国的利益，也符合世界各国的利益。北京知道，我们对此是非常严肃认真的，因而北京非常小心谨慎。然而，在台北方面，现在，需要清楚地对它说明，如果它一意孤行，它将自食其果。长话短说，北京需要继续避免轻率行动，而台北则需要停止它的轻率行动。至于美国人，我们应该明确地保留不为台湾违背美国利益和不听从美国忠告而与中国发生战争的权利。我们不应该把与中国发生战争或和平的决定委托给台湾当局。这样的决定本来就应该是我们单独做出的。

目前，在国内的巨大压力下，北京对台湾是"叫"（威慑）还是"咬"（实行打击）呢？陈水扁无视他的冒险后果，也不考虑他挑战中国大陆对美国造成的后果，他的做法惊动了布什政府。中国和美国都不想被迫再次卷入冲突，更不想为台湾而发生战争冲突。十分明显的答案，就是美国和中国都坐下来，设法阻止台北的挑战，同时，设法避免我们自己去制造那种挑战。美国副总统切尼访华可能会有助于启动这一进程。

疏远它唯一的保护者美国无异于玩火和制造危险，就此说服台北是符合我们的利益的。北京针对台湾增加军事威胁或伤害台湾岛，不符合我们的利益。最近，例如昨天，① 布什政府更加直截了当地公开说明，要努力使台湾正视现实，要阻止台北的那些使北京采取单方面行动的做法。陈水扁不但对美国的劝阻置之不理，而且，甚至设法让

---

① 2004 年 4 月 21 日。

他的党的报社或媒体忽视或歪曲美国政府的说明，结果，他的追随者从来就没有听说或看到美国政府的说明。很明显，仅仅是文字说明不足以说服台湾当局不要损害台湾岛的未来和我们的未来，惩罚性的行动是必要的。

劝阻北京采取单方面行动，非常符合我们的利益。这里，我们面对一个微妙的问题。中国领导人非常清楚而且非常了解跟美国发生战争的后果。他们绝对不想要那样的战争。但他们也认为，华盛顿反对台湾和大陆的任何形式的重新联合甚至是（经过）谈判达成的联合。如同许多在台湾的人一样，他们判断，美国政策的秘密目的是帮助台湾"独立"，而且，如果必要，我们会为此跟中国打仗。中国的国家荣誉要求用某种形式结束中国的国家分裂，即使只是个象征性的结束。如果完成这个目标不可避免地要与美国发生战争，即便中国可以使用和平手段，那么，摆在中国领导人面前的唯一选择，就是在什么时候冒战争风险，而不是可否冒战争风险，而且，中国很少有动机采取负责任的行动。

因为所有这些因素，现在是我们清楚地做出以下声明的时候了：

• 我们承认台湾海峡的法律现状是一个中国，不接受现状是"独立"的论说；

• 我们支持和赞同在一个中国条件下的双方谈判；

• 我们将接受台海双方都接受的现状改变，不接受未经双方都同意的现状改变；

• 我们不会承认未经北京认可的"台湾独立"，我们也不认可未经台湾民众认可的任何形式的统一；

• 我们会按照上述原则履行"与台湾关系法"和中美三个联合公报的原则。

这跟布什政府昨天在国会听证所做的声明没有太大的不同。[①] 在我看来，如果台湾当局不听从这些忠告，或者不让这些忠告被传达给台湾的普通老百姓，那么，美国政府就没有选择余地而不得不考虑选

155

---

① 2004 年 4 月 21 日。

择在某些方面与台湾的关系降格，其中包括我们的防御关系和武器销售关系，以此来告诉台北和北京，为了避免战争，我们必须非常严肃地处理这个问题。

或许，由于在美国的亲台力量和反华力量、由于台湾在国会的游说力量，回归到一个着重于台湾海峡和平而不是其他政治目标的平衡政策，在政治上似乎不可能。如果那就是实际情形，那么，我们就必须接受一个结论：处理台湾问题和避免与中国发生战争，在政治上也许是不可能的。我个人不能接受这样的结论，那种结论的后果，对我们和对全世界，都是非常严重的。

相反，成功地处理台湾问题，是打开健全的美中关系的大门的钥匙。用那把钥匙打开那扇大门，将使所有的各个方面，包括台湾方面，有一个更美好的世纪。我们应该寻找那把钥匙，我们应该努力打开那扇大门。

比如说，如果中华人民共和国能够找到和平途径与台湾的民主社 156
会重新联合起来，那样的中国，将完全符合我们的价值观和国家利益。那样的中国，我们可以与之合作的中国，可以推动美国人民和中国人民都期望的 21 世纪的共同繁荣与和平的国际环境的出现。那样的中国将是美国的朋友，而不是美国的敌人。

台湾问题及中国的战略应对[*]

2011 年 9 月

中国始终认为，台湾问题是阻碍其与美国关系发展的核心问题。

从这一视角出发，台湾问题是从华盛顿一个酷热的周一晚上开始的。当地时间 6 月 25 日凌晨 4 点，朝鲜战争爆发，并最终导致了朝鲜半岛的永久分裂，把亚洲显然不可逆转地分割为美国和中国对抗的势力范围，将中国一分为二，并使以前名不见经传的中国的台湾省成为中美持续军事对抗的焦点。

华盛顿时间 1950 年 6 月 26 日晚上 9 点，杜鲁门总统在布莱尔大厦会见了其内阁和参谋长联席会议的主要成员。摆在他们面前的问题是如何解决朝鲜和相关地区的危机。按照与会者的建议，总统指示，"命令第七舰队阻止对台湾的攻击，国民政府（即蒋介石政府）被告知停止对大陆的作战行动，并责令第七舰队实施这一任务"。①

在此之前，中国人和美国人一样都曾信心十足地预言，毛泽东领导的人民解放军会追击 1949 年 12 月 10 日逃亡台湾的蒋介石以取得共产党在中国内战中的最后胜利。杜鲁门料到了这一问题，他于 1950 年 1 月 5 日发表声明称，"美国和其他盟国在过去的四年中都已接受中国对台湾行使主权"。他宣称，美国将不会使自己卷入"中国的内战冲

---

* 在位于弗吉尼亚州亚历山大市的海军分析中心发表的演讲，2011 年 9 月 14 日，周三。

① 关于布莱尔大厦会议（1950 年 6 月 26 日）的记录，已被杜鲁门图书馆在线档案"朝鲜战争及其由来"转载，http://bit.ly/TVgzry。

突之中……（并将）不会对在台的中国军队提供军事援助或忠告"。①

朝鲜战争导致的美国政策的逆转把一系列难以预料的严峻战略挑战强加于中国新生的共产党政府。随着时间的推移，从北京的角度看，台湾转而成为美国的保护领地意味着：

• 在一个单一的中央权威下统一中国的目标，即1911年和1949年两次中国革命的根本目标，不可能很快完成；

• 台湾作为中国的一部分仍将无限期受制于美国这样的外国势力，挫败了中国两次革命的另一个根本目标：结束外国对中国领土任何一部分的统治；

• 内战不可能结束；

• 蒋介石领导的"中华民国"将继续作为敌对政权争夺统治全中国的权利，并且它在国际上不仅仅代表台湾，还要代表中国，中华人民共和国的合法性将因此受到来自国内外的不断挑战；

• 为了改变这种局面，中国要么不得不用武力把美国从台湾驱逐出去，要么说服它自愿撤离该岛；

• 在几乎可以肯定的漫长的过渡时期内，美国和中国将陷入一种相互对抗和军事敌对的关系。

在一定程度上，从北京的角度看，这些挫折继续决定着中国在今天的台湾问题上面临的危机。1979年，中国和美国关系的正常化导致的改变没有达到华盛顿似乎承诺过的或北京曾希望的目标。在20世纪的最后10年，台湾的民主化和台湾"独立"运动的出现从另一个维度增加了台湾的政治身份的复杂性，但并未改变中国的战略目标或从中形成的中国的国内需求。中国共产党在维护党及其领导人在中国的民族尊严和自我利益恢复中的历史作用的同时，坚定不移地致力于以消除对中国主权和领土完整的国内外挑战的方式来统一中国。

158

自1979年以来，中国通过战争以外的手段以极大的战略决心和更

---

① 哈里·杜鲁门于1950年1月5日在华盛顿白宫新闻发布会上发表的演讲，http：//bit. ly/U5yf71。

大的战术灵活性来追求统一的目标。中国人这样做是与其战略需求理念相吻合的，这种理念认为"一个和平的国际环境"是当务之急。他们认为，只有在这样的环境中，他们才可以使他们的国家恢复财富和力量。从长远来看，什么必须被做以使其国家安全的理念，与美国关于什么是必要的和适当的假定，在两个基本方面存在不同。双方未阐明的设想导致了彼此之间偶尔会产生挫折和误解。他们需要做出说明。

第一，美国人已把朝鲜半岛和台海的局势视为需要持续的军事努力这个再适合不过的选择来维持的比较稳定与和平的国际现状的体现。相比之下，中国人已把这两个地方的现状视为在持续不断的冲突中临时休战或事实上停火的内在的不稳定性的反映。他们还认为，推动这些情况的潜在的政治冲突本质上与其说是国际的问题倒不如说是国家的问题。这些视角的差异导致了双方在解决这些问题的方法上存在很多分歧。

美国的基本目标仍是管理和限制中国边境的国际冲突，无限期拖延它们而不是解决它们。中国的基本目标是处理这些问题以便临时安排最终可以被解决双方之间根本问题的长期协议所取代，消除或减少武装冲突或军事干预中国边境的可能性，并且使和平能够主要通过非军事手段来维持。双方对拖延冲突一直很有兴趣，但它却掩盖了与之相关的本质上不同的战略目标。

在美国看来，冲突管理避免了政治上进行的痛苦抉择。美国人把稳定的现状与和平等同起来。在中国人看来，现状就是政治斗争和潜在的军事冲突之一，因此，它与和平不符。他们认为，用冒险解决这些问题的协议代替停止战争的战略安排从长远看对确保中国的周边安全是必要的。中国人还认为，他们的边境紧张对峙局势的消除将减少（或甚至消除）驻扎在那里的外国远征军（意即美国的军队）。在北京看来，这将降低中国与美国或其亚洲盟国冲突的概率，并减少以损害内部发展为代价而增加对外防御能力的投资的压力。

这样，美国人所专注的维和与中国人所强调的调停相矛盾，并削弱了后者。对于台湾，虽然美国政府在态度上是模棱两可的，但它在实践中一贯支持岛内在保持其与大陆其他地区事实上的政治军事分离的条件下的与大陆和平共处的无限延伸。相比之下，中国把统一视为创建台湾地区持久和平不可或缺的条件，就像香港、澳门回归中国在不改变本质或不改变显著影响其政治经济制度的运行的情况下结束了对它们的地位的争论一样。

第二，美国过分强调在对外关系及趋向中混淆作战计划与战略的军事因素的特性已导致很多美国人在中国大陆对台湾的大战略的其他要素上的忽略。美国人倾向于将台湾问题视为政治层面上的一个军事问题，中国人却把它视为军事层面上的一个政治问题。中国的对台政策既不把军事作为主要，也不把军事作为唯一。他们把政治、经济、信息和文化的影响工具与外交和军事措施结合起来，旨在推进台湾与中国大陆其他地区关系的性质的协商解决事业不断向前发展。中国人把武器视为可以用来改变思想的工具，而不是作为其价值用它们造成的多少实际破坏来衡量的工具。

就这方面和其他方面而言，中国的战略文化仍深受其传统的影响，包括孙子关于战争之外的手段、政治军事策略和战略是最重要的作战计划要素的主张。正如《孙子兵法》所说，"不战而屈人之兵善之善者也"（没有实际的战斗就使敌人降伏是能力的极高境界）。假定在中国和台湾利益集团、精英的和平接触与人民解放军针对台湾的军力增强之间存在矛盾的外国声明会让大多数中国人感到荒谬。在中国的战略理论中，这些就是同一策略的两个侧面。

众所周知，中国人是很有耐心的。他们也意识到，经济实力就像重力，是一种可以通过距离减弱却不能排斥的吸引力。一方面，像欧洲人一样，他们把经济举措视为通常被用来联结人们而非惩罚他们的最佳方式。北京正巧妙地运用大陆市场的诱惑力以使范围愈加扩大的台湾经济和社会集团对两岸相互依存产生更浓厚的兴趣。① 不像美国 160

---

① 2011 年两岸贸易额约为 1600 亿美元。台湾直接或通过香港对大陆的出口超过 40%。海峡两岸正在进行 10 多万个台资企业项目的合作，台湾对大陆的累计投资约为 1500 亿美元（经中国的中央政府批准的投资达到约 530 亿美元）。

人，中国人并不十分在意经济制裁或封锁。另一方面，他们对一场危机可能对目前正依靠海峡两岸的贸易和投资的台湾社会造成巨大苦痛的忧虑感毫不介意。

为在未来谈判中发出政治灵活性的信号，北京已暂停切断台北与外国的"外交"和"半官方关系"的努力。为促进共有的认同感，它向台湾学生开放了大陆的高校，准许台湾的专业人士在那里执业，并且还推进了两岸融合及旅游业的发展。① 这些措施也许不会获得台湾对统一的支持，但它们打造了一个中国共有的空间感，并减少了对形成台湾至少是象征性地与大陆连为一体的后果的忧虑。它们因此减少了对谈判统一的潜在阻力。受北京政策的影响，台湾人把避免两岸关系破坏的日益增加的投资与保持政治上与大陆分离的日益下降结合起来。

北京的国际声望在不断上升。普通中国人对该国及其成就的自豪感也是如此。中国被期望会确保台湾人像大陆人一样感受到，他们也能从中国进一步增强的地位和自信中赢得自己的声望。随着时间的推移，认同中国的诱惑似乎很可能会不降反升。并且北京认为，一旦时机成熟，它将知道如何使用利诱及隐含的威逼帮助台湾人形成满足中国民族主义需要的两岸长期和平共处的合理化协议。

在此背景下，不顾美国对台海冲突的介入，中国摧毁台湾的可靠打击能力的实现回答了一个关键的操作性问题：为什么台湾应与中国其他地区谈判并达成一个约定的关系？没有人准备进行谈判，除非这样做是获得潜在利益的一个路径或是在重大挫折或损失上的一个值得信赖的选择。北京提供给台北的实质上是一种象征性的重新包装的现状。在 1995 年的"八点主张"中明确提出的提议确认，统一后的台湾将保持现状，按照所确定的条件下的自治包括保持不变的政治民主、

---

① 2011 年台湾人口的 10% 或更多（200 万～250 万人）经常在中国大陆工作或游玩。来自台湾的约 17.5 万人在海峡对岸已拥有永久居留权。同时，来自大陆的近 25 万人暂时逗留台湾，大约 13 万人在那里获得了永久居留权。2010 年大陆有 160 万游客赴台。

连接全球的资本主义经济、拥有自己的武装力量和承担作为中国一部分的自身的防卫责任等。

保持你所拥有的并不是一个很大的诱因，除非你害怕你可能会失去它。因此，如果时机成熟，北京一定会采取行动说服台湾人，只有他们与大陆达成与"统一"一致的某种形式的约定，他们才能够享有维持现状的利益。做到这一点的方法仍在不断的考虑之中。为排除这个可能性，北京也将要使美国人和日本人清楚地认识到，保证人民解放军不驻扎在台湾的唯一途径就是台北接受北京的提议。中国大陆与台湾之间关系的结局就是设想中国大陆最终面对这种无法改变的事实主动进行有条件的让步，作为回应，台湾无法拒绝中国大陆的提议。

中国可能准备对台湾开战，但所有关心实战的人都很清楚战争导致的灾难性后果。其战略就是旨在实现不战而胜。中国现在对台拥有决定性的军事优势。它正在获得一种转移或对抗美国干涉任何台海冲突的可靠的能力。在此背景下，中国不发一弹就已经实现了对台湾走向"独立"举动的威慑。目前，它正在开始把重点放在强迫上。有鉴于此，中国有可能会让台湾人意识到，无论美国对台湾可能提供什么样的军事支持，人民解放军击溃它的能力都在进一步增强。中国的目标是要把政治措施与日益显现的强大的军事能力结合起来。它的目标是确立台湾与大陆达成和解的某种必然性。

正是在这种背景下，我们看到中国在"透明度"的做法上所发生的变化。透明度体现了国家的实力，这就是我们喜欢而中国人不喜欢它的原因。然而，他们正在不断地为之而努力。如果两岸军事交流开始，我希望人民解放军将尽一切努力准许台湾官员观察其演习以给他们留下其作战能力日益强大的印象。

中国正在实施的大战略从根本上是旨在操纵台湾决策的心理因素，中国相信，正如通过民主政治体制所体现的那样，这最终受制于大众舆论。这是中国战略关注的"重心"，而并非美国的军事实力。台湾的精英们关于中国大陆压倒性的军事力量而不是这种力量的实际应用的令人信服的看法，是中国大陆持续增强与台湾有关联的军事力量的实施目标。在两岸关系的背景下，这种方法很可能会发挥效力。它已导致台北不再以军事防御手段为重，而更加注重把政治和解作为减少与大陆战争危险的一种手段。

162　　从台北和华盛顿的视角看，中国战略的部分逻辑力量是，认为通过中美战争确立台湾与中国大陆其他地区的关系不如通过台湾和大陆之间签订某种正式协议的办法来解决。这样的战争除了使海峡两岸，也会使亚太地区的美军基地及很可能使美国部分国土遭到破坏。战争结束时，如果台湾仍与中国大陆分离，那就没有理由相信中国愿意接受这个事实作为最后结果。那将使中国更有可能再试一次。[①]

如果中国成功收回台湾，那就一定会以中美长期为敌为代价。我们知道，无论是哪种情况，台湾都将几乎肯定会被摧毁。因此，无论大陆、台湾或美国哪一方在海峡两岸的战争中"获胜"，各方将都是失败者。

中国《反分裂国家法》[②] 规定在三种情况下，中国领导人可以考虑对台使用武力：①"台独"分裂势力以任何名义、任何方式造成台湾从中国分裂出去的事实；②发生将会导致台湾从中国分裂出去的重大事变；③和平统一的可能性完全丧失。无论这些条款还是美国"与台湾关系法"中已接受考验的模棱两可的语言都不符合任何一方的利益。美国或许应当尝试营造促进台湾问题解决而不是其延续的环境。但是，这种战略推理和当今政策陷入僵局的华盛顿的治国才能的可能性接近于零。

在某些时候，中国人一直希望美国外交有助于推进而不是阻碍海峡两岸之间通过谈判解决问题。然而，每当这种时机出现，他们的期望最后都破灭了。现在，他们不再把美国视为解决问题的一个潜在力量，而是视为台湾问题的一个不可改造的元素，如果没有被消除，反而会威胁到台湾问题的解决。他们认为台湾问题已到了解决的最佳时

---

①　清政府从撤退到台湾的明伪政权夺回台湾的努力最后在 20 年时间内发动 11 次猛烈攻击后取得了成功。

②　被 2005 年 3 月召开的全国人民代表大会通过。

机，谈判解决或许正在进入视野，这一事实对美国减少或消除对台湾 163
顽抗给予支持的任务增加了紧迫性。

因此，具有讽刺意味的是，随着两岸紧张局势缓解和更大合作取得进展，美国军售和防卫态势的其他方面在台北已与政治关联不大，但北京无法容忍，并将其归咎于美国对台湾分离主义的纵容。在中国看来，两岸的前景是，中国大部分的外交精力和努力将会被专门用于提高美国进行阻碍而不是鼓励海峡两岸的和解的政策的成本。

第六章

中国向何处去？

1978 年 12 月，邓小平在中国共产党第十一届中央委员会第三次全体会议期间开始在中国掌舵。他迅速阐明了使国家走上新道路的决心。在这次全体会议上，他提出了改革和对外开放政策，号召解放思想，实事求是，有选择地借鉴西方资本主义的经济思想和制度的有益经验和做法。同月，在一次相关的会议上，他同意使中美两国关系正常化。随后的几年，人们看到邓运用其对美国的开放来促进中国社会经济体制的根本变革。但是，无论是他预期要做的，还是即将要发生的，都与最初的时候有明显的差异。

在 1978 年和 1979 年美国最终接受中华人民共和国作为中国的合法政府之前，世界已完全习惯于把中国视为一个贫穷、脆弱、不稳定、被孤立、易愤怒及国际上不合作的国家。重视一个公众熟知的注定无法发挥其潜力的国家是非常困难的。邓的改革经过了一段时间才使之显现出来。国内外很少有人理解或相信他确立的使国家现代化的任务目标的严肃性，以及他正在实施的政策变革在多大程度上能促成一个后毛泽东的中国的诞生。邓的改革打破了中国在过去 140 年和中华人民共和国的 30 年历史中都存在的国内不稳定和仇外心理的恶性循环。

对我而言，中国真正的变革实际上或许还是在进行中的那种意识似乎是在一次微不足道的邂逅期间才开始渐露端倪的。1979 年初秋，大约在邓首次推行现代化建设之后的 9 个月，我访问了北京。我时任美国国务院负责指导和协调美中关系的中国首席代表，这个角色比现在跨部门政策的制定和实施所起的作用还要大得多。我被安排住在北京饭店，当时是中国首都唯一一家接近国际公认标准的酒店。由于我参加了美国首个联络处 1973 年在北京的成立大会，所以北京是我熟悉的地方。在周末，我步行了两个街区来到了天安门东北角。在那里，我邂逅了一位手推车面条商贩。

对于熟悉 20 世纪 70 年代的中国的任何人而言，这是令人吃惊的，有点像在华盛顿广场偶然遇见一群活吞金鱼者一样。中国的服务业，特别是其餐饮元素（曾一直是中国文化发展程度的重要标志之一），已被淹没在集体化的浪潮里并陷入国家社会主义商业停滞的海洋之中。在中国大陆，自 1972 年我访问那里以来，我才渐渐知道，人们的用餐地点是家里、工作单位的单调食堂、乏善可陈的公共食堂、招待所，或是被保留下来以吸引来访的海外华人和外国人的少数名胜地餐厅。当时，没有小吃，也没有提供街头食物的便民餐馆、休闲食品和快餐。

我喜欢吃面条，于是我买了一碗。我是手推车面条商贩的唯一客户。我一边享受着美食，一边问这位商贩在什么单位工作或来自哪个公社。他回答道："我单干。"我有点迷惑，进一步问那是什么意思。他说，他是个体户，一个个体经营的企业。这让我大吃一惊，如果个人现在在中国可以启动和经营他们自己的企业，那么某些重要的决定或许也在探讨之中。我开始留意三中全会在中国真正开启一场革命的迹象，结果发现了越来越多这样的迹象。

几个月后，在华盛顿一个阴郁的冬夜里，致力于长期预测中国的美国一小部分情报界人士召开了一次关于谁是美国的中国观察家的会议。会议在华盛顿国家广场的史密森尼城堡举行。作为一个对中国及邻近地区有着职业兴趣的、永不满足的分析的"终端用户"，我参加了这次会议。会议的主题是中国 10 年、20 年后会是什么样。发表演讲的大多数人很明显都有隐含的预想：在未来几十年，中国仍将是贫困、

174

脆弱、不稳定、排外和政治激进的。

我对美国传统观念与我在中国的所见、所闻及切身体会之间形成的大反差是如此震惊以至于我返回了我在国务院的办公室并花了整整一夜时间撰写了一份备忘录，阐述我自己对 20 年后中国可能会怎样的一些预测（参见后面的网址）。几天后，备忘录在参会人员间进行了传阅以对所分析的中国社会的不同方面进行探讨。我希望它会激发他们对邓小平在三中全会所绘制的路线的内涵做一个认真而全面的评估。 167

我的想法未得到很好的响应。我的重新认真审视中国正在发生的事情的建议几乎被忽略了。在中央情报局，我受到了分析专家们像对待他们职业中的业余分析者所持有的冷淡与傲慢一样的"礼遇"。尽管与会的分析人士在讨论时彬彬有礼，但他们明确表示，他们认为我对中国工农业可能增长的估计是过度夸大了，城市化将不会按照我想象的速度进行，中国军队将保持极其落后状态，不会把其力量投放到中国边界以外。他们坚持认为，我严重高估了邓小平的思想创新及其可能产生的影响（此外，他们对我关于中国到 20 世纪末将寻求解决包括香港和澳门在内的领土争端的口头暗示根本不屑一顾。在撰写备忘录时，我没有提及这一点，是出于对我可能会被英国殖民主义及其美国雇佣军的残留势力威胁的忧虑）。

我做出的未被华盛顿分析家（还有美国驻港总领事馆的工作人员，当时它是美国政府研究中国的重要机构）质疑的少数几项预测，尤其是我关于苏联将是中国在 2000 年所要忧虑的国家以及中美将困扰于来自苏联的挑战的设想，后来却被证明是根本错误的（所有分析人士那时都已忘记了乔治·凯南 1946 年提出的遏制政策的前提和目的。他把它视为给苏联时间让其因自身的弊端而瓦解的一种手段，它最终实现了这一目标）。除了发生使双方严重对峙的核战争，否则，没有人（当然也包括我）能够想象冷战的终结。我还预测，在中国将产生与中共并列的利益集团，相反，中国共产党承认了它们并立即把它们纳入自身之中。正如我曾推测的那样，人们对中国政策和资源的竞争并不会削弱中国共产党在这个进程中的统治地位。

虽然这样的批评对我的打击很大，但我还是想知道我是否从根本上对中国正在发生的事情进行了误判。我是唯一一个认为中国可能会彻底改变的人。中国 1980 年初那种单调和暗淡的现实及我对其可能会变成什么样子的过于逆耳的推测遭到了那些专注当代现实的人的反对。然而，时间越来越证明，我是正确的。具有讽刺意味的是，我关于中国在未来几十年能够并将走多远的估计结果是对其潜在的进步的严重低估，毫无夸张。我对中国变革的方向和性质（但既不是速度也不是细节）的推测很大程度上是正确的。

168　　　根据我的经验，个人进行的预测通常被证明比那些大型分析集团的预测更加精准。正确的推测或许只是幸运的巧合。就我而言，我觉得那是一个令人可信的判断。但（有点转移话题）值得深思的是，应分析美国情报部门集体未能及时预测中国的崛起及其影响，并且还对其多年来很多其他主要变化的误判的原因。

　　除了一些显著的例外，我们的分析家错误地分析了冷战之初的中苏关系；没有预见到朝鲜冲突的大多数方面；严重高估了苏联军事开支和能力以迎合军工复合体及其党羽；被导致古巴导弹危机的苏联战略所震惊；长期以来否认中苏分裂的现实；错估了越南战争的强度和力量对比；未预见 1973 年的埃以战争和 1977 年萨达特以埃以矛盾解决铺平道路；对苏联入侵阿富汗及其对苏联而言的国际和国内后果感到惊奇；没有预见到苏联帝国或苏联自身的崩溃；误判了萨达姆·侯赛因入侵科威特前的战争准备；没有预料到以巴达成《奥斯陆协议》以及没有评估以色列颠覆和搁置这个协议可能带来的后果；没有预料到 1997 年的亚洲金融危机；未能预见到对美国的 9·11 恐怖主义袭击；误读了美国入侵之前的伊拉克局势；错估了入侵和占领伊拉克的战略后果；没有预测 2008 年的金融危机和随后的大萧条。

　　这远远不是失误的完整列表。总的来说，情报机构仍未对一些事件及其趋势预测得十分准确，但正如这份一长串的失败的预测所表明的，其预测准确的数量在很大程度上远远少于其预测失败的数量。

　　这里不是认真研究导致这一现象的原因的地方。我认为，部分原因是官僚机构的膨胀。太多的分析师、太专业化、太狭隘、太具有倾向性，以至于丧失了更大的背景，导致直接预测一个常常被误解的现实存在，以至于最终失败；太多的集体决议、太小的异议空间、对异类太低的容忍度、来自无法获得机密信息的那些人的挑战太小、太大的倾向性，以至于通过提供印证而非挑战决策者智慧的分析为决策者的利益服务。

仅仅在我撰写关于对中国在 2000 年可能会怎样的预测之后 15 年，冷战就已终结并且中国已成为新时期最大的变革推动力量。1996 年初，在我离开公职仅一年多后（到那时，我已把自己生命中的 30 年献给了外交事业），一家私人咨询集团就请我提供关于中国及其对外关系发展趋势的见解。我当时的观点充分体现在本章的第一部分《中国与太平洋世纪》之中。在我看来，它描述了中国自身的变革是如何仅仅出现在 1996 年 3 月的台海危机之前（当时的许多新想法已变成了当下很普通的观点）。我提出的在界定中国的未来和亚太地区的发展趋势中的大多数重要问题至今仍是很重要的，但在某种情况下，其中的平衡因素在过去的 10 年半已急剧转向对中国有利的一面。

在我写那篇文章时，在中国大陆与台湾的关系中一场被忽略的危机就已完全在酝酿之中。① 我曾在 1995 年 10 月警告美国政府最高层，作为对台湾走向“独立”举动的回应，中国人民解放军正计划针对台湾的导弹发射和其他威胁性演习。这些警告并没有受到重视。有人认为我纯粹是妄想，还有人把我视为北京的使者而提出要解雇我，而我千真万确不是（大多数的情报失误是由政策制定者不愿接受违背传统观念的信息造成的。在这种情况下，传统观念就是，中国被美国的实力威慑住了，以至于中国不会对来自于台湾的挑衅做出军事上的反应）。

1996 年 1 月 4 日，时任国家安全顾问的安东尼·雷克在白宫战情室召集会议以进行一场关于中美关系未来发展的讨论，当讨论在完全

① 请参阅本书第四章，其涵盖了台湾问题的各个阶段。

没有提及我确信的即将展开的台海军事对抗就进行时，我感到很吃惊。在会议大约进行了一个小时的时候，我打断了讨论并重申我对中国人民解放军已经走上一条极具威胁性的道路的忧虑。托尼·雷克回答说，鉴于美国对中国的核武库的绝对优势，中国将不敢冒军事风险以挑战美国对台政策。在答复中，我讲述了我从中国官员那里曾听到的关于核威慑问题的一部分。

我曾警告这些官员，他们提出的台海冒险主义除了将导致中国与美国的军事对抗，同时也会疏远日本。中国官员将美国在海峡两岸关系发展上的漫不经心和自满混淆为漠不关心和缺乏信心，所以他们没有理会我的预测，认为其是不真实的。在我们之间接下来的争论中，他们强调，美国对中国的核攻击不再有威胁能力，已不像它在五六十年代双边对抗时期反复强调的那样，因为中国现在可以反击美国。在他们看来，由于"美国关心洛杉矶胜过台北"，所以美国能被指望以避免冒与中国在台湾问题上进行一场核大战的风险。

这是核威慑理论的经典阐述。然而，参加会议的两个人却把它透露给媒体作为中国使用核武器攻击美国的"中国威胁"的证据。① 这使每个人对这个错误的问题都产生了惊慌之感。实际上，一旦我预测的军事危机在台海爆发，美国政府就定会措手不及。②

1996 年春季，我被请求把中国的增长及其持续发展的前景纳入在多伦多召开的大西洋共同体会议的全体成员的全球视野之中。到那时，很多都已经改变了。中国往何处去及中国似乎将往何处去体现在本章的第二节《中国正往何处去?》中。

---

① 北京和上海的几个对话者的观点不是轻视美国的实力而是认为美国巨大的核武库目前与台湾关系不大，因为中国和美国都将不会在那里冒险把冲突升级到运用核武器的程度。我根本不觉得这是令人惊奇的或特别值得注意的，因为我并未预见到它将如何被扭曲。当泄露发生的时候，我在印度旅行并且无法回应媒体询问。我也觉得无权这样做，我认为，会议不公开记录还是受当时条件束缚的。

② 请参阅本书第四章里危机及其余波的扩散的讨论。

在线档案资料

这个由一碗面条产生灵感并写成的预见性的备忘录可作为"对中国变化的预测：1980 年中国看来正往何处去"的重要组成部分。参见网址：http：//bit. ly/interesting – times。

中国与太平洋世纪

1996 年 2 月

20 世纪被欧洲的几件大事所主导，而 21 世纪被预计将是亚太地区（现在是世界最具活力的经济体的所在地）的世纪。世界银行预测，到 2000 年，世界经济增长的整整一半都将来自于东亚地区。其他的经济学家估计，也许早在 2007 年到 2015 年之间，中国将超过美国成为世界最大的经济体。

自冷战终结以来很少有人预见在特别宁静的地区会发生根本的政治或军事变革（与欧洲、欧亚大陆和中东形成了鲜明对比），但该地区的政治和军事联盟可以被证实与其经济一样充满活力。"共产主义"和"自由世界"之间对抗的分界线在东北亚的那些国家还依然存在。朝鲜和中国的分裂就像德国的分裂一样是超级大国对峙的直接后果。随着这种对峙的消失，上述分裂也可能会消除。东亚现存的领土和政治秩序的其他方面也同样存疑。这绝不意味着该地区一定会继续享有支撑其平稳上升到全球卓越地位的预测的和平的国际环境。

在中国以及中国与其邻国之间所发生的一切就是关键。中国经济是加速东亚获得财富和权力的引擎。但中国的快速增长正在使这个庞大国家的内部稳定承受着越来越大的压力。中国的崩溃必将破坏该地区的稳定。中国的外部实力和影响正在上升。中国是唯一一个在其他大国的干预之下其部分领土（澳门、香港和台湾）与其分离的大国。中国 150 年的软弱使其成为世界上受悬而未决的领土问题影响时间最长的国家。中国至少和其他国家一样对这些领土和边界的大部分有一定的法律诉求。每一块只需要对现状进行相对较小的调整就能被解决。然而，总的来说，这些争端提出了一个重新振兴的中国将如何融入亚洲的问题。可以理解的是，中国的邻国认为它极可能会通过战争而非妥协实现这一目标。

中国的财富追求

邓小平在"文革"中被打倒（1964～1974），因为他直言不讳地宣称，只要猫能捉到老鼠，在意识形态上他并不介意其是白猫还是黑猫。1978 年，当他做出改变中国命运的决策的时候，他彻底地把意识形态的"猫"扼杀在了摇篮之中。他的基于"致富光荣"信念的务实政策拉开了中国 140 年来历时最长的国内持续安宁和经济增长的序幕。从农村到城市，邓小平的政策创新铲除了社会主义几十年积累的惰性，从而激发了中国人民的创业本能。随着劳动生产率的提高，原本徒劳无益的资本投资也证明了其自身价值。这样的结果便是 10 多年来每年都是约 10% 的持续增长，而最近的增长率已高达 12%～13%。大多数经济学家认为，在增长率开始下降之前，中国经济达到 8%～10% 的增长还可以持续 15 年，在此期间，其经济总量将翻两番。这对中国而言将是个好消息。中国经济为了吸纳新就业者进入就业市场，就必须维持大约 7% 的增长速度。

东亚增长模式

中国常常被认为是重现被台湾地区和韩国等其他东亚社会开创的增长模式。在某种程度上这很有道理。中国增长的一个重要因素是中美贸易，但是与其他东亚经济体的增长在可比较的发展阶段相比，美国市场就显得不那么重要。包括中国与其东亚邻国的贸易在内的亚洲内部贸易的增长速度超过了跨太平洋贸易的增长速度。中国的国内市场是巨大的，并与经济增长一道正飞速地发展。中国已经不需要国外市场来实现规模经济。中国约 90% 的资本需求能够从国内储蓄中得到满足。

172

中国也远远比亚洲"四小龙"更大和更多样化。增长率在各省之间差别很大。尽管内陆省份的经济在加速增长，但从渤海到北部湾的沿海地区的经济处于领先地位，并且与内陆省份的经济差距在扩大。例如，现在上海正以每年约20%的速度增长。其结果就是出现了从贫困地区向富裕地区的国内迁徙的浪潮。多达一亿人可能在过去的5年里进行迁徙，这可被视为历史上规模最大的人口流动。中国正在把城市化进程压缩为几年时间，相比之下，欧洲用了几个世纪，北美用了近一个世纪，亚洲其他地区用了几十年才完成。

社会政治问题

如此快速的改变正产生越来越多的社会和其他问题。与大多数其他国家相比，中国在社会管理和治安治理方面都处于弱势。传统意义上，中国社会秩序是由中国共产党，而非由政府、法律制度和公安部门作为后盾的社会控制来维护的。社会服务是由家庭和当地社区或企业而非国家提供。然而，在西方，通过各级政府利用的国民生产总值比率从1/3到1/2不等，在中国，把国有企业排除在外，政府自身仅占约1/8。这样的企业如不是私有化就是正在被商业化（国有企业的重组和破产很可能在未来10年使约4000万工人付出失业的代价）。

随着中国为了规范市场经济而发展出一种更加现代的国家结构和制度，政府的角色也将会加强，但是，中国政府要经历很长时间才能够执行西方政府所执行的所有任务。然而，随着家庭和社区的分裂以及国有企业的缩减，中国政府必须在法律和秩序的维护以及社会服务的提供上日益发挥直接的作用。

中国的容错率

因为中国做出的这些调整，所以其容错率是很低的。中国的人173 口预计在21世纪下半叶开始下降之前会达到约16亿人。人类历史上无人曾试图治理这样规模的社会。此外，中国的可耕地与人口的比例极低（中国比包括阿拉斯加和夏威夷在内的美国的面积略大，但只有三分之一的可耕地。如果美国有像中国一样的可耕地和人口的相同比例，那么美国人口应将是大约 36 亿！）。但是，因为工商业发展继续走过度开发的老式道路，所以越来越多的耕地正在被挤占。

这些现实对困扰外国观察家以及使中外关系复杂化的中国行为的某些方面做出了解释。中国严格的计划生育政策揭示了对人口增长可能会超过农业生产率（提高）的恐惧。国有企业改革重组步伐缓慢反映了对仍是对中共坚定支持的最后堡垒的成千上万工人的突然失业的政治影响的忧虑。

中国似乎摆脱了欧洲在 18～19 世纪和亚洲其他国家在 20 世纪所经历的快速城市化的弊端。它现在正在感受爆炸性的和意外的改变所造成的影响。中国的城市在世界上是污染最严重的。随着流动人口的快速增长，与之伴随的是出现了城市犯罪的浪潮。对个人安全的关注对更严格的法律执行提出了要求。所有这些对改革的某些方面都产生了抵触效应。

市场经济的挑战

因为官僚在中国创业活动中的主导作用，所以政治压力变得更大了。但当时仍未形成区分公私利益的标准，而民众对官僚特权和腐败愈加愤恨。

同时，经济增长正在改变中央和地方政府之间的关系。因为中国共产党的力量是强大的，所以就由它而非政府来指导地方决策。一旦贪婪的个人主义代替简朴的社群主义成为民族精神，中国共产党就会在失去它的意识形态的同时失去大部分纪律约束手段。很大程度上，在取代它的政府机构还未建立的情况下，地方政府应找到自己的出路。如何管理市场经济已给政府带来了新的挑战，如果有的话，主要是在地方而不是在国家层面。

174

北京现正决意创建中央机构以管理日益充满活力和一体化的国民经济。为此，它发现，它必须要与地方机构进行磋商以消除已有的管制和之前发展的填补政策真空的其他权力（一个很好的例子就是为适应新的市场经济而在税收政策上的改革，这一艰苦的磋商花了中央和地方两年时间），地方对权力再集中的担忧，被对权力过度分散和下放给地方的担忧所平衡。

对哪一级政府应负责导致中国政策应用和其他决策的很多不可预测性仍存在很多困惑。形势迫切需要一种"联合"磋商，即在仍旧是中央集权国家的背景下，中央与地方之间达成符合中国传统的协商一致的权力划分。后邓小平时代的政府仍太软弱，还无法推动这样的磋商。然而，它迟早必须并将这样做。基于实行联邦式的地方自治的承诺下的香港回归已经鼓励上海和其他的省级政府也要求类似的特权。

与苏联的类比

中国的变化产生的挑战已使许多西方人推测，中国将解体或中国共产党将被推翻。这种推测很多来自在苏联解体时失去生计并重新包装自己以使自己成为研究中国的专家的苏联问题研究专家。由于未能预测苏联的解体，他们似乎特别热衷于预测中国崩溃。但把中国和苏联进行类比将经不起推敲。

苏联是一个大俄罗斯人几乎占其人口一半的多民族帝国。它是在过去150多年间通过征服和重新安置所强加的。莫斯科试图强加或输出意识形态到其影响的国外的任何地方。失败的苏联经济已越来越不能承受公共福利和国防负担，包括对卫星国的资助和巨大的境外驻军费用。

中国是一个经过几个世纪（如果不是几千年的话）建立起来的逐步在其边疆吸纳少数民族的带有强烈的民族团结意识的国家。现在 175 94% 的中国人都认为自己是汉族。在该国的新疆和西藏等西部地区，少数民族却是占多数（呈下降趋势）。最后，与苏联不同，中国已成为世界上最成功的经济体之一，拥有一个相对较小的政府以及低水平的国防开支和公共福利。中国没有需要资助的卫星国，也没有驻扎于境外的军队。

中国的权力谋求

在有人类记载的大部分历史中，中国无疑是所有人类社会中最大、人口最稠密、治国最有方、最繁荣和技术最先进的国家。西方将中国的"不远的过去"（过去几个世纪）的暂时陨落视为需要时间和辛勤工作才能必然解决的一种异常现象。他们希望，到21世纪末中国将再次成为世界上的卓越社会，成为一个具有超过10亿勤劳居民的大陆的新加坡。

在这个愿景之中，军事实力并没有占首要地位（军事现代化位居"四个现代化"之末）。然而，最让中国的邻国担忧的是其不断增长的军事实力（到21世纪40~60年代之前，中国有可能成为一个世界军事强国）。当中国易受美国或苏联攻击的时候，它试图通过尽可能隐藏其军事力量格局和预算的很多细节来使华盛顿和莫斯科高估其能力以阻止这种攻击。

积习难改。在后冷战时代，中国的神秘继续使外界对北京的军事能力和意图产生了夸大的估计〔目前，莫斯科和华盛顿（对中国军力的估计）比东京、新德里及东南亚各国对北京的军事意图的夸大估计要小得多〕。其结果是出现一个日益增长的旨在与中国被假定的所作所为相匹配的东亚军备竞赛，尽管中国实际上可能没有这样做。

领土争端

中国缺乏安全和公认的边界。它与朝鲜和韩国及印度尼西亚存在海上边界纠纷，在北部与日本（钓鱼岛及其附属岛屿）、在南部与越南、马来西亚、文莱和菲律宾存在小岛、岩石和珊瑚礁的主权之争，在西南部和西部与印度存在陆地边界争端。把台湾从该国大陆其他地区分离出去的内战问题仍未得到解决。北京宣称更愿意通过谈判解决上述每一个争端（正如它最近解决与俄罗斯的边界问题一样），但如果被挑衅，并不排除使用武力。因此，中国人民解放军可能被号召以捍卫北京关于中国的主权和领土完整的地方还是很多的。

人民解放军

中国人民解放军是世界上最大的武装力量，不仅拥有 350 万职业军人，而且拥有一个主要基于 20 世纪 50 年代技术的巨大军火库。在与包括俄罗斯、朝鲜、韩国、日本、印度、东南亚国家以及中国台湾地区在内的几乎所有国家或地区的边界地区，中国军队在训练和装备上都达到最佳状态。俄罗斯和美国的战略力量使中国的打击力量相形见绌。在中国边界，甚至台湾海峡，中国人民解放军不会在人数上集中比实际对抗时要多的力量。中国人民解放军的战略思想及其部署仍然是防御性的而不是进攻性的。

中国的国防预算采取与西方预算不同的原则并且用名义上的货币来表示，所以其军事购买力无法估计。如果翻译成西方术语，最可能的假设便是截至 1996 年，中国每年的防御费用大约相当于 500 亿美元。这笔预算的增长速度已迅速上升到与通胀看齐。实际上它一直处于停滞不前的状态。中国人民解放军的领导人长期以来一直在抱怨所获得的资金远远低于他们认为有必要训练和装备一支可靠的国防力量——更不用说与中国自己认为的在世界上的地位相称——所需的资金。下面四个因素为中国人民解放军要求更大的预算份额奠定了基础，包括：①政府迫使人民解放军放弃已经创办的为自身提供资金支持的众多企业以遏制军队腐败的愿望；②在该地区的其他地方，尤其是在台湾地区继续进行的快速的军事现代化；③正在进行一种停业大甩卖的俄罗斯军火工业所带来的最令人信服的机遇；④军事行动对排除台湾努力使自己义无反顾地从中国分离出去的做法可能是必要的。中国人民解放军的决策愿望比过去更加迫切。

台湾问题

台湾问题正在成为这些争论中的最有说服力的一点和人民解放军政治影响力的焦点。那个保持台湾海峡和平的心照不宣的共识去年瓦解了。这种临时协定基于北京和台北达成的两点共识，目前，台北正在挑战这两点共识。尽管北京和台北在中国的合法"政府"问题上存在争议，但它们都已承认只有一个中国以及台湾是中国的一部分。双方只看到了台湾的两种可能的未来，要么维持现状，要么实现台湾与中国其他地区的最终统一。美国似乎愿意确保这种情况发生。在此背景下，北京可能（并一定）放松一点并更有耐心来对待台湾问题，甚至可能会等上"一百年"再解决它。

　　然而，在目前关于台湾是代表谁的民主政权议题上，本省人（台湾人）的呼声远远高于外省人（1949 年以后从中国大陆地区败退到台湾的中国人）。台湾地区时任领导人就是台湾人。[①] 台北已停止向北京挑战中国共产党控制的大陆地区的主权。作为对等回应，台湾人要求北京承认台北是对台湾岛和大陆福建省几个小岛（如金门和马祖等）行使"主权"的"平等的政治实体"的"首都"。现在许多台湾人在支持与中国传统民族主义格格不入的台湾民族主义。台北发展台湾第三种未来的可能尝试（与中国分离并宣扬"国家"地位的种种努力之一）深深植根于台湾的政治中。台北追求获得联合国的一个单独席位也是如此。台北最近的言行已使北京对之前没有采取应对举措的问题产生了紧迫感。具有讽刺意味的是，无论台北还是北京都不希望发生危机。然而，台北的误算及其导致的北京的回应最终导致了危机的爆发。在先前平静的台海地区呈现逐渐加强的军事紧张就是危机的结果。

台海军事现实

　　这场危机促使北京直接面对台海目前的军事现实。在可预见的未来，根据中国人民解放军自己的判断，它可能进行的征服台湾的任何努力都将会被台湾英勇的武装力量击败。军事行动通常有利于防御者，尤其是进攻性作战面临天然屏障的时候。一百英里的海域（英吉利海峡的 4 倍宽）把台湾的戒备森严的海滩与大陆海岸分离开来。台军训

---

① 实际上是在台湾的客家人。

练有素、装备精良，并享有内部通信线路，其空军甚至针对中国人民解放军空军最集中的和最持久的攻击也可以保持空中优势。台北海军只是在（对方付出）巨大代价的情况下才可能会被击溃。即使人民解放军能够集中其几乎全部力量对付台湾（这对它来说是不可能的），它也别指望打垮岛上的守军。

目前的台湾危机

人民解放军不至于愚蠢到希望以己之弱攻台之强。它也不希望正面挑战美国。面对台北的分离主义者的显而易见的挑战，北京可以用武力相威胁或可能运用军事力量作为强硬外交的根本手段。它正试图迫使台北回到谈判桌上。北京的谈判目标是说服台北重塑去年它轻率地弃置一旁的临时协定，也就是回到统一被视为现状的唯一选择的那种状态。

因此，人民解放军正在进行超大规模军事演习。台湾是由一个严重依赖国际贸易的小投资者组成的社会。北京已经准备采取导弹袭击和其他行动，这将推高航运费用及相应的保险费用，使房地产市场和股票市场萧条，否则，就强迫台北考虑海峡两岸所有中国人的看法。它已把这些选项传达给台北，有些还惊动了新闻界。

冲突的战略影响

这种方法可能会起作用，但它是一个危险的博弈。台海冲突将挑战美国长期对那里提供的和平与稳定的保证，同时也侵犯了日本的战略防御边界。日本裁军的代价已是（仍是）需要美国对日本的战略利益进行可靠管理。美国未能援助台湾被日本视为美国的责任。日本重整军备以确保独立捍卫其利益的能力将会对其产生巨大压力。

美国的干预将需要使用日本的基地，这迫使日本要在与中国的非敌对关系和与美国的同盟关系中做出抉择。日本几乎肯定会选择美国，但未来日本政府不会希望再次处在外交决定可能把这样的选择强加于它的这样一种地位。无论是什么情况，其结果都将是东京和北京之间的军事对抗，华盛顿和北京之间的敌意以及东京和华盛顿之间的隔阂。台湾问题从而有可能改变损害所有这三个最关心它的大国（美国、中国和日本）的利益的亚洲平衡。

亚太国家长期以来一直指望美国能够阻止台北或北京的任何一方单方面挑战海峡两岸现状，并将仍未完成的中国人的"内战"限制在一定范围内。华盛顿政府近期对台海局势恶化所表现出来的漠不关心和无能为力的态度受到广泛指责。亚洲人期待美国采取外交行动以阻止台海冲突并避免不得不在军事干涉和不干涉之间做出决定。在这方面，克林顿政府到目前为止还没有与台北或北京有效接触。

台北的选择

然而，即使华盛顿与双方接触，冲突不可避免也远非确定无疑。当前的危机已使台北警醒并且对台湾选民的"独立"要求给予了一定限制。北京已明确表示，它将关注台湾于 1996 年 3 月 23 日举行的领导人选举（几乎可以肯定李登辉会连任），并迅速得出关于他计划使台湾走向何方的结论。如果他表示愿意放弃追求"独立"地位并适应北京，那么紧张局势就将减弱。统一问题将再次被推迟，也许此后 10 年才会被再度聚焦，那时，香港和澳门已经完全融入中国之中。相反，如果李登辉似乎更倾向于分离或"独立"，军事压力就将升级，也许会演变为针对台湾及其利益的实际打击。届时，人民解放军将有充分的理由进行长期的军事建设以获得征服台湾的能力。幸运的是，李登辉目前似乎已特别关注了这个信息并计划在他当选后不久就对北京推出一系列和解举措。

中国与太平洋大国

随着 20 世纪即将结束，中国享有与俄罗斯最好的关系已有 3 个世纪之久，与欧洲最友好的关系已持续 150 年，与日本在一个世纪内最少麻烦的关系以及在 1962 年中印边界战争后与印度最好的关系。然而，中美关系却远非一帆风顺。即便假定目前的台湾危机已巧妙地解决了，中美关系在可预见的未来似乎也不太可能有很大改善。

中美关系

苏联的解体使中美关系失去了一个明确的战略基础。双方都没有做出更大努力来发展彼此的关系。美国对北京 1989 年风波的处理方式的强烈反应结束了美国和中国政府之间大多数方面的对话。1989 年以前，两国政府注重其共同利益及其如何向前推进，搁置差异留待日后解决。自 1989 年以来，它们聚焦意识形态差异，搁置共同利益留待日后探讨。双方似乎都不知道如何打破这种没有前途和希望的互动格局。

1997 年香港的回归、达赖喇嘛和中国拉萨地方政府之间的僵局、中国在经济迅速变化条件下的国内稳定的困扰、台北和北京之间的紧张关系及中国和南海敌对势力之间断续的冲突将继续为美国国会对华强硬派提供充足的证据。恰恰在中美政治和军事关系恶化的时候，两国的经济和文化关系却在蓬勃发展。然而，很难相信，贸易关系可以永远不受政治的负面影响，尤其是考虑到美国倾向于进行出自政治动机的制裁。美国的空想战略家越来越把中国视为一种需要对抗和遏制的威胁。同样，北京的权威专家们也声称，美国意欲肢解中国，推翻共产党政府并阻碍其现代化以使中国保持在原有的位置。中美关系正在走向敌对。

未来

对于任何评估未来十年的中国和整个亚太地区之间的和平、繁荣和稳定的前景的努力而言，中美关系是最大的疑问。美国的亚洲盟友和朋友——甚至包括对中国日益保持警惕的日本——没有一个希望挑起与中国的战争，或者被卷入华盛顿似乎想要挑起的战争当中。所有国家，甚至是那些对中国最没有好感的国家，都希望华盛顿在避免与中国产生意识形态对抗的同时，也要坚决应对中国在领土问题上的主张。这种策略对于确保大多数亚洲人将美国视为平衡者和协调者的角色十分必要。亚洲很多国家认为，美国的所作所为一直与此背道而驰。

它们担心，在美国领导地位缺乏的情况下它们将自己来管理其与中国的关系。

　　中国对财富与权力的追求不仅对美国在亚太地区的作用而且对中国自身及亚洲其他国家提出了挑战。普遍的看法似乎是，美国的领导地位将继续在亚洲受到欢迎，中国成功进行现代化不会破坏自身或其邻国的稳定并且亚太地区能够继续平稳向上地发展。也许是这样。

中国正往何处去?*

1996 年 5 月

中国人相信，在人类有记载的大部分历史中，中国不仅是人口最
稠密而且是最繁荣、技术最先进、最强大，并且可以说是所有人类社
会中治国最有方的。西方将中国的"不远的过去"（过去几个世纪）
的暂时陨落视为需要时间和辛勤的工作才能必然解决的一种异常现象。
现在，大多数中国人相信，他们的国家在 21 世纪注定要恢复其曾作为
地球上的卓越社会的固有地位。他们可能是对的。即使他们错了，他
们的那种时间还站在他们一边的骄傲自信的心态也具有重大的国际
影响。

中国财富和权力的崛起是世界经济事务中心由大西洋共同体逐渐
转移到亚太地区的主导因素。然而，使中国融入世界现有秩序的挑战
并没有随着经济的发展而停止。中国的崛起有着大量政治和军事含义。
它的影响不会局限于亚洲，而会遍及整个世界。

中国的经济挑战

1980～1995 年，中国的经济规模翻了两番多。1991～1995 年，其
年均实际增长率为 11.8% 。以购买力平价来衡量，中国的国民生产总
值目前占全球的 8% 左右。大多数经济学家预计，中国经济在接下来

---

* 为 1996 年 5 月 29 日至 6 月 2 日在加拿大安大略省多伦多比尔德伯格会议准备的
讨论文件。

的 15 年（每年）将继续增长 8% ~ 10%。它的规模在增长率开始下降之前将会再次翻两番。他们相信，中国在 2020 年以前有可能超过美国成为世界最大的经济体，从而恢复其在 1850 年之前的排名。到 2030 年，中国的经济总量可能比美国和日本之和还要大。

在一定程度上，中华人民共和国通过把其现在很大程度上市场化了的经济与其港澳台地区更先进的中国经济结合在一起的方式来实现这一增长。它也正向国外充分张开自己的怀抱。在过去的 5 年里，中国已吸收了 1144 亿美元的外国直接投资和另外 469 亿美元的外国贷款（大约 70% 的"外国"投资实际上是来自中国港澳台地区的企业家的投资）。在此期间，中国贸易每年增长 19.5%，进出口总额为 10150 亿美元，吸引了超过两亿人次的境外游客到访。中华人民共和国的外汇储备从 1990 年的 111 亿美元上升到 1995 年的 736 亿美元（到 1996 年底将达到 900 亿美元）。"大中华"经济体的外汇储备目前约为 2250 亿美元。

中华人民共和国与这个"大中华"经济体和东亚经济区域的融合不是被政府或区域性机构而是被商人和投资者以非正式的方式实现的。既然殖民主义、二战、内战、共产主义和冷战遏制已逐渐成为历史，那么海外和中国国内以及大陆与港澳台之间的宗族和家族关系就需要被迅速地重新连接。台湾海峡就已呈现了这些趋势中最引人注目的例子。尽管两岸存在政治隔阂，但台湾企业家对中国大陆的投资已超过 250 亿美元。海峡两岸贸易现在每年接近 280 亿美元。每年有 150 万台湾游客赴大陆旅行。

中华人民共和国的增长类似于其他较小的东亚社会在近几十年的增长。

像新加坡、中国香港、中国台湾和韩国一样，这种持续三四十年的增长最终将提升中国人的生活水平，达到相当于欧洲中等收入国家的水平。然而，中国与亚洲的新兴工业化国家有重大差异。中国未来资本的约 90% 需要从国内储蓄中得到满足。中国经济就像其他东亚经济体一样已极大地受益于进入北美和欧洲市场。现在中国出口的 30%

183

流向美国。然而，中国拥有巨大的国内市场，从而使它对出口的依赖要比中国台湾和韩国在相同的发展阶段要少。此外，包括中国与亚洲的贸易在内的亚洲内部贸易现在的增长要比其与其他地区的贸易的增长快得多。在未来几年，中国不仅对国外市场而且对非亚洲市场——如美国——的依赖将会逐渐下降。

中国经济依然是加速全球财富与权力转移到东亚的引擎。在该地区或在中国与其贸易伙伴之间发生的事情可能会改变增长速度，但不太可能使其发生逆转。世界银行估计，最早在 2000 年，东亚将占世界经济增长的 50% 以上。然而，如果以现有经验考量未来，那么东亚不必成为加强当前国际经济秩序的机构的一部分就可以做到这一点。欧美在过去半个多世纪利用其全球主导地位精心设计了了这一秩序。现在，它对中国和其他东亚经济体的崛起越来越感到不安。

在迅速成为世界经济的主导区域的过程中，中国日益增长的经济实力和中心地位尚未在其被纳入其中的全球机构和管理机制中反映出来。中国被排除在七国集团、世界贸易组织、瓦森纳协定（"巴黎统筹委员会"的替代者）、导弹及其技术控制制度、核供应国集团，以及其他大多数致力于制定全球贸易、投资和技术转让政策的机构之外。甚至没有人考虑过如何做出努力使中国最终进入经济合作与发展组织之中（20 世纪 70 年代初，由美国和其他国家发起）。把中国融入大西洋共同体在过去半个世纪塑造的世界秩序中的努力已经开始动摇了。然而，如果一个不久将成为世界最大的经济体还没有完全融入形成这一秩序的机制中，那么很难想象这些机制的主导地位还可以继续维持下去。同时，如果没有中国的合作，全球及地区不断增加的经济和政经问题就不能被有效地管理。

例如，中国将很快接替美国成为世界最大的温室气体排放国。显然，减少全球环境破坏的努力不可能有成功的希望，除非中国已完全是参与其建设的一员。然而，尽管欧洲和北美对环境问题有强烈的兴趣，但使中国参与环境对话与合作的国际协调的努力尚未开始。

在相当大的程度上，中国快速增长的出口和国内市场的继续发展正游离于全球贸易体系的规范之外。这是在创造符合中国经济行为的既得利益，但干扰和破坏了工业民主国家的贸易与投资。确实，中国不是大多数多边管理机制的成员的事实使北京可以自由选择不去理会其贸易伙伴的抱怨，直至升级为两国对抗。在权力的这种实际较量中，只有像美国这样的贸易伙伴才有较大的获胜机会。随着中国经济实力的增长，北京的谈判能力也将增长，从而使有关国际更广泛关注的中国问题的双边解决甚至变得更加困难。然而，西方没有明显的实现中国融入其所希望的调节后冷战时期国际经济秩序的多边机制的战略。自冷战结束以来形成的机制都把中国排除在外，几乎毫无例外。

　　中国已经是一个高科技产品的出口国，其中许多具有军事用途。随着中国经济愈来愈发达，这样的出口也将大大增加。显然，如果中国依然被排斥在外，那么任何关于规制与"无赖国家"（rogue states）或有关大规模杀伤性武器及其运载系统的技术的贸易不能有望获得成功。通过双边主义来达成目标的缺点已经越来越明显。例如，对美国试图通过单边努力控制中国对巴基斯坦核武器和导弹技术的出口的喜忧参半的清楚记录进行思考就会得出这一结论。随着中国的发展，美国和其他国家对它的双边影响力只能降低。然而，使中国成为规制敏感技术国际转移的（并因此遵守）多边机制成员的努力现在还尚未开始。

　　最后，中国对世界的开放已使有中国人参与的跨国犯罪团伙逐渐出现。现在，在接近18世纪非洲奴隶贸易情形的情况下，这些团伙参与了非法毒品贸易和偷运中国移民的活动。它们正在寻求建立与俄罗斯、欧洲和美洲有组织犯罪团伙的联系。为处理这些问题，北京与像国际刑警组织一样的多边机构的全面合作至关重要。亚欧会议已建立了一个欧洲和亚洲各国海关署长参加以商讨解决这些问题的多边论坛。然而，美国和加拿大已成为主要毒品市场和非法移民的目的地，它们却没有参与这一论坛。

　　与中国打交道的一个首要问题就是北京的中央政府绝对不会同意省级和地方当局与外国政府达成协议。目前存在的知识产权困境就是

185

一个很好的例子。中国缺乏完善的法律体系，包括法院、训练有素的法官和更多的发达国家为实施对商业行为的有效控制可以依赖的法律实施机制。这是人所共知的事实，甚至中国人自己也承认这一点，只不过是碍于颜面不好意思承认而已。然而，促进中国在法律和行政改革或公共管理和司法培训上的国际协同努力尚未形成。

虽然 20 世纪七八十年代中国融入世界秩序的努力获得了成功，但是，推动中国融入由全球机构培育的规范的国际战略明显缺失。当然，中国可以指望通过谈判从适用于其他国家的规则中获取优先地位和豁免权。不过，正如记录所显示的，中国一旦加入某国际组织，它就会致力于学习、采纳并应用其规则。中国过去 20 年的社会经济转型很大程度上要归功于其加入了包括国际货币基金组织、国际复兴开发银行、亚洲开发银行和联合国的其他专门机构在内的组织机构，以及其随后对这些组织推崇的分析模式和政策的采纳。

如果考虑到存在的高风险，那么旨在加速中国融入全球机构和其对全球规范的有效应用的欧美（和日本）战略的缺乏可能也是非常严重的。从全世界利益角度讲，它已经迫不及待地开始管理因为中国财富和财力的增长而对国际体系带来的影响。问题是在积累，而不是在减少；中国的谈判地位是在加强，而不是在削弱。

中国的政治军事挑战

正如中国财富的增长一样，它的军事力量和政治影响力也是如此。中国的邻国已充分理解这对亚太地区所带来的影响。毫无例外，当它们对北京保持警惕并采取行动在政治上适应中国的同时，还寻求与中国在更紧密关系的基础上获取经济利益。中国与东南亚现在享有 500 年来最佳的协同合作关系。中国与俄罗斯的关系是 300 多年来最相互尊重的。中国与包括欧洲大国在内的欧洲国家的关系是近两个世纪以来最令人满意的。北京与新德里的关系是自 1962 年中印边境战争以来最缓和的。它与伊斯兰堡和达卡的友好关系一如往昔。尽管日本暗暗对中国担忧，但中日关系在一百年后也会像今天这样处于友好状态。然而，过去两个世纪的软弱使中国在很多方面还不尽如人意。

以欧洲国家入侵过香港和澳门、日本和美国入侵过台湾来说，中国是目前世界上唯一的、其大部分历史疆域和人口曾经因为其他大国的军事入侵而脱离出去的大国。① 北京决心要把中国这些不同的社会即使不统一在一种单一的政治经济制度之下也要统一在一个单一的主权之下。如有可能（如谈判已被证明是解决香港和澳门问题的最佳方式一样），中国将通过谈判实现这样的统一；如果有必要（如印度解决果阿和印度尼西亚解决伊里安查亚和东帝汶问题的方式一样），中国将通过武力实现这样的统一。香港和澳门将分别于1997年和1999年和平回归中国。台湾与中国其他地区的关系问题仍悬而未决。

中国也是与多数邻国缺乏安全和公认的边界的唯一大国。中国现在已通过谈判解决了与俄罗斯和新独立的中亚国家之间的亚洲内陆边界问题。然而，中国的边界争端依然保持世界最高纪录。中国一直未解决与朝鲜和韩国的专属经济区划界问题。它与日本在钓鱼岛及其附属岛屿问题上存在争议。中国与越南、菲律宾、文莱和马来西亚在中国南海存在岛屿和珊瑚礁的主权归属之争。它在中国南海经济专属区的主张已导致其与印度尼西亚之间的海床争端。中印边境虽算不上是法理意义上的冲突，但已是事实上的冲突。如有可能，中国将决定通过协商领土调整与所有这些邻国确定亚洲内陆安全和公认的边界；如有必要，会通过军事行动来捍卫自己的主权。

与台湾的统一问题不同，这些边界问题的解决都不需要重大的领土或政治军事调整。实际上，中韩分歧要待朝鲜半岛统一才能解决。迄今为止，无论中国还是日本都未看到有任何紧迫的理由来解决钓鱼

187

---

① 当然，日本与俄罗斯就"南千岛群岛"问题存在争端。西班牙和英国在直布罗陀也存在争端。然而，这些争端不涉及众多人口或广泛地区。它们也没有产生像中国对澳门、香港和台湾地区的诉求一样的情感力量。

岛及其附属岛屿的主权问题。① 中印边界问题的解决隐含在现状之中，并且无论何时双方在政治上倾向于使之正式化的时候，它才可能出现。中国对《海洋法公约》的完全接受（预计将在今年晚些时候由全国人民代表大会批准）将为中国南海的主权诉求谈判提供一个法律框架。中国的邻国在短期内对其行动几乎没有顾虑。然而，它们都很担忧，中国的军力与其相比之下正在稳步增长。这促使它们认为，中国迄今为止似乎缺乏探索解决边界领土问题的动力。②

包括中美海军对抗在内的台海军事紧张局势的再度出现已改变了这一局面。直到 1994 和 1995 年，中国领导人（像台湾的大多数政客一样）认为，台湾只有两种可能的未来：要么维持现状（它可能会被海峡两岸的互动所修订），要么实现统一。在这种情况下，北京对台湾问题不会感到有紧迫感。中国领导人可能勉强接受维持现状，因为其设想过的改变现状的唯一方式是台湾越来越亲近中国大陆并最终接受大陆在松散统一的中国的领导地位。

然而，到 1995 年，北京已对围绕追求分裂中国的认同的台湾的民主政治表示深切关注。响应岛内民意，台湾地区领导人开始向第三世界国家提供利诱以准许其设立与北京外交代表处并存的台北"大使馆"。台北加倍努力以加快设立其驻大国首都的代表处。它还强烈寻求一个联合国大会的单独席位。台湾地区领导人发起了一项名义上是私人的但非常政治化的"出国旅游"以提升台湾国际形象的运动。北京认为，台北是在执意通过"外交"分步走计划来获得"独立国家"的地位属性。尽管台北声明要忠实于一个中国的原则，但北京把台北的努力视为一个长期精心策划的使台湾从中国分离出去的基础。这一结

---

① 从 2010 年开始，这种情况发生了变化，因为日本扩大了对钓鱼岛的更大控制的努力，同时中国也加强了抵抗。到 2012 年末，两个声索者之间爆发了一场全面危机。

② 美国在中国和其他声索方之间进行调停的决定使后者失去了这一动机。但是，随着美国"重返亚洲"政策变化于 2011 年达到顶峰，本地区的冲突也随之迅速地升级了。

论受到台湾公开拥护"独立"的主要反对党的热捧。从北京的角度来
看，台北的行动是在威胁改变现状并以这种方式来阻止和平统一。

台北增加其选择的努力给本该对台湾问题更早制定相关举措的北
京政府带来一种紧迫感。当政治警告未能阻止台北的时候，北京就采
取恐吓等除战争以外的军事措施，如凸显扼杀台湾经济的北京能力的
军事演习和导弹试射。这些措施旨在迫使台北改弦易辙或来到谈判桌
前。然而，中国的姿态逐渐地挑起了美国对抗性的武力炫耀，由此缓
解了北京施加于台北的谈判压力。

美国进行海军部署是为了强调美国在台湾问题上由中国人自己采
取和平而非暴力方式解决问题的长期关切。它们不打算表达对"台
独"的支持。然而，具有讽刺意味的是，美国明确表示将对抗和抵消
迫使台北来到谈判桌前的除战争以外的北京的努力，这样，它的行动
已大大降低了和平统一的前景。如果北京不能强迫台北坐到谈判桌前
并且美国也做不到的话，台北是极不可能主动要求谈判的。从北京的
角度看，中国现在只有两个选择：要么当台北致力于"两个中国"或
"一中一台"的目标时不动一枪一炮，要么为了统一而大动干戈——
尽管面临着美国可能会陷入冲突的危险。改变这种选择是当今美国外
交的一项紧迫任务。

甚至中国的持不同政见者也把台湾问题视为中国人之间的纷争，
认为该问题应由中国人而非外国干涉来解决。对美国干预"中国内
政"的不满在加剧。北京即将着手进行长期必要的军事建设以获得甚
至针对美国反对而占领台湾的能力。中国最近对俄罗斯在包括北约东
扩在内的各种国际问题上的立场的支持，不仅为保持中国北部边陲的
安宁，也为扩大与俄罗斯的军事合作奠定了基础。

虽然北京增加了其针对台湾的军事能力，但它不会放弃通过和平
方式实现统一的努力。它在寻求减少其与美国的关系所造成的压力的
同时，也将继续试图迫使台湾坐到谈判桌前。与此同时，它希望减少
因为台海紧张和可能的冲突带来的、对其与亚洲邻国之间的关系的附
带损害。因此，中国很可能在中国南海领土问题（甚至也许是钓鱼岛

争端）上做出让步，就像它与俄罗斯和新独立的中亚国家解决领土争端的做法一样。只有消除与东盟成员国和日本的潜在冲突来源，中国才有希望保证，其在台湾问题上的强硬姿态是自成一格的并且对该地区并无广泛的影响。北京最近的军事采购决策及其对东南亚的外交姿态与这样的战略是一致的。当然，如果台湾被说服与北京举行关于统一问题的积极谈判，或以其他方式提供其与中国大陆的合作在未来不会发生改变的令人信服的保证，这些险恶趋势就可能会发生逆转。然而，台北是不太可能寻求以这种方式适应北京的。外国政府也不可能愿意或事实上逼迫它这样做。台湾在今后与中国大陆的博弈中将会继续寻求西方和日本的同情。这将继续刺激扩大对中国不断上升的军力的担忧，不管北京如何来消除这样的忧虑。①

如果不是从技术实力或力量投放能力而是从所部署的军队和蕴含的战斗力而言，中国已经是亚洲卓越的军事强国（最近被重申的美国在日本的前沿存在及其抗打击能力对中国这一军事优势是一种强有力的制衡）。中国国防支出迄今一直占国民生产总值的较低比重。中国大多数邻国（例如，俄罗斯、日本、韩国甚至印度，更不用说美国在西太平洋地区的武装力量）比人民解放军有更强的作战能力。中国决心最终将加强与边境部队职能相匹配的军事建设，但在强化经济基础的同时延迟了军事现代化。按美元价值保持不变计算，中国的国防开支在过去 10 多年几乎没有增长（为保持与高通胀率的一致，名义预算的增加致使媒体认为在尚未触及的领域的预算也在增加。中国国防预算和军队结构方面的不透明加剧了其邻国夸大中国军力增长的倾向）。

过去 10 年中未对军事现代化给予优先考虑是北京关于中国边境短期内存在主要冲突的风险微乎其微和台湾问题可以像港澳问题一样实现和平解决的认识的反映。台海最近发生的事件明显已使北京不再坚持这些判断。中国的国防预算很可能会相应地提高，不过，

---

① 具有讽刺意味的是，开始于国民党主席连战 2005 年对北京的历史性访问的海峡两岸和解改变了这一预测。虽然台湾紧张局势得到缓解，但中国南海和东海领土争端的紧张局势加剧了。

人民解放军现代化的重点将主要转移到建设最终征服台湾的能力上。在有关台湾的任何战役中有能力阻止美国干预的战略核力量和其他武器系统有可能在人民解放军的现代化中同样获得更大的重视。尽管中国密切关注台湾，但它对军事现代化的更加注重将加速其重要力量投放和战略武器能力的提升，以及加速其作为世界而非只是地区性军事力量的崛起。

190

中国与苏联类似吗？

一个更强大自信的中国的前景必然会唤醒近期欧美与苏联竞争的记忆。它导致人们纷纷猜测，中国或许会像苏联一样瓦解。然而，把苏联和中国加以类比本身就是一个错误。

苏联是一个多民族帝国，是共产党在推翻沙皇独裁统治后建立起来的。其占主导地位的俄罗斯民族在帝国架构中勉强过半。苏联被其欲望所驱使以在有机会展示自己的地方都要传播其思想。为此，它在沿着其边境的卫星国内保持巨大的军事存在。莫斯科的战略野心致使它对远在古巴和南非有共同追求的国家提供昂贵的军事和经济援助。僵化的中央计划最终导致了经济衰退，使之无法承受这个苏维埃国家所要求的高昂的军费开支。直到临近末日，莫斯科还在试图推翻国际现状并把自己的意图强加给而不是加入现有的国际秩序及其机构中。

相比之下，中国目前的边界是经历了几千年逐步扩大和少数民族的同化过程才形成的。占中国人口94%的汉族人强烈渴望团结、有序及为他们的国家的历史边界赢得国际尊重。当代中国并不谋求输出其意识形态（无论它可能是什么）。它没有卫星国并坚持其军力不跨越国界。日益摆脱中央集权的中国经济是世界上增长最快的。如果不给其经济施任何或很多压力，它的国防预算就可能会大大增加。中国不是在推翻而是在寻求加入现有的国际秩序。

中国也不可能像苏联一样瓦解。经济增长确实改变了其中央和地方政府之间的关系。随着贪婪的个人主义逐渐取代被视为民族精神的无私的集体主义，中国共产党的纪律及其意识形态一起开始出现松懈。在缺乏改变它的政府机构的情况下，地方在一定程度上开始探索自己的发展方式。在经济改革的早期阶段，政府遇到的要求管理市场经济的新挑战，如果有的话，主要是在地方层面而不是在国家层面。然而，北京现在也在努力创建必要的中央机构以管理日益活跃和一体化的国民经济。地方对这种再集中的抵抗并未导致分离主义情绪。相反，民族主义精神在整个中国呈现上升态势。这使北京比以往任何时候都不太可能容忍极少数分裂分子鼓吹的包括藏族和维吾尔族在内的大量少数民族人口居住地区的分裂主义。

最后，苏联还是一个人权状况骇人听闻的国家。尽管西方在人权问题上不断对莫斯科施压，但它的人权状况的显著改善是以政权的崩溃为代价的。然而，与苏联不同，中国正在实施影响深远的经济和社会改革。这些不见得会最终导致政治变革，就像以前在台湾的中国式列宁主义社会所发生的一样。不过，令人难以理解的是，在东亚其他地区许多重大事件的发展进程将被证明中国的未来比苏联的未来更好（如果这样的话，在推动中国机构改革的同时，进行基于令人震惊的抗议的决策——与台湾地区和韩国采取的方式相类似——能够比仅仅基于压力和抗议的决策运行得更好）。

总之，北京和莫斯科处理问题的态度和方法是不同的。中国不是一个西方或西方创造的世界秩序的不共戴天的敌人。中国不太可能步苏联后尘解体或崩溃。中国崛起对世界带来的挑战（与苏联）是截然不同的。在某些方面，挑战可能会更加艰巨。

结论

近两个世纪前，拿破仑向他的欧洲同胞建议，"让中国沉睡吧，一旦它醒来，世界将为之震撼"。现在，别指望中国会回到过去几百年的沉睡状态。中国将在21世纪恢复其失落很久的荣耀。摆在欧洲人和北美人面前的问题不是如何预防不能被阻止的事情的发生，而是如何确保中国在21世纪的崛起是在加强而非削弱我们在20世纪艰难构建的国际体系。为此，我们必须尽快考虑如何在各方可接受的条件下加快中国与现有国际机构的融合。同样重要的是，我们必须决定如何最好地确保中国治理帝国主义、法西斯主义和冷战时期　192
强加于它的边界问题的决心不会导致不利于西方利益的长期对抗和战略重组。

第七章
邓小平的革命的追溯

邓小平抛开意识形态并赞成有选择地借鉴他国成功的现代化经验的决定是 20 世纪最重要的事件之一。它的结果是塑造 21 世纪进程的力量的一个主导因素。邓发动了一场不仅在中国而且在世界上比他的充满魅力的前任更伟大和更持久的革命。

在 2006 年，我有机会（在约翰·霍普金斯大学的一次演讲中）仔细思考，如果邓小平在 1978 年 12 月不推动革命性的变革进程，中国可能会怎么样。这一思考出现在本章第一部分《从毛泽东至今》中，它强调，尽管邓的改革迄今取得了很好的效果，但国家的持续成功还远不能确定。本章以《中国在什么方面会步入歧途》结尾。

在线档案资料

在在线档案中可以查阅对 1997 年和 2001 年之间中国转型的更详尽的观察资料。参见网址：http://bit.ly/interesting-times。

从毛泽东至今*

2006 年 10 月

当迈克·兰普顿①请我就毛主席逝世 30 周年发表演讲，我有点不知所措。我不禁问我自己，我可以谈论天安门水晶棺里的那位著名的农民吗？包括现在猛烈批评中国的一些人在内的其他人曾经是相当拥护他的。我从来都不是。但是毛是值得铭记的。我很高兴看到今晚在座的有很多他的崇拜者。我想对你们就这个伟人及其遗产谈一下自己的看法。

毛泽东除了具有伟大的精神信念外，还具有一种过人的力量和精力。我们现在知道，他的欲望与他的知识活力相匹配。他是一个受其国民追捧和崇拜却受其下属和密友恐惧的人。当他活着的时候，他的人格光辉照亮了其祖国边陲并激励了很多潜在的革命者和浪漫主义者不断地超越它。

很少有人真的喜欢毛主席的治理风格，但除了非常鄙视这种风格的少数人之外，其余的人更加热爱他创立的人民共和国（并且憎恨他的人不如畏惧他的人多）。要是他不坚持那种宏大和浪漫的幻想，他的思想就不会震撼他的国家，也不会遭到否定。然而，要是他不使他的国家疯狂地进行暴风疾雨般的变化的尝试，中国现在也不会致力于维

---

* 2006 年 10 月 11 日在约翰·霍普金斯大学高级国际问题研究院中国论坛发表的演讲。

① 戴维·兰普顿，华盛顿特区约翰·霍普金斯大学分校保罗·尼采学院高级国际问题研究院中国研究系教授兼主任。

护国内安宁，也不会那么容易接受其曾经拒绝但目前中国在其下很繁荣的国际秩序。要是毛去世得早一些，他的思想可能会在新中国永存。他肯定会被历史视为一个更伟大的人。

实际上，客观地讲，毛泽东可能只是被当作一个军事战略家和一个好诗人而被永远铭记，因为他在规划这个国家的可持续发展秩序的时候遭遇到重大挫折，而这个国家是由他力图从过去的以及当时国内外的所有压迫者中解放出来的。如果他消除邓小平的政治影响力的多次尝试最终获得成功，那么世界可能仍在为中国的落后和其对国际现状不满的影响而担忧，而不是为作为一个资本主义全球化进程的主要参与者的飞速发展而担忧。但是，毛未能成功地消除邓的政治影响力，中国和世界因此都变得越来越好。

毛喜欢研究传统文化，但他不只是研究古典文学、历史和哲学本身，而更渴望从中找到可借鉴的发挥领导作用的价值。一代又一代的士兵在尚未成为职业军人之前就将接受其非对称战争的思想的学习。只有学术界和共产党的理论家才对他的政治哲学及其信奉的价值观进行深入探究。今天，在印度和尼泊尔的东北部还有人在为他们的社会争取政治权力和经济平等时援引他的名字。但他们只是对他的军事思想而非哲学思想有深入的了解。在中国也有些人仍然把毛视为神，如果不苛求的话，也是中产阶级的神，其肖像可以安装在汽车仪表盘上或悬挂在供桌上方以与人们的祖先一道被敬仰。毛的魅力已超越了其自身。

不过，毛泽东并不是一个具有万能精神的伟人。秦始皇是被人们毫无敬意地作为其暴力和压迫为汉代的和平与包容的秩序以及财富和权力铺平了道路的中国残暴的统一者所铭记的。他建立了一套中央集权制度，从而使中国文化与他设想的可能使中国富强的文化有很大区别。他是中国文化的先驱者而非创造者。但是，他的有关中国的一些设想是在其统一文化和制度的过程中以及他所创立的国家获得其相邻的诸侯国的敬畏中实现的。像秦始皇一样，毛泽东带有哲人气质，他的哲学由于他的"王国"逐渐探索并找到一条不同的前进道路而消逝。

那个"王国"——中华人民共和国——是毛泽东的真正纪念物。它是一个其成就不仅仅是毛本人还是与20世纪中国革命和民族主义的先锋追求的目标相一致的纪念物。尽管在他执政后期呈现政局不稳，但是他的革命和之前的民族主义革命的共同之处主要体现在以下四个密不可分的目标上：

- 通过打倒军阀和消除外国势力范围来统一中国；
- 恢复中国的独立并阻止外来侵略和欺凌；
- 把对中国的尊重建立在作为国际事务一个主权的参与者基础上；
- 重新创造中国的辉煌。

当毛主席第一次宣布中国已经站了起来的时候，那一定是他的肺腑之言。当时的中国令他无奈，他本想使国家巍然屹立但不得不"一边倒"。最终，他无法继续维持这种态势。因此，中国对苏联的依赖很快就被搁置，在他未成功探索出加速中国经济发展的道路，并运用"文化大革命"来肯定其革命的特殊本土性的一段时间后，毛试图采取依靠突然靠拢美国的办法恢复中国的国际平衡。 196

从毛泽东的视角看，蒋介石的失败和溃逃台湾使他及其"中华民国"降至军阀的地位，其残余政权没有外国的支持就无法生存。毛泽东决心解决那段动荡岁月的历史遗留问题，以消除台湾这块美国在中国土地上的"保护地"。他不相信和平统一的可能性。他耐心准备收复台湾，但预计这要通过使用武力才能发生。毛在生前看到了新中国作为一个美国付出如此大的努力以否认其主权的大国而获得了国际认可，并看到了蒋介石政权降至相应的外交孤立地位，但他没有在有生之年看到台湾问题现在正沿着违反其解决思路的和平统一的道路而逐步解决。

毛主席坚持中国与美国而非苏联保持距离。他捍卫中国作为一个平等独立的行为体的地位，不接近我们美国人当时无耻地称作"自由世界"的势力范围。尽管在实际中采取了务实的做法，但他坚持与美国发展关系的框架应建立在实现统一中国的目标基础之上。

邓小平接受了这个就像赋予毛生命的其他民族主义愿景一样的目标。但他的实用主义使他不仅拒绝了毛的首选方法，而且冒毛绝不会考虑的与美国某种程度的密切交往的风险。邓将和平统一作为国家目标。他运用已与美国改善的关系作为借口迫使越南放弃在印度支那建立一个苏联式帝国的努力。他对美国领导的战争提供了重要援助以遏制苏联，例如，使中国作为在由沙特资助的、美国和巴基斯坦操纵的从阿富汗驱逐苏联的战争中的一个全面的合作伙伴。但最不同的是，邓大胆发起了中美之间的全面接触。他的动机就是要推翻毛泽东晚年的思想遗产并从根本上改变中国的社会经济秩序。

1981 年夏末，邓小平当着我的面说，如果 20 世纪的历史被撰写，那么毛的革命应被描述为中国真正革命（邓 1978 年 12 月亲自发起的）的前奏。但邓明确表示，他的革命是一场方法论革命而不是国家目标改变的革命。当然，邓推行的中国开放是 20 世纪末一个带有决定性意义的事件，它不仅对中国，而且对中国现在日益发挥决定作用的世界也是如此。它大大加快了中国民族主义目标实现的进程（统一、对外国干涉的可靠威慑、国际尊重和繁荣）。

台湾地区的主要反对党和中国共产党之间的党际关系在 2005 年的建立以及它们关于部分两岸政治谅解对话的开启扭转了台海的战争趋势。它们的互动是在用与 10 多年一直在进行的两岸经济一体化与文化和解平行的政治一体化的进程取代台湾的分裂主义。同时，在多次拒绝大量购买美国武器以避免与海峡另一边的大陆的军备竞赛后，台湾的政治高层明确表示，宝岛的精英们不相信他们与大陆之间的分歧可以或应该通过军事手段来解决。

北京的高层现在已把和平统一视为在日益明显的发展趋势里可能要出现的结果。重拾时间还在他们手中的信心已使这些领导人恢复了保持耐心和克制的意愿。当然，上一章对台湾与中国大陆其他地区分开的认同尚未进行深刻分析。中国领导人不排除他们不得不使用武力阻止台湾当局改变法律现状的努力的这种可能性。但他们认为，这种情况变成现实的可能性越来越小，而且在北京几乎没有人现在期望统一会涉及武力的使用。坦率地说，在此背景下，美国和日本对中国在台海的攻击性的担忧似乎正日益远离现实。

中国似乎决心投资现代化程度仍相对落后的武装部队以能够阻止他国的攻击，就像我们和中国的很多邻国在过去所做的一样。然而，关于中国应该或渴望成为美国的一个"势均力敌的竞争对手"的猜测不是由中国而是由美国炮制出来的。当然，威胁分析是美国所有防御开支的理由，并且美国人善于把两者结合起来。设想一个潜在的强大的高科技敌人对我们军工复合体宁愿制造的以及我们的军队喜欢使用的超昂贵的先进武器装备而言就是一次大的资金筹集活动。公平地讲，对"中国威胁"的传播者而言，中国还可能会效仿我们以开发攻击遥远的国家并对其使用炮舰外交的方式，或实际上两种方式兼而有之。但回到现实世界中来，中国迄今为止还未这样做，也未有确凿的证据显示它计划这样做。

这令我产生了中国努力在世界秩序中获得有尊严的领导地位的想法。在全球争夺政治地位的竞争中，中国目前是明显的赢家。除了德国和我们自己的国家以外，中国是最受钦佩的大国。这一钦佩源于中国自身的发展赢得使其主权得到尊重的巨大实力。中国在很大程度上是受欢迎的，因为它现在反对我们，它不赞成旨在改变其他国家国内政策的强制外交，拒绝人道主义干预的倾向并主张坚持国际法准则的遵守。 198

当然，在这方面有一个极大的讽刺。中国，一个长期存在鲜明的国家等级制度的亚洲国家，现在是对曾纯粹是欧洲关于国家主权平等的规定的最坚定的国际捍卫者。中华人民共和国曾明确反对我们和其他西方国家建立我们主导的世界秩序时所制定的准则，它现已成为这些准则的坚定捍卫者，而反对美国和其他西方国家对它进行重新考虑。我们有了新思想，但中国仍在采纳我们的旧观念。因为北京的全球影响在持续增长，所以我将不把赌注压在华盛顿当前的激进主义能战胜中国的保守主义上面。东风可能确实会压倒西风，虽然结果与毛主席想象的相反。

199 　　我认为，中国未来全球领导地位的最大威胁既不是其政治体制的弊端也不是美国抵制其崛起的危险。毛告诫，要警惕成功滋生出来的过于自以为是和过于自信转化成霸权主义的危险。中国的邻国与毛有共同的关切，中国在财力和权力上的崛起可能会激发霸权主义行为，因此，它们正密切关注是否会出现这方面的迹象。正如美国与外界最近的互动所强有力地表明的，这样的行为仅一点点就可能迅速疏远很多人。同时，只有视若无睹者才可能不会注意到当今中国过于自信的上升程度。美国的例子表明，一个自以为是的国家就是一个很多国家都将咒其倒霉而又几乎没有国家愿意追随的国家。

　　如果中国目前对外国人采取的极其灵活的恭顺政策由傲慢不逊取而代之，那么这是由于它在中国民族主义目标的实现中获得了巨大的成功，这一目标包括最终使中国重返它作为全球经济重心的历史地位的财力水平的取得。毛寻找经济成功捷径的错误努力在很大程度上是源自弗里德里希·恩格斯在《德意志意识形态》一书中思索的那种浪漫的幻想。它们是如此不切实际以至于俄国人能够有充分的理由指责他在追求"穿不起裤子的共产主义"。邓做出的中国走不同道路的鼓舞人心的决定不仅让中国人穿上了裤子，而且还配上了精美的夹克衫和漂亮的领带。不管你怎么称呼中国的制度，它现在获得了经济上的巨大成功，并受到国外资本主义世界的普遍称赞（和敬畏）。

　　在我看来，来自中国的经济成功的挑战，与其说在于其作为一个向世界各地出售商品的生产者的角色，不如说在于其最终成为世界最

200 大消费品市场的影响。这些包括，人民币将成为像欧元那样的代替美元的储备货币，并最终作为目前只用美元交易的能源和其他商品的贸易结算单位。它们还包括以下可能性：如果中国维持其显著的对外开放，承诺发展市场经济，不重蹈官僚控制经济的覆辙，那么它目前创造一个创新型社会的努力就会有效果，并且有可能取代美国在全球科技方面长期被认可的角色而成为新的领导者。但对这些另外的话题只能日后讨论。

　　中国长期以来一直在努力恢复其统一、主权尊严、国内安定和财

力。中国现在不仅仅是在改变自己，也是在改变世界。这也是毛主席一直希望达到的，不过他对它是如何发生的会产生厌恶之感并对它是如何推进的产生藐视之情。

中国的持续成功并非不可避免，但我们面临的来自一个成功的中国的挑战（以及中国自身面临的挑战）或许与我们昨天或今天关心的挑战完全不同。

中国在什么方面会步入歧途？[*]

2007 年 6 月

  拉蒙特勋爵请我考虑一下中国在什么方面会步入歧途的问题。我的结论是：首先，中国是一个还存在不足但你根本不想去管理的好地方；其次，它的很多方面可能会步入歧途，需要强调的是，它的某些方面将会如此，但大多数方面不会；最后，我们更希望中国的事情能正确推进，并且我们不会把它推进到形成敌视我们的态势。这就是我的几点总结。下面我详细谈一下。

  拉蒙特勋爵的问题是一个极为重要的问题。到现在为止，一种普遍的现象就是 21 世纪所发生的事情将在很大程度上由中国和印度的发展来决定。它们正在恢复曾经拥有的财富和权力，这一次，在全球化的环境下几乎不会面临经济或文化障碍。

  许多因素表明，要对印度的复苏前景持谨慎态度，尤其以下几种情况不容乐观，例如，不受抑制的人口增长、民间对立和分裂倾向；受过高等教育的富豪与目不识丁的农民和无产者之间日益扩大的差距；官僚主义；与巴基斯坦的核对抗；易受气候变化影响的脆弱性等。

  相比之下，对中国的前景持乐观态度就是很容易的事。也许是太容易了。

  毕竟，近 30 年时间里，中国一直处于真正的、显著的经济和社会转型期，这使中国享有了近乎连续不断的国内安宁。它已成为世界最

---

  [*]　2007 年 6 月 23 日在华盛顿樽境集团（Le Cercle）发表的演讲。

大的经济强国之一。中国终于开始建设作为现代国家的法律和制度基础。人民共和国逐步开始实施党和国家领导层的有序更替。它正在形成一批技术官僚精英并产生了数量庞大的拥有财产的中产阶层。中国公民享有自由的范围在不断扩展以至于他们可以做出规划自己的人生、出国旅行及尝试突破常规的想法和意见等决定。曾以"低科技"武装的人民解放军现在正增强其日益现代化的捍卫中国主权、领土完整和国家利益的能力。中国正在向太空和海洋强国迈进。全世界都在注视着它。

世界曾一度担心中国的治理不善将会导致其崩溃，现在，人们担心中国不断增长的实力可能会导致其扬威耀武。中国的事情在过去30多年多半都能特别正确地向前推进的事实却并不能保证它们在未来几十年也是如此。中国的事情一旦步入歧途，对我们所有人的影响可能真的是非常大的。事实上，即使它们继续正确向前推进，情况也可能如此。

首先，世界无法按照我们确定的方向再承受另一个自我放纵、利用信用卡融资的消费社会的出现。除此之外，鉴于人口规模，一个效仿美国的中国将有11亿辆汽车行驶在路上，进口的石油将比整个世界现在消耗的还多，排放的温室气体居世界之首并每天产生75亿磅垃圾。就像我们国家一样，也要考虑中国决定通过军事主导地位和先发制人的干预来寻求其国家安全的影响。在这些和其他方面，一个具有目前美国特征的未来中国的意图是令人不安的。

许多美国人由于中国固执地坚持以自己而非我们的方式行事感到沮丧和烦恼。不过对我们而言，可能会发生的最糟糕的事情就是成功说服中国变得同我们一样。相反，美国人按理应当与我们的跨大西洋和太平洋的盟友以及与中国有革新思想的人共同努力以帮助他们避免我们的最有害的做法，正如我们自己纠正这些错误一样。在这方面，一个强大的中国可能追随我们寻求免受国际法和国际礼让的限制的前景是对我们都应坚持的包括我们自己国家在内的每一个国家接受并遵守与他国关系的同样的行为准则的责任的提醒。

202

当然，一个真正强大的中国并不是不可避免的。尽管中国在过去10多年取得了相当大的进步，但它的政府收入仍太少，而且其行政部门过于软弱和随心所欲以至于难以承担一个现代国家的所有责任。中国各级政府今年的总支出（虽然几乎是过去10年平均水平的6倍）将仅占其GDP的20.8%（相比之下，美国的政府支出相当于GDP的36.4%，英国达到44%，高出中国1倍多）。况且中国没有太多的周旋余地。这在很多领域已经非常接近危险的边缘。中国仅有世界1/14的耕地，但它必须要养活世界1/5的人口（中国烹饪提倡使用在别处被认为不可食用的原料没什么值得惊奇的）。

经济发展中的这一巨大和政治上令人不安的失衡已经出现在中国。该国一些地区的人现在享受着相当于欧洲的富裕的生活水平，而其他地区的人们仍然过着世界上最原始和最贫穷的生活。在农村地区，有数以亿计的人正试图向具有狄更斯作品中所描写的艰苦生活条件的城市转移，这些条件刺激犯罪并引发社会动荡。中国有100多个城市拥有百万或更多的人口。其中，每个城市如今都有不断增加的、充满了来自农村的移民的贫民区。

除了拥有世界上最多的人口，中国还拥有超过世界上1/2的生猪和超过1/4的家禽。它们与特别密集的人群的接触使中国人（并且最终是其他所有人）不断遭受新型的和常常致命的疾病的交叉感染的风险。

与此同时，中国很大程度上不受管制的经济发展正在对其环境造成巨大的负担。在某些方面，中国的环境或许已经达到自我维持的生态退化阶段，出现了未来无法修复的可能性。中国几乎90%的水源被污染，甚至在森林砍伐、过度使用和气候变化引起的青藏高原的降雪减少等因素的共同影响下正在干涸。环境问题如今是引发中国大多数的公共秩序混乱的诱因。

中国有正在迅速老龄化的人口，却没有用于养老、医疗保险，以及他们的长辈和子女所需要的社会保障网络等方面的保障资金。中国独生子女家庭的每个孩子（大多数仍然是）必须准备在双方父母和多

203

达四个祖父母的有生之年尽赡养义务。其结果是形成了世界上最高的个人储蓄率，对国内经济需求的抑制，对出口维持增长的过分仰赖及由此产生的对像我们自己一样的国外主要经济体的经济失误的影响的易受牵连性。

中国共产党的命运现在取决于它的执行能力，即它必须具有满足日益增长的期望以及解决城乡收入差距不断扩大的问题的能力。这些任务中的任何一个的失败都有可能使共产党丧失权力。然而，中国的政治秩序除了中国人民曾长久遭受的无政府状态外没有给共产党提供任何选择余地。

紧接着就是确保国家安全的挑战。中国人始终牢记他们的国家在19世纪和20世纪曾遭到西方和日本帝国主义的侵略。在人们的记忆中，3000多万中国人丧生于漂洋过海而来的日本侵略者的手中。中国在陆地上与14个国家接壤。自人民共和国1949年成立以来，它就已经面临了在朝鲜与美国为首的联合国军、在喜马拉雅山与印度陆军、在亚洲腹地与苏联红军及在印度支那与越南共产党和美国军队的有限战争。中国自身仍然由于尚未完成的内战而处于分裂状态，在这场旷日持久的内战中绝大多数强大的外国势力声称要为维护残余政权的权利而进行干预。

所有这一切意味着，如果你想努力管理好中国，即使你脑海中思绪万千，也不要有与外国人挑起战争的倾向。不足为奇的是，中国领导人一直把维护一个和平的国际环境作为其外交政策的重要依据。他们想要在国内发展上取得成效而不是使中国卷入国际事务之中。

中国是伟大的战略家孙子的故乡，它非常重视他关于不战而屈人之兵的主张。虽然中国为了政治影响一直在准备使用有限的力量，正如1962年对印度、1979年对越南使用力量一样，但是北京的强烈偏好一直是主张通过谈判而非军事胁迫来解决边界和其他争端。在过去的10年里，此方法已经取得了对香港和澳门行使主权的和平重获、与俄罗斯和越南的陆地边界划分、与新独立的中亚国家的边境问题的解决，

204　以及与印度（唯一仍未解决的边界争端）朝着商定解决边界问题的方向上前进取得重大进展。中国正在悄然追求用同样的方法解决其与东南亚国家、韩国和日本等邻国的海洋边界问题。

最近中国国防预算的大幅增加与这种把重点放在靠战争以外的手段实施对国家安全的管理的方式并不抵触。当然，军事开支是一个国家预计不得不依靠使用武力确保国防安全和实现外交政策目标的程度的一项重要标志。在对人民解放军的资金支持经历了一段长时间的停滞之后，中国近期的国防预算的增加的确引人注目。尽管大量资金已被用于拖延很久的提高薪酬待遇方面，但它的净效应正如所预期的那样应是之前非常落后的军事设施的快速现代化。但是，从适当的角度来看，我们必须认识到，中国政治经济其他要素的现代化甚至要快于人民解放军的现代化。令人印象深刻的是，中国国防预算的增加甚至要落后于中国非军事项目和活动的预算的更快速和更大幅度的增加。军队在中国的预算编制中像现在一样还未占首要地位。

当然，正如通常所说的那样，中国官方的国防预算确实不包括所有军事和与军事相关的支出。这听起来令人震惊，直到有人回忆说，这在其他国家不算稀奇。例如，美国官方国防预算为4994亿美元。媒体通常使用这个数字报道我们正在把我们的国内生产总值的3.6%用在我们的军事开支上。在联邦预算的其他部分中与防务有关的开支至少另外还有4355亿美元，因此，预计本财政年度的军事或与军事相关的开支至少达到9350亿美元。加上我们用在仍然不公开的情报上的开支，这一数字甚至将升得更高。事实上，9350亿美元已占我们的国内生产总值的6.8%而不是3.6%。

中国军事相关的国防预算外开支的比例实际上似乎比美国稍微少一些，不过，没有人（甚至包括人民解放军自己）能够提供这方面的可靠数字。为了讨论的方便，如果中国军事相关的预算外支出的比例与美国的一样高，那么中国的国防开支可能会高达840

亿美元①（大约比中国官方预算的 450 亿美元多 390 亿美元）或约占国内生产总值的 3%，可与国防预算本身暗示的 1.7% 进行比较。当然，镜像思维并不是一种应当被建议的推断国外现实所使用的方法。但它足以说明两点：第一，北京的预算优先考虑的仍是国内发展而非军事；第二，中国在国防预算增加上的理由还不如其他国家对国防支出的危言耸听者声称的理由引起的关注大。

205

尽管人民解放军的现代作战能力得到迅速提高，但中国的国防开支仍然不高。按相对价值计算，它还远远不到我们的军事开支所占国内生产总值的比例的 1/2。当然，我们的国内生产总值也比中国的大得多，因此，按绝对价值计算（按名义汇率计算），我们在防务上的开支要比中国的高 10 倍多。中国还只是一个暂时不构成威胁的竞争对手。它与我们根本就不处在同一个军事级别。

但预算并不形成能力，能力（不是花费多少）是指制定战略和实施作战的能力。在这方面，鉴于中国的军事现代化的规模和速度，它显然招致了其他国家对它的特别警惕。对美国和中国的邻国而言重要的是了解中国正投资于什么样的能力而不是去了解一群受过更好的教育的和更专业的军官和士兵。难道中国军费开支的走向暗示了委派给人民解放军的角色和任务在未来 10 年左右将发生转变吗？

实际上，中国军队正在进行现代化的方式似乎完全符合其传统的角色和任务。中国仍将进行系统的努力以获得必要的阻止台湾分裂出去或阻止美日军队返回该岛的能力。这就涉及要增强对台湾造成极大损害的能力，或者对任何想要进行干预以便台湾获得"独立"的企图免于军事打击的外国势力造成这样的损害的能力。没有人能够认同一种由中国开发的显然与此任务或与中国其他的陆地或海上边界的安全无关的武器系统或政策主张。

因此，中国国防现代化的努力是令人印象深刻的，但远远低于战争动员的需要。中国无法接受相互毁灭的逻辑思维。它的核武库正在

① 截至 2007 年。

升级，但仍表现得过于谨慎。中国并不是在设法获得赋予美国军队远程作战的无与伦比的能力的战略提升、轰炸机群、航母编队、两栖作战系统，或指挥、控制、通信、情报、预警和侦查能力。

当然，在美国有些人也希望中国继续建造航母、发展核潜艇舰队及其他的全球力量投放方式。如果没有来自中国的这样的威胁，为我们开发的、与苏联作战的巨大力量格局和国防工业基地永存的辩护就将越发困难。在美国的官僚和学者当中一直存在很多选择性的倾听情况，因为他们不理睬中国人对中国正在做的事情的解释，并用他们自己的猜测来代替这些解释，或对为了能够获得全球霸权与我们对抗的中国应该做的事情进行推测。但是，没有必要处心积虑地对其预计结果完全符合中国所主张的更为有限的现代化规划目标进行捏造，并做推测性解释。根据奥卡姆剃刀原则，一切事物都是平等的，最简单的解释几乎总是最好的。

当然，若有证据表明北京没有试图效仿苏联的不惜牺牲一切寻求与美国相同的军事实力的努力，那也不能由此推断中国的军事快速现代化不再是令人担忧的问题。中国军事实力的增长除了保持在台海的影响外，它也正在改变中国与包括日本、俄罗斯、印度、印度尼西亚和澳大利亚等在内的地区大国之间的军事平衡。除了对自己在 21 世纪应该发挥什么样的安全角色似乎充满困惑和不确定的日本以外，该地区正在顺其自然地适应这些变化。但它们对美国特别具有挑战性并充分证明了美国对其高度关注是合理的。毕竟，中国是一个巨人。唯一一个与中国在经济、文化和军事的规模和实力方面相匹配的太平洋国家（也许是世界上唯一的国家）就是美国。

在过去 60 年的大部分时间里，美国一直凭借其军事力量阻挠中国通过使用武力把台湾与中国其他地区重新合并而终结中国内战的努力。对中国而言，最重要的防卫任务长期以来一直是通过对台湾施加足够的军事压力以使其认真地思考政治和解并抛弃与中国其他地区永久分离的幻想的对领土完整的维护。中国目前的军事现代化在很大程度上旨在获得相对于台湾的军事优势，这一优势要足够强大以使该岛不敢做出大陆需要被迫使用武力反对它的决定。由于美国利用自身的影响力更加公开地支持台湾以努力平衡中国不断增长的能力，所以中国越来越关注如何应对美国的干预。尽管中国和美国都不想要战争，但是它们都在忙于拟定与对方的战争的应急规划。

台湾问题使中国的民族主义和中国政府的合法性与台湾的身份政治和美国的国家荣誉感之间展开了较量。它仍然是未来中美武装冲突的唯一一个可以想象的原因。对这种风险的一种共同的认识已使北京和华盛顿在阻止台北不要做出可能引发冲突的草率决定上产生了共同利益，但哪一方实际上都没能阻止台北做出这样的决定。

台湾地区和中国大陆地区分裂或者统一的问题所带来的战争将不是一件小事。它可能很容易升级到中美之间的核战争或旷日持久的全球冲突的程度。无论台湾的地位最终如何，它的民主和繁荣都将被摧毁。

幸运的是，台海呈现的长期趋势是两岸历史遗留问题和平解决的前景正在强化。战争的危险因此在下降。但是，我们今天在座的欧洲朋友需要了解台湾问题对美国和中国有多严重。美国的盟友和中国的朋友同样必须谨慎行事以防它们的行为或许会影响到它。除了对台失策可能招致极其灾难性的后果，中国的发展还可能受到只是间接地与我在开始时提到的那些问题相关的几种可能的情况的阻碍。我不希望这其中的任何一种情况发生，但是它们是值得思索的。在这些需要防范的消极的可能性中，我挑选以下四种情况进行分析（排序不分先后）。

首先，全球经济的萧条或中国货币和资本市场改革的失败。

人民币价值被低估已使中国过度依赖出口来实现经济的持续增长以维护政治稳定。不过，尽管中国积累了一些外汇储备，但世界一直在用币值高估的美元及美元债务工具玩美国轮盘赌。这是一场坚持到最后的博弈方却拿到了满口袋贬值的美元的博弈。美元突然崩溃的风险虽然在正式的场合很少被提到，却是所有博弈方思考的问题。全球经济衰退的影响将是严重的。对于中国政府及其改革策略而言，它们可能会造成严重的后果。

因此，中国不必犯被击垮的错误。中国、美国和世界还仍未开辟一条确保经济持续健康发展的币值调整和国际货币体系改革的路径。美国参议院就人民币的改革进行了一场激烈的辩论，但中国仍被排除在一些全球主要的处理这些问题的机构之外，所以，我们怎么能充满自信地解决这些问题呢？

另一个相关的问题与中国小投资者的自我毁灭的冒险本能和中国新建立的股票市场的波动有关。总的来说，中国资本市场和金融体系的不成熟会使经济向着不健康的方向倾斜。这是对中国努力发展创新型社会的拖累。它也给国家稳定带来了风险。具有 19 世纪特征的中国市场崩溃以及随之而来的普遍失业和动荡是可以想象的。无论什么原因的经济发展停滞都可能会严重削弱中国国内对经济的持续改革和开放的支持。反过来，它可能对全球经济前景产生非常不利的影响，并可能对那些既不清楚中国向何处去也不关心中国如何的国家的生计带来损害。

其次，中国未能获得充足的维持经济持续增长的能源和原材料。

世界在适应中国作为多种自然资源（首先是铁、钢、铝和铜等，其次是整体能源消耗）的最大消费国的异军突起上遇到了困难。这个问题的另一面是，中国发现难以找到更多的满足中国蓬勃发展的经济所需要的原材料。人民币的稳步升值将有助于减少成本上涨的影响。但是，由自然或人为灾难导致的航运中断或对能源和原材料进口的严重限制都可能使中国经济一蹶不振——与全球经济崩溃或股市崩盘的很多相同的政治影响一样。

而且，不可避免的是，作为一个投资于全球矿业和化石燃料勘探和生产的后发国家，中国必须从已建立的（主要是西方的）矿业和能源公司那里寻求所缺乏的原料来源。这已经是在吸引中国进入西方一直试图用制裁和封锁来孤立的那些国家。由此产生的西方对那些国家影响力的减少增加了西方与同时对其影响力正在上升的中国之间的摩擦。

再次，中国民主化尝试的失败可能产生的困境。

中国对缺乏法治传统或没有相当数量的中产阶级的地方（如原南斯拉夫地区、伊拉克、俄罗斯和高加索地区）快速引入民主的尝试进行了密切关注，结果发现，这不仅造成了社会动荡，引发了民族分离主义、宗教冲突和内战，而且还导致了盗贼政治或独裁统治的发生。因此，中国在改革自身的政治体制问题上不可能不谨慎，虽然其新兴的中产阶级要求，其领导人也认识到，中国必须进行政治体制改革。

但值得注意的是，这种政治转型的管理不善所带来的风险会威胁到大中华地区的令人羡慕的政治、经济、文化多样性，同时也会威胁到中国人在国际问题上的负责任行为。在这种风险背景下，如果每个公民被过早地赋予这样做的权利，那么他可能会提出以下问题：

● 为什么香港和澳门不应该像中国的其他城市那样必须向中央纳税；

● 为什么少数民族应该继续免受大多数人认可的有必要限制人口增长的独生子女政策的制约；

● 为什么中国应该在其试图解决海上边界的问题上与较弱邻国之间达成妥协；

● 为什么中国不应该在台海利用其日益增长的军事优势来彻底解决问题；

● 为什么政府政策不应该更加充分地反映民众对轰炸中国驻外大使馆、调派间谍机在中国海岸进行挑衅性巡逻、向台湾出售武器或美化否认侵略历史的外国政府的愤怒情绪。

虽然民主化或许是值得称赞的，但没有人声称它会增加稳定。我们现在有很多它可能会导致严重不稳定的证据。

最后，存在某种与高涨的民族主义情绪有关的危险，民族主义者可能会对已被察觉到的来自美国或日本的侮辱做出过激反应。

我们根本没有意识到包括我们的政治领导人在内的美国人每日是如何通过话语来对他们进行侮辱的：诋毁中国的合法性，表达对中国政治制度的蔑视，谴责中国领导人是"邪恶的共产党人"，禁止中国人——因中国并不代表一个民主国家——参加国际会议，认为

209

中国人具有邪恶的意图，指责中国人是不应该被允许从我们这里进口技术的当下或潜在的敌人等。从中国人的角度看，与美国打交道现在是一场不断在克制上的锻炼，必须避免可能使该国与言辞上犀利和军事上咄咄逼人的对手陷入零和博弈困境的争吵和较量。尽管应当给予我们的日本盟友应有的最大尊重，但有时候他们似乎比我们更加充耳不闻，也不如我们更加善解人意。

我们对中国人的无端指责使其国内产生了强烈愤慨，但它们还在这个务实但更骄傲的民族中积聚了恶意。尽管双方领导人的意图是好的，但一次严重事件的发生就可能导致两国关系破裂，愤怒的谴责就会如同山洪暴发，卷走中国与我们合作的意愿。我们或日本人对抗中国的最好办法就是正视这位对手。在某些方面，我们都处在接近危险的边缘。

坦率地说，我仍然对中国和中美关系的前景持乐观态度。我不期望出现上述任何场景。中国拥有丰富的人力资源和自然资源。中国既不排外也不反对当前的世界秩序。中国的国内政策环境不仅总体向好，而且它还在继续努力以使之进一步完善。中国人民在精心培育创业文化，没有表现出对变革的惧怕并愿意从错误中汲取教训。

中国领导人迄今一直忙于管理人类历史上前所未有的规模的转型的巨大挑战。总的来说，他们很可能是这个星球上最有经济素养的领导者。政治上，他们为避免草率行事而展示了一定程度的自我控制、意志坚定和品性宽容的精神。我们有理由期待他们会继续这样做。

因此，虽然设想中国最糟糕的事情（也是我今天被请求做的事情）是个很撩人的话题。但在此我不给予预测。相反，考虑到最糟糕的事情是突出强调整个世界所拥有的极大的风险，应通过鼓励中国的持续成功有效避免它。如果因为假设最糟糕的事情而弄巧成拙的话，那更为有害，因为还要表现得好像这种最糟糕的事情是不可避免的。悲观情绪都太容易变成自我实现的妄想。

中国将如何投资其资源，其发挥影响力的是什么，这些仍然尚未确定。通过鼓励中国按照在共同利益中实现其日益增长的财富和权力的方式行事，我们之间就会实现双赢。我们不打算做这些事情，或者用怀疑和敌视来接近中国人，或者尽情享受可能面临的失败前景。中国的持续成功将使全世界受益，而一个处于困境的中国则正好相反。

第八章

美中关系与新兴的世界秩序

美国汉学家是把中国作为一个东亚国家进行重点研究的，但它当然也是个中南亚国家。随着中国国际影响力的扩大，美国必须学会与中国在不断拓宽的政治经济领域和战略领域打交道。在本章的三节里，我将思考这些互动现在和未来可能的演变，并以对美印在这一背景下的战略互动的一些观察作结。

在第一节，即《中国对美国霸权的挑战》，我分析了中国是否可能取代美国成为占据主导地位的全球大国或加入美国的全球霸权之中的问题，正如其他一些大国所担心的那样。在第二节，即《美国、中国与全球新格局》，我思考了在美国主导的二战后国际秩序不断衰退的情况下中国崛起的含义。在最后一节，即《未来战略时代的印度和美国》，我力图把印度的崛起与中国的崛起联系起来以评估地区和全球秩序的前景。

在线档案资料

如果想了解布什政府对中国与其他地区（如欧洲）的关系及其发展方式的政策的一些影响，可以点击阅读《跨太平洋视域下的中美关系》，参见网址：http：//bit. ly/interesting – times。

中国对美国霸权的挑战 212

2010 年 1 月

据说拿破仑曾预测，一旦中国从沉睡中醒来，它将会"震惊世界"。虽然这个小伍长①的很多预言都未被应验，但他对中国的这一预言似乎是应验了。短短 30 年，中国就已从软弱和落后上升到全球事务的领先地位。今年它将成为商品和服务的第二大生产国，这是大约 5 年前被预计的只有在 2020 年才会发生的事情。中国显然正走在恢复其历史地位进而取代美国成为世界最大的经济体的道路上（中国经济的持续快速增长、其他地区增长速度的放缓及人民币的渐进升值可能比很多人预想的要快得多）。中国财富和权力的前景加上美国政治和经济声誉的下降，已导致出现了越来越多的有关中国作为与美国分庭抗礼——假以时日或许会超过美国——的全球霸权的猜测。

在不久前的冷战时期，世界秩序是由作为两大阵营霸主的苏联和美国之间的关系来决定的。一些学者回顾此事是为了预见两极世界会再度出现，其中，美国和中国会在这个所谓的"两国集团"（G2）中行使联合领导权。苏联解体后，已没有任何竞争对手可以撼动美国的领导地位。美国（其军事上的开销要比世界其他地区的总和还要多）在全球的各个地区都享有绝对的军事优势。一些人把中国想象为（美国的）全球主导地位的一个"势均力敌的竞争对手"（peer competitor）。

---

* 2010 年 1 月 20 日在英国伦敦全球战略论坛上发表的演讲。
① 拿破仑一世的绰号。——译者注

自 1974 年邓小平在纽约联合国大会上演讲以来，中国一直在竭力否认任何寻求这种优势地位的可能性。正如去年的中国国防白皮书所指出的，"不论现在还是将来，不论发展到什么程度，中国都永远不称霸，永远不搞军事扩张"。不经意间，中国的说法与 19 世纪和 20 世纪初美国的孤立主义如出一辙。美国那时既不寻求主导或控制国际体系，也不寻求在远离本国领土的地方以武力解决问题。不过，为了对有关事件做出应对，美国及时放弃了这两种做法。

为什么在所有国家当中仅中国感到有责任声称它不渴望获得地区或全球霸权？这种宣传仅是为了达到把北京与勃列日涅夫的莫斯科或当代华盛顿的军国主义区分开的目的吗？那是对中华帝国过去在东亚地区的霸主地位的悔悟和抛弃吗？还是对后世中国人不要（即使有权力这样做）欺侮其邻国或世界的真诚忠告？如果是这样，中国有使其领导人相信他们必须做出特别的努力来抵制根深蒂固的霸权冲动的一些独特的东西吗？

这是一个提得很及时的问题。中国在长达两个世纪的落伍后又开始重返世界舞台。中国对其能恢复昔日的霸主地位充满自信，认为这是事物的自然秩序并在 21 世纪就会实现。与其他具有短暂历史的崛起的大国（法国、美国、德国、日本和苏联）的比较无助于预测中国崛起的后果。中国没有可出口的弥赛亚式的①意识形态；没有可发展的"天定命运"论；不信仰社会达尔文主义，也不推行领土扩张原则；不崇拜推动军国主义或美化战争的勇士；没有被排除在当代全球治理之外；没有需要驻守的卫星国；没有需要保护的海外殖民地或意识形态的附庸；没有跨越边境的力量投放，没有军事干预的历史，也没有盟国或海外基地。

中国关于其国家利益有一个极具说服力的阐释。它指出，只有在国内安宁和边境祥和的情况下，中国的国防现代化和经济、社会发展才能持续进行。它非常认同这种确保和平与经济增长实现的多极的世

---

① 救世主式的。——译者注

界秩序。但任何与中国人有过谈判经历的人都可以证明，他们具有一种傲慢和急躁的倾向。这样的一些行为似乎在上个月的哥本哈根会议上就被领教了。一个更加强大的中国在未来如何塑造自己在一定程度上由受自身历史影响而形成的中国现实决定。但中国的行为也将影响包括最显著的当今霸主美国在内的世界其他地区随着中国的崛起如何反应，以及如何与其展开互动。未来中国人的行为与中国国内政治的特性是不可分割的。

无论中国关于其在未来不追求霸权或从事军事扩张主义的保证的意义是什么，我们都不能确定它不会。我们有足够乐观的理由，特别是关于中国军事力量的使用方面。总的来说，中国一直以其谨慎、防御和内向型的国家安全的态势而著称。长城和 1437 年明朝船队的摧毁一样都是此种态势的象征。尽管中国在军事技术和战争上的辉煌创新历史在一定规模上与其庞大的人口数量和巨大的面积是相称的，但是中国的战略传统强调，兵者不祥之器，不得已而用之。

当战争以外的手段不足以保障其边境安全或战略利益（正如在朝鲜、印度和越南那样）时，中华人民共和国使用了武力，但是，与印度在果阿和印度尼西亚在东帝汶形成鲜明对比的是，它通过几十年所坚持的外交手段解决了香港和澳门问题，没有发生流血事件。北京表现出了类似的以谈判而非使用武力的原则来解决台湾问题的倾向。海峡两岸的紧张局势正在减轻。令人欣慰的是，中国一直坚持联合国授权其旨在维和与打击海盗的海外军事活动。

不过，中国在这一特殊的历史时刻正在进行军事现代化。对手苏联的解体使美国拥有了全球绝对军事优势。没有反复讨论，它就已接受了不惜一切代价维持这一优势的新保守主义议程。但中国日益增长的国防能力削弱了美国的霸主地位。中国新的反航母武器在危及美国在西太平洋的力量投送能力，其反卫星计划在危及美国的全球侦察和通信能力，它日益增长的网络空间战同样威胁着美国政府运作和其本土经济。上述这些不仅对美国霸权而且对美国的核心利益形成了严峻挑战。美国政策已经开始做出回应。

其结果是，尽管台海战争的前景日益暗淡，中美军事关系却深陷困境之中。中国将坚持不懈地努力实施对美国威逼的有力回击。美国不会很快放弃其对在任何地方保持绝对军事优势的迷恋。对霸权的适度追求将使美国在保留与在其任何冲突中占上风的能力的同时，也会允许美国适应一个更强大的中国。就目前情况看，中美之间日趋明显的军事对抗的可能性较大。

这些固有的紧张局势，连同双边有利于中国的巨大的贸易失衡所产生的日趋紧张，是美中两强像所谓的两国集团一样的垄断思想可取但不可行的原因，事实上它也不可取。况且，世界经济即将要看到美国在20世纪的主导权的转移。中国将加入美国、欧盟和日本的行列，成为世界经济的另一个中心。印度、巴西、俄罗斯和20国集团的其他国家将紧随其后。可以预料，未来世界不是一两个国家的霸权，而是与其相反的经济权力的多极均势。

当然，虽然中国面积很大，但它也像日本一样是一个靠自身的资源基础不能更好地维持其数量庞大的人口生计的国家。中国是很晚才寻求利用原材料发展新兴产业的国家（印度也是如此）。中国在维护对贸易和投资开放的全球经济秩序上具有重要的利益。中国现在已融入到了其必须不断地对主权平等——无论大小——国家做出贡献的多边组织之中。所有这些就是要遵守作为一个"负责任的利益攸关方"的本质的国际惯例。它使中国人民银行行长周小川于去年春季给出了最慎重的建议：最好是对美元下跌进行管理以使美元继续发挥可持续性的国际作用而不是让其崩溃。

但是，美国疏于和独立的权力中心打交道。在过去的20年里，美国一直是无可争议的全球霸主。在那之前的40年，它是被誉为"自由世界"的国家集团的不可或缺的仲裁者。美国的政客们不习惯于与其他国家通过多边协商来制定政策。北京也不擅长这种方式，但它似乎比华盛顿更开放。美国在已穷尽所有的选择之后，它将一如既往地做它所必须做的一切。但这将需要时间并使美国进一步失去声望和影响力。与此同时，中国的全球影响力将会增强，特别是如果北京保持其外交官被世人所知的谦逊和能力而不是其国内的一些官员日益表现出来的傲慢自大的话。

中国共产党已给普通民众带来福祉，这就是其享有他们的支持的原因。86%的中国人认为他们的国家处在正轨上。中国人看到了其政治经济在有效应对金融危机及其后续不良影响方面的优越性的证明。他们的政府政策迄今通过提升长期的经济和知识竞争力的计划成功地维持了高速的经济增长。与华盛顿应对危机的混乱和自我放任形成了鲜明的对比。美国人迄今为止已采取必要的收缩政策以使其政府财政恢复稳健或扭转其国家人力和物力资源的严重衰减局面。经济衰退连同对外战争和与伊斯兰世界关系的持续恶化一起成为加速美国衰落的因素。

中国似乎必定要摆脱经济危机而成长为一个更大、更具竞争力的经济体。独生子女政策下出生的一代人正在成熟起来。他们比其节俭的前辈更倾向于消费。由国内消费驱动的比很多人想象得更快的增长转变似乎在预料之中。中国进口现在上升的速度要比其出口快得多。它的国际收支顺差规模虽然仍将较大，但比 2009 年下降了一半。持续的经济增长、与亚洲邻国关系的深化和币值正在上升的人民币的逐步国际化为中国在未来几年实现国内稳定和获取更高的国际地位奠定了基础。 216

因此，中国目前的自满情绪是完全可以理解的，但它掩盖了中国政治体制的潜在弱点。假如经济停滞，没有政治体制改革的中国很容易面临政治动荡。如果中国没有法治，北京的话语就将受到国外的质疑。尽管中国获得了经济成功和日益增长的国防能力，但只要不成功发展出一种有吸引力的政治体制，其国际影响力就仍将有限。那不是不可能，它或许会这样做，但目前没有证据表明它将这样做。

中国关于美国正试图利用其军事优势压制中国的认知能够激起北京做出把美国从全球主导地位逐出的努力。鉴于持续存在的两国国力悬殊，接下来的竞争将是一场漫长的竞争。其导火线可能是美国在中国近海采取的军事行动或因台湾问题而衍生的某种突发事件。这不太可能，但不幸的是，这并非不可想象。

例如，正如我讲过的，中国正积极考虑如何对美国施加有效的压力以使其停止对台军售。中国希望华盛顿遵守罗纳德·里根的承诺以限制和减少此类销售来换取北京与台北和平解决其分歧。对选定的美国企业（仿照美国国会强加给向国外出售令其反感的物品的中国企业的做法）实施制裁显然是中国领导人做出的一个有力回击。在目前的经济环境下，中国做出的任何此类举动都可能引发不愉快的对峙并遭到可能掀起一场贸易战的美国贸易保护主义的疯狂报复。我认为势态不可能会发展到这种程度。然而，如果不出意外，北京和华盛顿误判的可能后果将使全球产生对双方关于继续谨慎管理中美关系的关注。

重要的是，美国应正视中国的本来面目，不能一厢情愿也不能杞人忧天般地看待中国。在 1943 年，富兰克林·罗斯福总统宣布，中国"已经成为世界上伟大的民主国家之一"。当然，这是无稽之谈。但是，我相信，认为中国是一个新兴的反民主霸权的认知也是如此。未来最有可能的局面是，中国与美国还有其他国家共同主导一个多边的全球治理体系。在这样一个寡头政治秩序中，中国将享有巨大的威望，但不会像目前的美国这样享有垄断权。

美国已丧失了其全球政治霸主地位。由于我刚才提到的因素，中国既不愿意也不能够成功获得这个角色。英美金融模式因最近发生的事件而遭受重创，但其他的新模式还未形成。似乎可以肯定的是，无论什么模式都将由很多国家参与设计，而其中必包括中国人。美国的消费不再是全球经济的唯一驱动力。中国市场已在维持全球经济增长中发挥了重要作用。但是，中国并不是唯一一个正在崛起的经济体。在全球贸易和投资的一些领域，中国将是一个主导因素；在其他领域，它将不会如此。在军事领域，即使财政限制迫使紧缩，美国在未来的很多年里仍将是具有全球影响力的唯一国家。

美国人将发现，很难适应一个我们在所有领域不再是全能的世界。但我们是一个灵活和有弹性的民族，一个能够并将适应变化的民族。无论是我们还是中国人都将不会停止对国家利益的追求。在很多情况下，这些观点将或多或少地吻合。在这样的问题上，如果别人同意，就将会呈现全球性的进步。我们也将会在其他人的压力下在我们不一致的地方寻求共同点。我们哪一个都不会如此强大以至于我们可以忽略这样的压力。

总之，未来的世界将更加民主，并且有可能比过去更加混乱，因为不仅是美国和中国，还有很多国家将分享权力。与华盛顿和北京建立信任关系的国家将有充足的机会来影响它们如何参与全球事务。世界将不会产生霸主，也不会形成两国集团。

美国、中国与全球新格局 *

2010 年 11 月

当中国人和美国人现在相遇的时候，我们应当讨论我们之间不断变化的平衡，这是再自然不过的事情。的确存在经济和军事权力的相对转移。那不比很多人想象的深刻。更重要的是，当我们彼此都沉浸于我们的双边互动时，美国人和中国人常常未注意到对我们双方具有更深远影响的一系列变化。我们在国际格局大框架内开展我们各自的外交政策，目前的这一格局在很多方面正在发生改变，这需要包括中国和美国在内的世界所有大国在战略上做出相应的重大调整。如果被承袭的战略不进行实质性和进一步的调整，它就不可能适应新的环境。全新的策略可能是更适合和更有效的。二战后的情况就是如此。美国那时勇敢地应对地缘政治变化的挑战，但它现在未做出类似的反应着实让人吃惊。

美国已在很多领域无能为力或已放弃了其过去作为世界政治经济秩序的最终仲裁者的地位。没有其他国家（当然中国除外）显示出有承担这个角色的任何迹象。在未遭反对的情况下，地区大国正在填补美国全球霸权在地区乃至全球层面留下的政治真空。如此一来，它们正在重新打造地区秩序以满足其利益而不是美国、欧盟、中国或其他外部力量的利益。它们也开始支持彼此管理在其各自所在地区关心的事务的努力。一个恰当的例子就是巴西最近对土耳其外交干预伊朗核

---

* 2010 年 11 月 10 日在中国江苏南京的霍普金斯—南京中心发表的演讲。

问题的支持。

陷入僵局的世贸组织"多哈回合"谈判在 2008 年的最终破裂加速了朝着通过区域性而非全球贸易协定的贸易和投资的自由化的趋势的形成。你们可以在亚洲清楚地看到这一趋势。截至今年，亚洲经济体已签署了 55 个自由贸易协定。它们正在谈判 82 项双边补充协定，其中的 4/5 是与该地区以外的国家进行的。同样的事情也正在其他地方发生，正如南方共同市场的发展和南美洲国家联盟的建立所证明的。目前在经济问题上的区域间合作水平也是令人满意的。

所有这一切都在提醒我们，别忘了，中国并不是获取更大的财富、权力和地区影响力的唯一一个正在崛起的国家。巴西、俄罗斯、土耳其、伊朗、沙特阿拉伯、印度和南非目前是塑造新地区秩序的卓越参与者，这一秩序并不关心外在于这一地区的既定利益和警备力量。巴西和南美洲的其他国家在公开挑战美国在西半球的霸主地位，它们甚至还与中国、欧洲和伊斯兰世界建立了更强大的关系。俄罗斯再次成为一个比美国或其他北约成员国对其邻近的那些国家的政策更相关的参考点。土耳其也以其伊斯兰身份重新确立了在西亚的外交中心地位。伊朗因美国和以色列在伊拉克、黎巴嫩、叙利亚和巴勒斯坦铸成的大错而开始采取行动。沙特阿拉伯领导层的连贯性和拥有的财富使其成为阿拉伯世界新的外交中心。印度也早已巩固了在其所在地区的更加自信的主导地位，现仍保持不断上升势头。南非渴望领导非洲的其他地区，而非洲人越来越看好亚洲而不是欧洲或美国作为发展伙伴。

美国也并不是遭受自信危机的唯一国家。日本陷入了经济低迷之中。日本在如何应对中国对其在亚洲地位的蚕食以及美国正在衰退的全球声望等议题上仍犹豫不决。欧洲仍坚持做好自己的事情，但远远没有达到应有的水平，其与俄罗斯和土耳其的关系还不确定，其与美国和中国的关系也不融洽。英国正在削减其军事权力，在逐渐减少对美国的依赖的同时，与巴西、印度甚至法国建立了新的联系。为欧洲统一提供核心动力的法德伙伴关系已经减弱。欧盟的财政和货币共识正承受着沉重压力。

这些变化的结果是，二战后在美国的领导下诞生的全球治理的主要机构不再与当前或可预见的未来的全球及地区政治、经济、军事和文化实力的配置保持一致。在这些机构里的欧洲代表不仅过多而且未体现欧洲冷战后的重组和演变。包括中国、印度、日本和印度尼西亚在内的亚洲的大国却是偏少的、无代表的或两者兼而有之。巴西、阿拉伯和伊斯兰世界及南非在全球事务中日益增长的角色也仍未被确认。美国在国际组织中的主导地位（甚至美国免于其中许多规则的限制）现在被广泛视为一种不合时宜和过分的权力滥用。

联合国安理会、国际货币基金组织、世界银行及其他国际组织发现，其自身与正在发生的现实不协调的事实削弱了它们的合法性。这使它们越来越无法管理其监管的政治和经济领域。全球治理的危机在贸易和投资领域也是明显的。

世贸组织还提出了保护主义的准司法制约，但不再作为通过贸易和投资的自由化规则实现扩大经济增长的有效工具。被证明是无法应对 2007 年金融危机的 7 国集团已被 20 国集团（G20）接替。这把代表全球经济力量的 85% 左右的领导人团结到了一起。在理论上，这能够使 20 国集团一起商议对全球金融事务如何进行必要的改革。然而，在实践上，这个新集团尚未显示其能够或将履行这一功能。

任何其他国家或国家集团试图引领世界解决其问题的失败，就像美国曾经所做的一样，强调了现有的全球决策机制的破产。其结果是世界范围内的监管被导致 2007～2008 年华尔街和全球金融部门的崩溃的系统管理的自由放任的方法所替代。这不是美国、中国或任何其他国家愿意承受的局面。

疏忽很明显会使一些问题很快演变成一场全面的灾难。举几个例子说明一下。没有形成减缓或控制气候变化的战略或达成一致的机制。没有理论或制度被建立以减少在非洲、西南亚和其他地区的政局不稳国家的无政府状态下的人员伤亡。环境退化（包括日益严重的世界海洋的污染和鱼类种群及其主要食物链的崩溃）还面临着未形成国际社会达成一致的对策的困境。在法治关键要素上的共识正在破裂并正在屈从于以"强权即公理"的理念为基础的蔑视法律的行径。

随着财富和权力向亚洲转移，伊斯兰世界的地位再次逐渐显现出来，其他地区也在清除欧洲殖民主义的遗毒。目前还不清楚现存的受制于规则的国际秩序有多少基本思想和内容将延续下来。这其中的讽刺意味对任何一个中国听众都是显而易见的。毕竟，面临严峻挑战的世界和平秩序是帮助中国重获财富和权力的关键。在没有规则的情况下，命运钟爱勇敢者。这并非不可能，世界也许正处于退回到自美国治下的和平在 65 年前建立起来还未曾出现过的混乱情形的进程中，这并非不可能。没有人愿意看到这种情况出现。这将与中国提出的符合其利益的和谐世界秩序正好相反。

与此同时，美国或许无法更长时间地提供中国和其他国家一直依靠的维持一个和平的国际环境发展所需的免费的公共产品。我指的好处包括美国对全球航海自由的保护、保障安全的能源供应、建立在以美元作为一个通用的交换媒介基础上的全球经济体系、开放的贸易和投资体制、限制大规模杀伤性武器扩散，以及二战后建构的多为良性的世界秩序的其他方面等。美国的金融弊端威胁着这一切。这些弊端在国内外的经济动荡中易造成预算崩溃的风险。

美国联邦政府各种来源收入的总额今年将达到 22000 亿美元。转移支付给个人用于失业、养老金、医疗保障和一个文明与体面的社会的其他权益的总额将达到 24000 亿美元。美国必须借入 2000 亿美元贷款才能维持包括其战争和其他的军事行动在内的基本的政府运作。为了维持这些，美国今年将再借 13000 亿美元，其中大部分借款来自国外的贸易顺差国。总之，除了福利支出，美国政府花在其运作上的每一元钱都是借来的。虽然很多美国人仍在否认，但很明显，这不能无限期继续下去。

显而易见的是，美国将无法继续承担作为独自给世界提供免费但却必要的保护和其他服务的角色的代价。美国的战略和政策注定要随着美国回落到不那么雄心勃勃的角色而改变。唯一的问题是这种改变是渐进的还是突然的。无论它以哪种方式发生，美国并不是必须适应它的唯一国家。

在许多方面，我们似乎处在一个全球没有至高无上的权力的世界的边缘。在这样的世界里，全球治理的责任将不经意地移交给区域子秩序。共同关心的问题（如果有的话）将通过处于转变中的区域联盟及其领导阶层和通过临时会议而非在全球范围内的常设机构来解决。这当然不是对摇摇欲坠的现状的唯一可能的替代选择。但随着世界某种新的秩序转变的继续进行，无论其如何配置，很多问题都会出现。其中包括：谁将在日益分歧的地区维持和平？美国将寻求合作伙伴一起承受战略负担还是从其身边离开呢？中国和其他国家会发挥积极的作用来维持一个和谐的国际秩序吗？维护和平与发展的挑战不可低估。

这些挑战多年来第一次不集中在欧洲。20世纪在该大陆发生的三次对抗（一战、二战和冷战）引发了世界大国之间争夺全球霸权的斗争。欧盟的建立和稳步扩大使这段历史的任何重演都不再可能。但是，欧洲是在独自创造一个通过通力合作维持持久和平与繁荣的区域。它的独特之处在于未对其他的全球力量中心构成任何威胁。不幸的是，它仍不具备作为一个统一的国际行为体的能力。

在西半球，以门罗主义、里约条约和美洲国家组织为象征的美洲222 体系正在瓦解。还没有人能说出什么将取代这一体系，但很多人预计，接替它的无论是什么都将至少有部分在巴西产生。美国将不会欢迎这种改变，但将会应对它并甚至可能从中受益。

在西亚，一个新的地区秩序在安卡拉、德黑兰和利雅得之间的互动下正在形成。然而，作为一个整体的伊斯兰世界正处于意识形态的动荡之中，其在非伊斯兰世界的侵犯及其带来的羞耻感的驱使下，变得狂热起来。一些作为少数派的极端主义者正在试图改变伊斯兰教的政治和社会格局，其手段是将任何非伊斯兰的现实存在驱逐出伊斯兰世界。由于通过常规手段无力实现这一目标，作为少数派的穆斯林极端主义者最终转向了恐怖主义，首先针对以色列，现在针对美国及其欧洲盟国，俄罗斯以及温和的穆斯林政权。印度对以穆斯林为主的克什米尔地区的控制使其也成了这种恐怖主义的主要目标。这一混乱已蔓延到中国。它如何被遏制还是一个很难回答的问题。

除了协调它们的国际合作努力的崩溃外，非洲国家还正在遭遇国内治理危机。更多的国家已经失败或正在摇摇欲坠，包括过去看似注定在财富和权力上会有较大影响的一些国家。种族灭绝的无政府状态在其他一些国家比较盛行。其中之一的索马里已成为威胁主要海上航道航运业的海盗基地。只有极少数国家取得了明显的成功。无论是非洲联盟、非洲大陆的几个大国、全球机构、前殖民大国和非洲天然资源开发中的新伙伴，还是任何其他组织或国家，都未能有效地应对这些挑战。

俄罗斯或许不再是如温斯顿·丘吉尔曾经形容苏联的"一个包在谜团里的谜中之谜"。他今天可能称俄罗斯政府是一个建立在巨大能源资源基础之上的"勒索保护费的组织"，其保留核力量是为了支持那些已经过时的野心。无论人们如何描述俄罗斯，它都依然是一个前进中的谜团。它尚未走上稳定之路，无论是作为一个政体还是就其与欧洲、乌克兰和高加索国家、土耳其、伊朗、印度、日本或中国等近邻的关系而言，更不用说与美国的关系。

上海合作组织为减少俄罗斯帝国主义在中亚的死灰复燃提供了一个合作安全机制，但未排除俄罗斯重返其与美国竞争或与他国结盟（像印度和日本）对抗中国情况的可能，如果它把这每一条路径视为必要或可取的话。在欧亚大陆及其周边，冷战后联盟仍未明朗。目前还不清楚，它们将随着中国的崛起程度演进还是随着美国的意愿而演进。

美国与日本和韩国的结盟迄今不仅在国际上而且在亚洲已保证了日本的武装和平主义①的思想的维系并促使其形成了谦恭的政策。它们还通过适当地固化朝鲜半岛的政治军事分治而确保了它的稳定。所有这一切现在或许都在变化之中。

朝鲜半岛的稳定已成为一个日益受到关注的问题。韩国是安全的、引以为傲的、繁荣的和稳定的国家。但是，高度军事化和贫困的朝鲜

①　即打着和平主义的幌子重新武装和增强军备。——译者注

充满了新的不确定性。朝鲜人在忍饥挨饿，因为他们的政府提高了对核武器的投资，通过神秘的领导人接班体制来沿袭其固有的运作方式，并斥责除了中国（但朝鲜政府也婉拒了中国的建议）以外的世界。

与此同时，朝鲜的导弹与核武对日本的威胁的形成已使日本不断地加强其自卫能力并强化其与美国的联盟。最近其与中国之间悬而未决的领土问题引起的纷争已加速了这种趋势。它们还致使日本考虑进一步扩大军事投资和支持其他潜在的合作伙伴（像印度和越南）以增强其反对中国的实力。

东南亚国家当中关于一个日益强大的中国最终如何处理领土和其他争端问题的忧虑长期以来一直是对未来可能威胁到其安全和独立的中国谨慎地表示关切的关键。在解决这些争端上的一再拖延反而不利于其解决。但它确保了该地区的一些国家通过不断努力以吸引其他国家来制衡中国。与东北亚的情况一样，一个备受瞩目的战略趋势很少被那些本质上微不足道的岛屿、暗礁和岩石推动而形成。

随着世界新秩序的出现，印度发现自己正处于被很多有影响的国家追捧的令人羡慕的位置。印度把自己视为角逐亚洲影响力的中国的天然竞争对手，并拉拢一些合作伙伴作为制衡中国的举措。阿拉伯国家认为，加强与印度的双边关系将会平衡其对美国的过度依赖。以色列认为印度是在其与穆斯林不断升级的斗争中的一个战略合作伙伴。伊朗认为，与印度的更密切关系能够抵消美国孤立它的努力。俄罗斯寻求加强与印度的关系是为了捍卫其之前在那里的包括武器市场在内的卓越地位。欧洲寻求在一个长期被英国的重商主义支配或被具有苏联特色的费边社会主义拖累的快速增长的经济体中扩大贸易和投资。

美国寻求与印度的伙伴关系出于很多原因。美国将印度视为一个意识形态上可以兼容的、崛起中的亚洲大国，美印伙伴关系的建立是对美国对华接触战略的一个补充。中国追求与印度更好的关系在一定程度上是为了消除其敌意。中国和美国与巴基斯坦建立了不同的关系，这不仅是要打消印度的地区霸权愿望而且更寻求避免在克什米尔的难以驾驭的问题上纠缠不休。印度有能力在未来几十年做出影响亚洲和平与安全前景的战略性抉择。224

国际环境出现的类似于我们今天看到的在财富和权力上的大量转移，上一次是发生在六七十年前的二战期间及其结束后的一段时间。随着冷战的开始，世界遇到了随着全球治理和行为准则的重要新体系的创建而变化的挑战。联合国、关税及贸易总协定和布雷顿森林协定便是很好的例证。美国在所有这些改变中以及在被称为围堵苏联直至其因自身软弱而不攻自破的"遏制"大战略的采用中扮演了关键角色。

然而，在后冷战时代，美国还没有勾画出任何原则，没有阐明任何愿景，没有制定任何改革国际机构和惯例的战略，没有做出财政和货币的调整，没有维持一个和平的国际环境。到目前为止，美国把自己描绘成是在一个摇摇欲坠的现状中的既得利益的军事捍卫者。它并不试图制定一种新的战略秩序或更有效的国际制度。有很多原因，其中一些最重要的原因我曾经提到过，我不相信美国目前（主要是军事）对改变的应对可以成功或可以持续下去。

在这种背景下，美国和中国认识到必须共同努力重建全球决策机制和重塑一个受一定规则约束的全球秩序就显得尤为重要。两国在全球的有效治理、对单边行动的限制、促进全球繁荣的政策协调及一个稳定和可预见的国际经济秩序上都有重大责任。我们将极大地受到其他主要国际行为体的决策的影响。我们的行动和互动将影响欧洲、印度、日本、俄罗斯和其他很多国家共同体不只是如何针对我们来定位，而是如何根据彼此来定位。在某种程度上，我们是合作还是相互抗衡将有助于影响远至阿富汗（我们在那的利益显然收敛了）、古巴（卡斯特罗兄弟的时代正在接近尾声）或朝鲜（突变随时可能发生）的正在进行的转变。

美中合作符合我们的共同利益，也符合世界的共同利益，但对我们双方而言并非易事。对美国人而言，这将需要把延续苏联解体赋予我们的全球军事霸权的徒劳努力抛于脑后。这一努力会使全球的权力分配成为一场零和博弈，甚至其他在偏远地区的国家的崛起都会转变

225 成对美国主导地位的一种必须通过增加美国的军事力量进行反击的潜在威胁。这种主导地位的追求对像中国一样的财雄势大的国家发出了一种猜疑和敌意的信号。这就会指引它们专注于如何挫败或阻止美国而不是如何与其合作。这种主导地位也是负担不起的。因此，对它的追求迟早将会被放弃。这会对美国非常有利。

对中国而言，与美国的合作将需要具有一定程度的与中国外交政策的被动、沉默和风险规避传统形成对照的行动主义、想象力与外交领导力。如果中国能巧妙地解决海上边界争端，就像其与亚洲内陆邻国解决陆地边界争端时表现的那样，那么中国就能够减少其邻国对其未来实力的恐惧，这将会有很大的帮助。美国不是这些海洋争端中的当事方，但其与该地区的盟国和朋友的关系意味着它实际上不能避免被牵涉其中。

最后，对美中两国人而言，建立一个更加合作的关系将需要某种程度的最近在两国的外交政策中还没有太多显现的谦逊、话语上的自我克制和谨慎。这将促进我们之间开展相互体谅的战略对话。没有这样的对话，我们将无法有效应对全球和地区的迅速演变的环境的挑战。我们有义务使我们自己以及后代更加努力一起工作以推进我们众多共同的战略利益。

未来战略时代的印度和美国 *

2011 年 1 月

在 21 世纪第二个 10 年开始之前，还没有出现过一个区域大国像印度一样如此受追捧。在过去的几个月里，中国、法国、俄罗斯和美国的领导人齐聚德里以表明要与印度加强往来。此前，英国的新领导人也来此示好。为什么这个全球之前被低估的地球一角突然引起关注了呢？

这不只是因为印度女性的令人惊艳的美丽，尽管这是一个宝莱坞呈现给全世界的无法抵制的诱惑；也不是因为印度经济的蓬勃发展，尽管印度显然再次向成为全球市场的一个重要因素迈进；也不是因为印度的民主活力，尽管印度的政客们（像美国的政客一样）由于其立法阴谋、无赖、欺骗和诡计而不断地令公民们惊奇。所有这些都是当代印度的形象的组成部分。但印度最吸引外国领导人的是其在正在变化的全球权力格局中获得的战略地位。

今天我想跟大家简单地谈谈在世界和地区政治经济秩序中正在转移的模式，以及它们如何影响印度及其邻国、美国和世界。我将从战略地理和历史讲起。

由于被沙漠、高山和海洋隔绝，印度次大陆长期以来不是战略转变的发起者，而是其目标。南亚传说中的财富基本上是智力资本、人

226

---

* 2011 年 1 月 12 日在印度新德里的德里政策集团和麻省理工国际研究中心发表的演讲。

力资本和自然资本的创造累积，并辅以与西亚、北非、欧洲、东南亚和中国的贸易收益。印度人处在一个独特的地缘政治区域，在正常情况下不同民族之间是相互分离的。该地区易守，但已证明很难抵制来自中西亚甚至来自海上的入侵。

印度人除了商人或传教士很少涉足海外，直到其英国统治者把他们强行拉进其全球帝国。东南亚的伊斯兰教，像其印度教和佛教一样，是政治孤立主义传统的遗留产物，而政治孤立主义传统主要通过商贸和精神榜样的力量发扬光大。尽管印度文化有广泛的吸引力，但历史上印度一直（基本上）甘愿使其陆军和海军留守国内。它与其东部国家的政治和经济联系长期以来也是特别稀少的。

欧洲殖民主义者发现印度的战略防御不堪一击，很快就把其卷入欧洲的争执之中。英属印度积极保护其与"母国"的交通干线以防海盗或敌对势力的破坏。英属印度的统治阶级还试图缓和其与俄国扩张主义的军事对抗。为此，它主要派遣印度军队征服并驻防在阿拉伯海和波斯湾沿岸及伊拉克。它发起对阿富汗和中国西藏的多次军事远征以阻挡其他大国前进并使其陷入绝境。英属印度认为不会有来自东方的安全威胁直到日本帝国对其发起进攻。它对印度洋的统治未遇到任何挑战。

有人说，历史不会重复，但往往会很相似。在我看来，如果一个人能够在印度今天的战略思想与其过去英属的战略思想之间觉察到一些共鸣，他的观点便是不无道理的。人们不禁注意到，印度和巴基斯坦之间很多冲突的根源存在于德里的英国官员在地图上绘制但他们从未触及的界线上，在他们实施的或未成功实施的公共权力的分配上，以及在他们主张的但从未生效的领土的处置上。但是，让我们把约翰逊线、麦克马洪线、杜兰德线、分治之痛及克什米尔持续的叛乱搁置一边，而去关注它们帮助创造的现实和这些现实与今天印度的外交关系的相关性。

印度的战略环境的轮廓是在快速演变之中的。更重要的是，在广阔的欧亚大陆和整个世界范围内的财富和权力平衡正在发生明显的转移。在西北部，作为印度的世俗穆斯林姊妹国，巴基斯坦仍然在克里米亚的未决地位的问题，巴基斯坦对印度霸权的恐惧，以及伊斯兰堡对印度瓜分其领土的忧虑上的手足竞争之中。巴基斯坦与印度之间核对峙的出现已使这种竞争陷入了非对称模式。这些虽然避免了核战争，但导致了恐怖主义、低强度冲突及为在阿富汗进行战略拒绝或战略存在展开较量。

同时，巴基斯坦并不是一个印度可能希望的友好的缓冲国，而是印度进驻中亚的屏障。印度越来越依赖来自红海和波斯湾的能源。它的能源需要，进驻亚洲内陆的渴望，以及攻击巴基斯坦侧翼的冲动已致使其寻求与伊朗的密切关系。海盗已重返亚丁湾，并且还存在霍尔木兹海峡可能因以色列或美国发动的战争被关闭的忧虑。

这些考虑已使印度意识到其在阿拉伯海和印度洋的航海自由和交通干线安全上的重大利益。它们也凸显出印度在该地区（美国海军战略家阿尔弗雷德·马汉在考虑印度与欧洲的关系时最先把"中东"这个名称应用到这一地区）的和平与稳定中的责任。不难想象的是，印度今后将不得不挺身而出以在波斯湾地区发挥离岸平衡的作用，特别是随着美国在那里的军事存在的显著减少。

除了对伊朗的依恋，印度的利益在很大程度上类似于美国的利益。美国也一直受到来自巴基斯坦动荡的边境地区的恐怖主义的困扰。美国在阿富汗正在进行一场低强度冲突，在那里它一直寻求支持与印度结盟的哈米德·卡尔扎伊政府。美国人也寻求一个向世界开放并免于大国竞争的中亚。美国在阿拉伯及其邻近地区的可靠的能源供应及其对确保航海安全的关注上与印度有同样的意愿。顺便提一下，中国和其他国家也是如此。对在任何地区干涉能源贸易的任何企图不论什么原因都将迅速产生一个针对作恶者的不断扩大的联盟。

美国和印度在西亚利益的明显重叠和矛盾很好地说明了印美关系 228
的潜力和其所受的限制。在我们的利益并行不悖的地方，协调并行不悖的政策符合我们各自的利益；在我们的利益大相径庭的地方，我们或许会发现自己正处在竞争之中，甚至与他人合作的同时，彼此之间也相互竞争。在这方面，印美关系也不例外。我们似乎正在步入一个在国家之间达成协定（在有限的时间就有限的问题进行有限合作）而不是固定的联盟将成为常态的时代。追求共同利益的协调将对我们各自的民主形成巨大的挑战，其中的每一个国家都形成不切实际的习惯，即要求从外国合作伙伴那里获得不加鉴别的，甚至是公众推崇的承诺。

在印度的东部，日本、韩国和大中华各部分的财富和权力的崛起正在使世界经济重心从大西洋转移到东亚。以全球化和供应链为基础的商业关系的结合正在迅速把东北亚的经济与东南亚的经济整合到一起。尽管印度仍完全不是这个过程的一部分，但它正在被推向东部，并与安达曼海之外的国家形成了复杂的关系。在许多方面，这些关系在历史上不曾出现过。

中国现在是印度的最大贸易伙伴。高盛和其他机构的预测显示，按现价美元计算，到距现在仅 40 年的 2050 年，印度的国内生产总值或许是超过 35 万亿美元，将与那时的美国国内生产总值相当。但是，中国的国内生产总值将达到 70 万亿美元，中国的经济总量可能几乎是美国或印度的 2 倍。印度政府对未来一代提供汉语培训的决定体现了对这一前景及其对国家未来利益和取向的影响的认识。

当然，任何预测（即使是一位非常聪明的银行家的预测）只是对我们还未透彻理解的现在的未来推断。我们可以肯定，2050 年的世界将不会像我们现在想象的那样。不过，对 40 年前的世界的回顾是为了强调惊人的变化在未来 40 年不能被排除。

在 1970 年，世界被美国和实力明显上升的苏联之间的竞争所掌控。越南战争成为各方政治关注的焦点。中国既贫穷又封闭，不仅受到其自身的意识形态还受到最初由联合国实施的禁运的影响。欧洲发生分裂并被视为下一次世界战争的可能的中心。孟加拉国还是东巴基斯坦。全球经济仍支持布雷顿森林会议制定的间接的金本位制。日本还没有成为一个经济大国。没有互联网，也没有外包这样的事情。印度的经济学家，像其他地方的经济学家一样，在认真地研究从资本主义到社会主义的所谓必然的过渡（因为被证明是更相关的）而不是从社会主义到各种形式的资本主义的过渡等等。那时没有人预见到今天的世界。

显然，我们无法准确地预测将来要发生的事情。但在历史的大部分时间里，印度和中国分别占全球经济的 1/5 和 1/3 或更多。这印证了下面的论点：它们正处在恢复其在世界事务中的如此影响力的过程之中。它有力地说明，中印互动将是塑造不仅是亚洲而且也是世界的未来的一个重要因素。这是一件值得欢迎还是值得忧虑的事情？它肯定是值得全世界人民，而不仅仅是印度人和中国人去关注的。因此，印度的看法定会引起全球新的关注。

在印度和美国，现在有些学者为了维持生计和扩大智库的影响，想方设法敦促我们恐惧（或非常恐惧）中国重返财富和权力之位。有一个现成的制造危言耸听言论的市场，并且总有人准备利用它，尤其是当它服务于军工复合体的利益的时候。在由此产生的争论中，炒作被转化为假定的事实，推测变成了即将发生的必然。这样，印度被认为即将被中国的"珍珠链战略"所扼制，不过，这一概念源自华盛顿的一家咨询机构，而不是中国总参谋部，它没有经过一系列的复杂的推断过程。印度海军被告知其主要任务是抵御中国的一支尚不存在的并可能永远都不会存在的印度洋舰队。印度理直气壮地谴责了中国对现在已是其一个完全不可分割的组成部分（藏南地区）的长期陈旧、荒谬和不切实际的主张，甚至它还继续表达了对现在已是中国西藏不可分割的组成部分（阿克赛钦）的同样陈旧过时和不切实际的诉求。中国对印度恢复沿着喜马拉雅山脉和喀喇昆仑山脉的控制线的巡逻的反击被认为是中国的自信的表达，而不仅是好斗或是一种负反馈循环的体现。正如权威专家们给出的可怕的预言一样，印度和中国的经济会变得更加相互依赖。

偏执是可以自行实现的，但很多偏执只能是纯粹的妄想而已。1962 年的中印边境战争提醒我们，意在挑战或加强实际控制线的挑衅性的巡逻能够引发意想不到的冲突和战略性调整。那场战争损害了中印关系并催化了中国对作为一个对冲南亚印度霸权的巴基斯坦的支持。

令人痛心的是，正如中印关于解决边境问题的谈判拖拖拉拉进行的一样，很多与50年前冲突之前一样的警告信号再次出现了。

230　　无论其结果如何，在喜马拉雅山的再次冲突都将是一个战略性灾难。它将不会得到任何一方对近60年的实际边界的接受，也不会实现对那个边界的永久改变。相反，它可能导致亚洲内部的冷战的发生。它可能会深化中国与巴基斯坦的伙伴关系，促进中国努力削弱印度在南亚地区的主导地位并正好导致印度贬华人士不断预测的那种来自中国海军的挑战。

这种情况是完全可以避免的。或多或少地在现状基础上而不是参考殖民地官员靠幻想描绘的中印边界勘定在政治上是困难的，但在战略上是明智的。它将消除一大引爆点。然而，即便如此，中印之间某种程度的竞争肯定是可以预料的。东北亚人和东南亚人似乎有可能寻求与印度、美国及其他国家的更强大的关系以限制一个更强大的中国的影响力。印度几乎肯定会与中国的周边国家建立更积极的政治、经济、文化及其他关系（包括军事关系）。

印度将从这些关系中获得一定的利益，正如中国从与印度的一些邻国的类似联系中获益一样。但无论是制衡还是竞争都需要势均力敌的较量，更不用说敌意。联系到印度、中国和其他东亚国家彼此之间以及它们与美国之间共同拥有的广泛的利益，情况更是如此。正如前面提到的，在这些当中比较突出的问题就是在中东需要阻止破坏性的冲突，可靠地获得那里的能源，以及建立到波斯湾和红海的安全的通道。这些任务要求跨国外交与海军合作而不是在印度洋和其他地区对抗。

同样，作为人口密集的、经济快速增长的国家，中国和印度在有效获取大宗商品和不断扩大的市场上拥有共同的利益——只有一个全球开放的贸易和投资机制才能有效提供大宗商品和不断扩大的市场。很难想象，一个国家能在非洲的稳定和进步上比印度承担更大的责任，除了现在的中国。这两个国家对包括气候变化、流行性疾病及国际法的很多方面的运作在内的跨国问题有着并行不悖的关注。它们的经济在很多方面是明显互补的，从而形成了交叉投资，使中国生产工业制成品和印度提供服务的各自优势得以发挥。那么，作为一个经济大国，印度（像中国、欧洲、日本和美国一样）也将被要求在自身的利益范围内致力于维持全球的金融健康与经济繁荣。这将需要与更广泛的国家联盟的合作。

印度即将发挥影响力的世界是一个不再有至高无上的政治或经济权力的世界。美国已建立并运用武装力量进行结构性部署以在全球执行其意志。在苏联解体之后的这些年来，作为美国安全政策的目标，保持全球的军事霸权进而反对潜在对手，很少受到质疑。处于美国政治体核心的财政缺口使人们对美国如此之大的使命的可持续性提出了严重质疑。在未来几年里，美国更可能是要寻找新的合作伙伴协助其外交而不是进行新的军事干预。其他的老牌强国以及包括从巴西到南非或从印度尼西亚到土耳其等在内的新兴或复苏地区的行为体也是如此。

在这种背景下，美国让渡其自封的世界警察的角色的前景只会使如何确保保护全球公共资源这个已经令人困扰的问题更加严重。管理世界事务的主要机构不再充分执行其成立时确定的任务。安理会不执行《联合国宪章》等国际法。《日内瓦公约》不再保护战士免受酷刑和其他虐待。世贸组织会提供一个解决贸易争端的论坛，但不会再主导一个使贸易和投资自由化的、令人可信的进程。国际货币基金组织甚至不再声称有监管全球货币体系及其金融失衡的权利。新成立的20国集团不会证明其拥有促进全球经济繁荣的能力。没有机制被设计来对全球变暖和气候变化联合施加一种有效的国际应对。世界将处在全球治理危机之中。

似乎更可能的是，世界解决问题的能力的这种差距将由地区内部和地区之间通过临时安排的合作而不是由全球机构的恢复或创建来填补。我们在去年的土耳其和巴西在伊朗问题上的外交合作中看到了这种模式。在下面的这些进程中也表现得非常明显，如，关于朝鲜无核化的六方会谈，关于中东和平四方（即联合国、美国、欧盟和俄罗

231

斯）在以色列和其在押阿拉伯人之间的和平问题上的断断续续的活动，拉丁美洲关于加强国际社会对一个或许能与以色列共存的巴勒斯坦国承认的最近的努力，关于欧盟与伊朗的核谈判继续推进，以及很多其他不太为人熟知的情况等。具有讽刺意味的是，虽然印度应被授予联合国安理会常任理事国的席位的国际共识在加强，其在世界事务中的相关地位却在明显下降。印度拥有配得上这样一个常任席位的声望，但那不是新兴国际体系健全外交和重要特征的实质的联盟构建的一个选择方案。

232　　鉴于印度在国际事务中日益增长的影响力，它将越来越多地被要求组建以及领导联盟以解决地区和全球性问题。我相信，在许多但不是所有的这些努力上，美国将起到显著的支持作用。但是，这种协定而非联盟模式挑战两个国家的长期战略倾向。美国需要了解的是，与印度在各种问题上的合作将不会转变为以及不能等同于联盟。印度需要认识到，与美国追求共同利益的合作没有对其不结盟构成威胁，实际上是对其独立主权的一种肯定。如果美国必须学会在一些广泛的事务上接受包括印度在内的他国的领导，印度必须使自己习惯于有时要对其熟悉的领域之外的问题起带头作用。

　　45年前，我第一次生活和工作在印度。不可能不被印度在此期间已完成的和它面对未来的精神所鼓舞。正如其他重新崛起的大国所呈现的一样，这里有一种充满活力的动感，使人们对新的正在塑造的将能够及时有效地解决当前被忽略或拖延的问题的国际秩序充满乐观情绪。大多数美国人喜欢看到印度在财力和权力上的崛起。我相信，世界为印度在地区和世界事务中发挥主导作用做好了准备。但是，只有印度人能够决定印度本身是否准备好承担这样的责任。就我个人而言，我希望它是。

第九章
中国的全球和地区影响

中国如果不成为一支不可抗拒的外交和军事力量，就会成为一个外交和军事上的固定靶。中国与地区和全球大国迅速增加的互动正使其在世界各个地区的国家的外交政策、经济和国家安全考量中的影响力不断上升。我们无法想象，大多数全球问题没有中国的合作或至少默许能够解决。中国与包括印度和巴西等在内的其他大国的崛起正在改变全球格局，正在形成一种新的世界秩序——美国不再占主导地位的世界秩序。

当然，中国的吸引力现在远远超出了欧亚大陆，正开始拥抱非洲、美洲和大洋洲。我曾讲过中国在所有这些地区的作用正在增加。在本章的5节里，我只关注中国的崛起对全球的政治经济、整个亚洲和亚洲的各个地区的影响。这些观察体现在下面几篇文章里，即《未来时代的中国》《中国与全球资源平衡》《亚洲一体化初步形成》《东亚与波斯湾阿拉伯国家的接触》《印度、巴基斯坦和中国》。

未来时代的中国 *

2007 年 3 月

我们到这里来是为了参加一个关于中国的新的研究、分析和教育中心的揭幕仪式，中国与我们西方国家的差异较大，对研究中国的学者和统治中国的人来说，中国从来都是一个挑战。没有一个国家的历史连续性堪与中国相比。没有人能很好地说明未来如何避免重复过去，但又多么容易与过去形成共鸣。

中国在经历几百年的衰败后又重放光芒，正在迈向全球事务的中心。随着中国财富和权力的恢复，其领导人彰显了对未来的坚定信心。但是，他们也注意到，在幅员如同大洲一般的国土上统治由 13 亿人组成的共和国是前无古人的事业，更何况将如此众多胸怀大志的个体和难以驾驭的地区转化成一个和谐而富于创新的整体。在这个重任面前，中国的成败又会带来些什么呢？

我们的国家诞生于大西洋主宰世界的时代，当时，工业革命开始使中国和印度日渐暗淡。因而，美国人并没有体验到人类历史的更为正常的情况，在那时的几千年里，亚洲是世界的重心。无论如何，在 21 世纪，对于包括我们美国在内的后工业化世界而言，中国及其邻国将要在越来越多的由人类努力创造财富的领域内，恢复亚洲的领导地位。尽管这样做会面临诸多挑战，但我们有充足的理由去设法了解中国和其他亚洲国家的本来面目——它并不像我们的政治人士和权威专

234

---

* 2007 年 3 月 27 日在华盛顿中国研究中心发表的演讲。

家们所描述的那样。

在美利坚合众国诞生之际，曾被人称作"天朝王国"的中国占据了我们的脑海。那时，中国经济占世界经济的1/3强，甚至近2/5。我们对此到了痴迷的程度，进而突破了过去与英国统治者的关系，直接同中国建立了经济联系。我们对中国本身所知甚少，只不过吸纳了欧洲人的观念，将中国视为一个文明最先进、社会最有序同时是地球上人口最多的国度。美国的国父们堪称聪明过人的政治工程师。他们在设计美国的政府体系时，汲取了莱布尼茨和伏尔泰对中国的为耶稣信徒们奉为典范的治国秘辛的心得。同时，他们也注意到了孟德斯鸠对中国笃信礼仪、依赖德治而不是法治来确保社会稳定的批评。

当然，他们真的没有人理解所谈论的内容。对我们来说，很幸运的是，我们的国父们构建一个比欧洲更好的政府体系的愿望（尽管部分是基于欧洲对中国政治和社会的误解）已经完全实现了。结果表明，无知很难导致准确的预测，但有时能激发创造性的预测。欧洲关于中国的错误观念最终启发了我们的宪法（一份不断促使我们要尊重其体现的非凡智慧的动态文本）的理论的诞生。

现在，中国又一次占据了美国人的头脑。而且，如同以往一样，对中国的无知不会妨碍自信的预测。所以毫不奇怪，既有将中国视为同美国一样的财富蛋糕的政治权宜观点，也有人称中国华而不实、徒有其表，正如其预言和忠告本身那样。

几乎我们国家的每个意识形态团体和利益集团都对人民共和国有自己的看法。一些人出于着迷，其他人则出于畏惧。许多人用中国来证明自己的政治观点，或者为他们极力做的事情筹款。比如，有些时候，在诸如中国台湾、西藏或香港民主运动的问题上，美国人被那些政治游说者收编，以大中华地区的分裂分子、反政府分子的名义活动。那些总盼着美国在别的国家找到"怪物"并将其消灭的人，总是能够在中国找到某个值得我们关注的"怪物"。中国已经成为一块能同时映现美国人的迷思和噩梦的幕布。

一些不和无法解决。可以理解，本笃十六世对中国天主教爱国运动的喜爱不会比克莱门特七世对亨利八世和英国圣公会教派的脱离更多。大多数中国人不相信上帝存在一直令美国的新教徒传道者深感冒犯。而中国人却有自己的惨痛记忆：外国的炮舰曾护送传教士在中国的江河上逆流而上，而太平天国的拜上帝教引发的叛乱曾造成千百万人丧生。有些美国人宁愿始终站在"神圣的达赖喇嘛"一边，反对中国对西藏的主权。同时，支持"西藏独立"的中国人却比主张放弃威尔士的英国人还少。中国的计划生育政策也受到美国极力反对堕胎的宗教右翼势力的强烈谴责。但是，中国人为自己辩解说，如果美国的人均可耕地面积和中国一样，美国就要养活 30 亿人，那样的话，美国人也会将人口控制看作一项必需的公共政策，等等。

中美间这样或那样的争端，都源于两国间的世纪差异。中国人认为那些是自己的私事，无论对错，都与美国人无关。而美国人并不这么看。除非中美有一方改变立场，否则，这种争端无法解决。而中美双方都不可能很快做到这一点。所以，如果两国要在争议较小的领域实现互利合作，必须处理好由于不同的道德观念而在更具争议的问题上所不可避免要产生的紧张的双边关系。要做到这一点，我们不仅要明白双方在具体行为上所持看法的原因，还要弄清对方到底是否有实际行为，以及此行为可能导致的实际后果，而实际后果往往与想象的恰恰相反。在中美双边和全球互动交往中，如此洞见显得尤为关键。而中美互动影响到美国的重大利益，如经济繁荣、社会生活和国家安全，其间的利害关系对双方来说都无比重要。

不论是好还是坏，中国都是在这些领域的一个独立的行为体，而不是美国的政策或政治附庸。中国是一个有着突出的文化多元性的国家，不仅有汉族和许多少数民族，还拥有香港这个世界上最为自由的市场经济体。澳门曾经是波士顿"交战区"的亚洲版本。如今，澳门作为"东方的拉斯维加斯"更加富丽堂皇，成为世界各地公子王孙的游乐场。目前，有 200 万台湾人居住在中国大陆，占台湾人口的 10%。虽然台湾和大陆的政治关系仍然悬而未决，台湾实际上也是日渐成型的"大中华联邦"的一部分。

236

为了更好地与中国交往，美国人需要理解中国自身的复杂性和真实意图。而那些政府官员是不大可能这么做的，他们总是为了单一议题，撰写狭隘偏颇的报告以取得国会批准。而美国的军工复合体或者人道主义工业复合体，说实在的，往往对这样的成果求之不得。它也不可能通过分析师猛炒情报以满足其服务机构的政治意愿来真正做到这点。既与政府保持友好，同时在政治上保持独立的研究机构，就像我们今晚上正在揭幕的这个研究中心一样，在让我们的国家不再发展成世界上第一个真正的自我封闭的国家安全机构（但愿与中国有关）上发挥非常重要的作用。

对中国的预言大多出自先入为主的推论、意识形态之下的臆断、道听途说、胡乱猜测和推己及人，千篇一律，这些都不可胜数，却毫无可信度。随便举几个和那些连篇累牍的预言截然相反的例子。中国的司法制度有许多不完善之处，但是这既没有阻碍中国市场经济的活跃发展，也没有阻碍外国投资。中国吸引的国外投资世界第一，超过了美国。中国不断的媒体（包括互联网）审查，并没有阻碍其日益引人瞩目的经济发展和创新能力。中国在人权问题上的独特立场，也没有影响中国共产党和中国政府的合法地位。恰恰相反，民意调查结果显示，较之于美国民众，中国民众对本国的政府和领导人要尊敬得多。

况且，即便美国在苏联的对手如今力量虚弱处境尴尬却明显地对过去的侵略扩张恋恋不舍，北京也没有丝毫举动要效仿莫斯科以自戕的方式谋求和美国对等的军事实力。中国作为发展中国家，周边有14个邻国，包括曾经强大的对手俄罗斯、日本，以及朝鲜、越南、印度，加上与其并未结束内战的台湾地区，还有离岸不远的美国海军空军，中国有太多理由专注于建设自己可以信赖的军事能力以保卫国土，而没有什么理由去发展全球军事投放能力。即便中国或许疏忽了这些理由而寻求与美国争夺全球军事主导地位，美国也会对中国发出很多（口头的或书面的）警告。

这并不意味着我们不再注重我们一直关心的事情，或者不再谋求支持中国国内那些对中国未来持有和我们共同愿景的人士；也不意味

237

258

着我们应对中国如何使用其日益增长的财富和权力无动于衷或放弃对这些的最糟糕分析。但也更强调了我们千万不能误诊误断胡乱开药方，不要总是聚焦于中国对于我们是美梦还是噩梦，而不是中国本身。现实的中国存在很多问题，而这些问题与我们的短暂经验遥不可及。

实际上，尽管中国已经不是一个弱国，已经不再被孤立，但它依然是一个贫穷国家，有些地区依旧极为落后。面对全球对中国经济发展的惊奇目光，中国领导人的谦逊低调并不是刻意做作，这只是体现了一种切合实际的评判，而这种评判源于其在甘肃和西藏等地艰苦条件下的亲身经历，也出于对要在几十年内把中国建设成为小康社会将面临的巨大挑战的考虑。如此看来，中国一再主张要确保和平的国际环境，专注于国内社会和经济发展，是合情合理的，也是可信的。正如美国曾经奉行的政策一样，中国专注于国内发展，在国外结交朋友拓展商机，而不是合纵连横到处树敌。也许中国仍然贫穷落后，但其人口占世界的1/5，国土面积和美国相当，中国的快速发展也要求中国在管理国际事务中发挥重要作用。

试举几例。中国的资本市场仍不发达，还大有潜力。然而，我们近来发现，上海股市大为火爆，全球股市就大打饱嗝。更让人惊异的是，如果你谈论人民币兑美元汇率、中国计划设立官方"投资公司"及中国削减购买美国国债，美国人就会从睡梦中惊醒。四年前，中国在控制非典疫情之初的惊慌失措，确实让世人捏了一把汗（我们也期望中国能更有效地防治禽流感——时下正值家禽孵化季节）。民调结果表明，即便中国独特的政治体制还不太有影响力，中国已经是全世界最受尊崇的国家，并遥遥领先。如今，没人再称解放军为"土八路"了。中国近期进行了反卫星试验、更多地参与国际维和、国防开支几近2000年的3倍，这些都表明中国已经成为一个具有相当军事实力的国家。这里有点软实力，那里有点硬实力，中国可能就会变得桀骜不驯，许多人认为美国就是如此。但问题是：中国会吗？

可能会。但至今为止，中国一直表明他们承认自己是地区和国际事务现有秩序下的"负责任的利益攸关方"。一些美国政府官员眼光陈旧、政治短视，不做长远和严谨的思考就宣扬中国还未就这一问题做出抉择，老实说，这种让人难堪的论调正好可以用来评论他们自己。当下，中国在大多数方面仍然承认美国在国际事务中的领导地位，但美国不能指望中国接受美国当仁不让地成为国际事务中具有控制力的利益攸关方。当今世界形势不断变化并面临新的挑战，中国更加需要全面地参与制订应对全球变化及挑战的计划。这也符合中国的地位和美国的利益。而要应对这些挑战，越来越离不开中国。

关于国际货币体系的问题就是如此。人民币已经着眼于在今后 10 年成为全球主要交易和储备货币。美国没有吸纳中国成为八国集团峰会的一员是个极大的错误，但还好，一个更准确地体现中国的国际金融和经济实力的峰会形式正在取代八国集团。中国已经成为全球能源、矿产和其他原材料交易的中心市场，中国迅猛增长的需求不断推高价格。举个例子，在这个 10 年结束之前，中国每年将进口超过 6 亿吨铁矿石并生产钢铁 5 亿多吨（超过我们的 5 倍）。这种增长没有显示出任何结束的迹象。比起我们已经累计生产的 75 亿吨钢铁，（他们）只有 25 亿吨，中国将不得不再生产 300 亿吨或更多的钢铁才能与我们的人均资本积累水平相匹配。不要赌她不会生产这么多。我们有什么资格要求她不要这样做呢？

即使是那些环保观念极其淡漠的美国人，如今也认识到了全球气候变暖、环境恶化加剧、传染病不时爆发，正在对整个人类的公共政策形成日益严峻的挑战。美国报刊上充斥着触目惊心的报道，受环境污染所害的中国民众进行了无数次抗议，中国比美国更重视自身的环境问题。中国如何治理国内环境问题，已经和各国如何解决更广泛的全球性问题密不可分。如果没有中国和美国的全面参与，对地球的海洋、大气和太空的治理就无法获得进展。美国迄今没有参与到全球气候治理进程当中，如果美国要求参与，是否就能一蹴而就呢？中国是否会乐于接受挑战呢？

我乐见其成。中共 17 大召开在即，中国领导人正试图发展指导思想，并对其进行重新阐述。该原则强调和谐社会与和谐世界的必要性，并要汲取西方的科技创新理念。他们想要把整套的治国方略包含在其意识形态之内。中国领导人要从过去 30 年的社会经济发展中总结经验，并依照孔孟之道在国内外树立仁德理念，要在中国再次振兴科技创新精神。这种科技创新精神曾激发了大西洋地区的工业革命。我们应该对中国这种远见卓识表达良好祝愿。如果中国能在坚持国内外和平发展的理念的实践方面取得成效，那么世界就会变得更加美好。

如果中国建设小康社会不断取得进步，那么，考虑以下预测的可能性就不是牵强附会了。到 2025 年：

● 人民币将和美元、欧元一起，成为国际贸易和储备的首要货币，这将促成更富弹性的新全球货币体系，世界繁荣将更有保障；

● 今晚已进入财富管理行业的那些私人投资者（如果还健在）就会像投资纽约和伦敦一样将会大量投资香港和上海的股票市场，中国的私人投资将对全球包括美国市场具有重大抑或主导性的影响；

● 由于持续的经济增长和人民币升值，中国将成为全球最大的经济体，而美国依然拥有遥遥领先的强大军力；

● 台湾地区和中国大陆的关系问题将得到和平解决，中美间开战的唯一理由不复存在； 240

● 中国将形成依法治国的法治制度，具有较高程度的可预见性与和平稳定；

● 基于互相尊重的协商惯例、最能体现民主的政策透明将成为中国政治不可或缺的部分；而中国共产党，改头换面，依旧执政；

● 中美将在月球上建立永久基地；

● 中国对世界的科技贡献将再次达到至少与其占世界人口比例相当的水平；

● 中国将开始和美国一道引领全球恢复自然环境，而不是破坏；

● 中国政治经济成就的巨大感召力将对美国形成挑战，美国将重新审视和宣示自己那些长期以来使得美国被认为是人类最后和最好希望的价值观念和举措；

● 中国将和欧盟、印度、日本、巴西、俄罗斯、美国及其他主要强国一道，达成罗斯福期望联合国所要达到的目标，即造就一个和谐和整体上和平的世界秩序、不断免除贫穷和恐惧、尊重个人和集体权利及人类文化多样性。

当然，也有许多对中国的阴暗预期。你们都已经听到过了。如果人们认为那些不可避免而行事，并设想中国就是那样而去和中国打交道，那么这些阴暗预期就会成为现实。但是，相比我所列举的光明前景而言，那些悲观结局的不可避免性更低，因为我认为，这种光明前景更接近于中国民众的期许。只要我们努力去实现，这种光明前景并非无法把握。

不管你持乐观还是悲观态度，中国回到其在人类事务中的历史的优势地位的利害关系肯定说明了罗斯福很久以前尝试把中国纳入世界管理委员会之中的想法（遭到了我们的欧洲盟友的抵抗）是正确的。

241　这一努力在实施后不久就失败了。如果我们现在不能认识到与中国以及与能力迅速提升的其他国家合作的潜力，如果我们缺乏争取中国作为追求一个更美好的未来的合作伙伴的远见，我们最终就将更有可能面临两败俱伤的情况。如果对美好的未来缺乏远见，那么做好面对最坏情形的准备就不是"两面下注"，而是基于自我实现的幻想的一项绝望的好战策略。

为走上正确的道路，我们需要知道我们应该怎么做和想怎么做。我们必须在目前的现实中探索更好未来的可能。它将被努力探索的那些人发现。为找到与中国的共同利益或应对存在的利益冲突，我们需要了解中国的看法和忧虑，而不仅仅是我们自己的。帮助美国人这样做就是海军分析中心①新成立的"中国研究中心"的主要目的之一。

---

①　美国一著名智库。——译者注

中国与全球资源平衡*

2007 年 7 月

明年，也就是 2008 年，中国将迎来改革开放 30 周年。在 1978 年，邓小平用市场经济的无形之手取代了官僚的中央计划。这一定被算作现代史上最重大的事件之一。就目前的价格而言，它已经带来了中国国内生产总值 58 倍的增长。中国现在的人均国内生产总值是 1978 年的 40 倍。该国以及世界都因此而改变。中国正在迅速获得为迈向富裕的进一步发展提供可靠基础的一流的基础设施。

邓的经济事务的革命目前正在创造大量的消费及投资和工业生产。似乎更有可能的是当前的趋势将会继续下去，但这并非不可避免。然而，即使增长比大多数人预计的要慢得多，净效应也将延续中国的财富和权力的重新崛起的影响，而不是使其停止，并将减少但不会消除日益增长的中国经济对全球商品供应、价格、投资机会和环境的影响。我要探讨的中国大部分及其全球影响指的是当下的现实，不是对未来的预测。

能源是这幅图景中很重要的一部分，但此事还得另当别论。我想把重点放在其他自然资源的进口需求上。中国工业今年预计将增长近 17%，并将产生大量的原材料需求。当然，关于这些原材料很多正在发生的事情同样适用于石油和天然气以及运输它们到中国市场所用到

242

---

* 2007 年 7 月 25 日在加拿大不列颠哥伦比亚省维多利亚举行的太平洋养老金协会夏季圆桌会议上发表的演讲。

的油轮和管道。

然而，工业需求的快速增长远非中国进口商品快速增长的唯一原因。在 2007 年第一季度，中国城市居民人均可支配收入实际同比增长了近17%，而农村居民平均现金收入增长超过了12%。这导致对基本消费品、家具、家电、食品、娱乐和个性化产品（凡是您能想到的）的需求在与日俱增。

另外还有一种现象，中国已成为全球供应链中的最后的装配点和把原材料加工成出口产品（如家具）的一个庞大的加工厂（中国的5万家家具公司现在已占全球市场的半壁江山，随着中国禁止采伐木材，这些家具公司竞相购买其他国家的木材）。

中国的工业生产和刚富裕起来的中国人的消费现在是导致全球商品市场供应紧张和推动其价格上涨（不只是矿产、金属、木材、石化产品，还有饲料粮、肉类、奶制品及其他许多东西）的两股作用力。零售商披露说，像北京一样的刚富裕起来的城市，公寓业主目前花在装修上的费用平均达到了 3 万美元。在中国的主要的大城市，78% 的户籍人口拥有他们自己的住房，与 20 年前相比实现了零的突破（相比较而言，美国人的拥有房屋的比例约为69%）。

未引起更多外界注意的是，中国已拥有一支约 3 亿人（相当于美国的总人口）的庞大、富裕的中产阶级。以名义汇率计算（不进行购买力平价转换），大约已有 5000 万中国人每年收入超过 25000 美元（在中国，这样一笔钱的购买力相当于这里的五六倍，所以这些人无论以什么标准衡量都属于上层中产阶级）。麦肯锡预计，到2025 年，这一中国上层中产阶级的人数将达到 5.2 亿，即使人民币对美元不升值，这种情况看起来也几乎肯定会发生。尽管我认为是合理的，但是你没有必要相信，为了紧紧抓住中国如何已经成为由北美商业以及其他所有人为之服务的全球市场的最快增长部分的奥秘，而对当前趋势做出的预测。

中国的增长正带来对国内基础设施（公路、铁路、住宅、办公室、工厂、电厂、管道、港口和机场等）的巨大需求。中国人目前在使其基础设施的现代化方面的支出超过其国内生产总值的9%，这还不包

243

括他们用在国外为输送原材料到国内进行的基础设施建设上的支出。中国的基础设施建设成效显著。它使推动中国经济发展的生产力取得了令人震惊的增长。在美国，我们发展或维持基础设施的支出还不到国内生产总值的 1%，事实可以充分说明这一点。在我开始讨论中国的快速发展的长期影响之前，让我先举几个有关的例子。

17 年前，中国开通了第一条高速公路。现在，中国的高速公路总里程约为 30000 英里，其中许多是私人融资、建造和运营的。到 2020 年，中国高速公路的总里程预计将达到 53000 英里，中国高速路网的通车里程比美国洲际公路系统还要多 15%。中国仅在未来 5 年之内就将修建和铺设约 50 万英里的普通公路，当然，包括现在正为决心开车去珠穆朗玛峰而不是为徒步旅行的旅游观光者修建的那条有争议的道路。所有这些道路都将对中国的兴盛起很大的作用。

25 年前，中国有少量的私家车。该国每千人现仍只有约 7 辆车，我们于 1915 年在北美就实现了这一市场占有率水平。但是，中国正在迅速进入汽车社会。预计到 2009 年，收入水平将上升到足以让大多数中等收入的中国家庭有能力购买汽车。汽车销售量预计到 2010 年可达 1000 万辆，2020 年可达 2000 万辆。届时，中国将一跃成为世界最大的汽车市场。

这就产生了种种超越对包括沥青、柴油和汽油在内的石油产品的额外需求的影响，更不用说废气排放和废旧轮胎等。中国的汽车和卡车的消费量仅占全球很小的比例，但是，在那里没有人对中国的交通事故占世界的 1/5 感到意外。你可以打赌，一些企业家已经在考虑医疗保健和殡仪服务方面蕴含的巨大商机，正如更多的中国同胞所选择的商路一样。麦当劳刚牵手中石化以在全国各地的加油站开设免下车的汉堡店。那么，免下车电影院、后座性杂技及救护车追逐侵权律师还会远吗？

经济的繁荣导致对铁路运输的需求不断飙升。中国铁路仅占世界铁路营业里程的 6%。但去年，中国铁路输送乘客和货物却占世界的 25%，完成旅客周转量 6622 亿人公里，是日本的 2.7 倍，完成货物发送量 28.7 亿吨，比美国多近 10 亿吨，是主要依赖铁路运输的印度的 4.8 倍。中国做出规划，其铁路网到 2020 年至少要扩大 35%。中国刚刚引进首列城际高速列车，接下来还会引进更多。

中国经济不是被其外贸而是正日益被其国内市场所拉动，但它的持续增长越来越严重依赖进口。在未来 5 年内，中国港口会在目前已是世界最大的吞吐能力的基础上再增加 42%。在世界 20 大集装箱港口中国港口占据 7 席，其在贸易吞吐量上进行的技术创新和扩张仅在几年前还是难以想象的。该国的航空市场也是世界上增长最快的。航空客运量和货运量每年一直分别以大约 15% 和 19% 的速度增长。在未来 5 年内，中国将新建 50 个机场并使商用飞机的库存量翻一番。

所有这些发展是与以人类历史前所未有的速度和规模的城市化同步发生的。在过去的 25 年，中国的城市人口已翻了一番。在接下来的 25 年，随着 5 亿或更多的人转移到城市，它预计会再翻一番。目前中国人口超过百万的城市有 100 多个。城市地区每年必须找到容纳来自农村的 2000 万新移民的地方。毫不奇怪，中国的新建建筑面积占世界一半以上。它每年要建设 80 亿平方英尺（8 亿平方米）的新建住房。

随之而来的是对矿物和金属的巨大的新需求。中国的水泥产量占世界总产量的 44%。更重要的是，由于中国的需求迅速上升，全球矿业从未像现在这样活跃和盈利。矿业收入从 2005 年的 1815 亿美元上升到 2006 年的 2490 亿美元。该行业的净利润迅速攀升到 64%。新的矿业公司正如雨季的蚊子蜂拥而出。其繁荣景象无法预见何时会结束。

今年，中国将生产约 5 亿吨钢材，超过全球总产量的 2/5。这是美国生产的 6 倍。它比 10 年前整个世界生产的还要多，而且比去年中国自己生产的多 23.5%。为了生产这些钢，中国将进口约 4000 万吨铁矿石以补充在其本土快速增加的矿物产量。中国买家主导着全球的废钢市场。中国已是最大的不锈钢生产商，去年它设法把产量提高了 45%，并掀起了一股生产镍铁和铬铁的热潮。令澳大利亚、巴西和印度等国及各地的造船公司欣慰的是，中国的铁矿石进口预计到 2010 年将上升到至少 6 亿吨。

类似的趋势也出现在其他的矿物和金属中。中国的需求正在推动 澳大利亚、玻利维亚、巴西、加拿大、智利、圭亚那、印度、印度尼西亚、老挝、秘鲁、菲律宾、俄罗斯、南非和坦桑尼亚的矿业生产规模的扩大，这里仅列出几个目前正在进行的与中国有关的大型项目所在国。但中国不仅是一个进口商，也是生产许多矿物和金属的主要国家。它生产世界稀土的96%，钨的87%，锑的86%，镁的75%，萤石的1/2，锡和铅的1/3，铝和锌的1/4以及钼的1/5。中国国内在所有这些商品上的消费正与工业生产同步上升，因此，稀土、锡和钨的出口在下降，甚至其国内这些和其他商品的消费还会继续快速上升。

中国生产和消费的这种增长会持续多久呢？答案似乎是，它可以持续很长时间，条件是：要发现新的原材料来源，要进行开发和运输它们所必需的巨额投资，以及要精心制定新的提高回收、再制造和再利用的战略。

以钢材作为指标。钢材是一种生产资料，一旦被生产，就可以不断循环使用。迄今为止，中国已生产了累计总量约40亿吨的钢材，占日本生产总量的4/5和美国的1/2。中国人很清楚地意识到，要达到美国人均资本积累的水平，他们将不得不再生产320亿或330亿吨钢材。以目前的生产能力或（产能）计算，尽管已经很高，那也将需要65年左右才能完成。对于中国而言，要达到与日本相当的水平，将需要一个多世纪的时间。更有可能的是，中国的生产将加快其增长而不是使其放缓或下降。

加上印度等其他新兴经济大国的影响，矿产的供应将存在紧张和价格居高不下的态势。它将使回收业更有利可图并将鼓励替代材料的使用。它还将使全球采矿业保持较高的利润并刺激在非洲、拉丁美洲、澳大利亚、东南亚、中亚和俄罗斯进行新的重大投资。中国已经在所有这些地区野心勃勃地寻找机会以获得新的自然资源供应。

中国企业目前是在非洲范围内最大的外国投资者。他们获得了来自政府的强有力的资金支持，而政府认为，生意就是生意，而不是转变与中国企业做生意的那些人的道德观。当然，这是令西方非政府组

织极其反感的，因为它们自己已习惯将非洲作为一种极少被资本主义
246 者及其商业利益侵扰的人道主义主题乐园。

就此而论，环保人士非常担心（而且事实也确实如此）中国对热
带硬木的显然无法满足的需求对非洲热带雨林的影响。最富有远见的
非政府组织正在想方设法与中国政府合作并帮助它指导其企业采取对
环境负责的行为。我们有理由希望这或许有效。中国对其森林覆盖率
在过去50年里翻番至18%的大环境给予了足够的关注。它最近提出了
一项"可持续林业"倡议去管理从国外采购木材的贸易。

更重要的是，没有与中国合作的可行的选择。作为全球商品贸易
的驱动因素，中国经济的崛起已结束了西方确定全球采掘业的国际政
策的能力，甚至它还未经联合国认可就代表整个国际社会终止了强制
制裁的效力。印度作为另一个巨大的进口资源的消费者的到来将对美
欧监护第三世界的时代带来致命的打击。250年前，西方开始主宰全
球。随着21世纪的到来，这一优势正在逐渐消失。举一个关于能源的
例子：不久以前，按市值排名的最大的20家能源企业不是在美国就是
在欧洲，而今天，其35%来自中国、巴西、俄罗斯和印度。类似的情
形也迅速出现在矿业企业中。

中国企业并不准备承担"文明的使命"，意即把它们或其他外国
的规范植入非洲以对其进行改造。它们希望使非洲和其投资或与它们
做生意的其他地方都富裕起来。在它们看来，这些地方变得更好是对
生活在那里的人而不是对外人的条件的改善。对非洲人来说，他们是
想根据自身的条件做生意，而不是依靠自称是比他们更聪明和更高尚
的其他人根据设定的条件给予的施舍做生意。既然非洲人最终有权选
择与其合作的国际伙伴，所以他们（不是外国人，当然也不是中国
人）将决定如何开采并由谁开采非洲的自然资源。在这一全球范式转
移的过程中，指责中国或印度或其他国家不仅是徒劳的，更是适得其
反的。

除了政治关系之外，中非金融关系也是令人印象深刻的。中国于
2006年提供给非洲的贷款是富裕的经济合作与发展组织成员国的发展

援助总额的三倍。自 2000 年以来，中国已免除了非洲 31 个国家超过 100 亿美元的债务、提供了 55 亿美元的发展援助，并做出在 2007 年和 2008 年进一步援助 26 亿美元的承诺。2005 年，中国承诺贷款 80 亿美元给尼日利亚、安哥拉和莫桑比克。同年，世界银行出资 23 亿美元援助非洲。2007 年，中国进出口银行向非洲贷款预计约为 175 亿美元。它还会这样继续做下去。

在拉丁美洲，明显存在同样的一些趋势。其与中国的贸易已从 1978 年的几亿美元增长到去年的 700 多亿美元。预计到 2010 年将上升到至少 1000 亿美元。阿根廷和巴西已成为中国市场的大豆和其他农产品的主要供应商。然而，不像在非洲，中国的直接投资是开矿和修建必要的公路、铁路和港口以便于出口输出，在拉丁美洲，出口到中国的新产品中的绝大部分投资主要是通过当地特许融资或者与中国企业建立合资企业来落实。

这种交互模式是中国在拉美的直接投资似乎远远低于中国和拉美的官员曾预测的原因之一。坦率地说，拉美人像北美人一样一直在误解当前中国经济的性质及其与中国政府的关系。他们认为，中国的经济是由中国政府出于战略考虑希望官员能直接投资的几个大型国有企业组成的。然而，总的来说，中国的工业结构比西方的要复杂得多。它包含数百甚至数千家相互竞争贸易、投资机会和资源的企业。必须与这些企业做生意，而不是与中国的政府部门及其工作人员做生意。

中国企业认为，它们不是在做慈善事业。它们也不倾向于为中国政府无私的捐赠充当支付机构，无论如何，这就像弄清加拿大卑诗省和美国华盛顿州的野人数量一样困难。中国政府就像在非洲一样可以加大宣传力度并给予财政激励来支持中国企业的投资发展，但是它不能用自己的商业判断代替企业的商业判断，总的来说，它也不会尝试这样做。北京为其在拉美的商业发展所进行的大量的信贷安排协定仍未得到充分利用。

最后，让我退后一步来审视这个问题。我完全同意我所描述的现象给多个方面带来了严重挑战。全球的商品价格更有可能攀升而非下

248 降，正如它们在过去的 200 年所呈现的一样。一些材料的再利用将受到充分重视，还有一些我们广为接受的材料也必须找到替代品。随着中国和印度对森林产品和农产品的需求的增加及其采矿活动在未开发地区的开始，还会出现较大的环境问题。西方国家确实是在失去其在整个 20 世纪对全球采掘业的垄断控制权。全球的经济权力正在发生重大转移。它已经使美欧与中国和其他的非西方国家针对伊朗、缅甸、苏丹、委内瑞拉和津巴布韦等国的政策的摩擦已经非常明显了。毫不奇怪，非西方国家觉得没有义务把其不共享的西方的价值观或政策目标强加给它们的贸易伙伴。我们在使它们按照我们的要求去做（尽管它不是我们自己在过去 120 年里一直在要求的）的这个问题上遭遇的挫败会导致更大的摩擦。

把这些挑战放置一边，我想利用最后几分钟的时间探讨一下我已描述的这些变化所呈现出的机遇。其他国家如何从中国龙（或紧随其后的印度狮）对获取自然资源的不断增加的欲望中获利呢？

在我的脑海中浮现了很多方法，不过，它们可归为以下几类：

• 投资者可以投资于有潜力和有意向向中国提供其所需的能源、工业矿物、金属及农林产品的企业。这表明要对非洲当前欠发达地区及澳大利亚、巴西、加拿大、印度、印尼、巴布亚新几内亚、俄罗斯和南美的南锥体（由阿根廷、玻利维亚和智利三国组成）等的自然资源企业进行认真审视，同时，也要对很多被组织起来去为中国和印度市场提供原材料的新企业进行认真审视。

• 金融家可以帮助中国的投资者与其他国家的投资者合作以在国内外投资创建企业并获得资产。中国的国内矿业企业实力虽然很强，但其仍尚未具备进行矿业投资重组以发挥最大金融优势的能力。这为具有专业知识的西方金融专家提供了机会，他们可以弥补这一不足。中国开始拥有越来越多的资本，但是，懂得如何使这些资本盈利最大化的人才数量相对比较少。海外华人群体和阿拉伯世界也存在类似的问题。

• 私募股权投资者能够帮助新公司或把目前中国与自然资源有关

的不相干的业务整合起来旨在使由此产生的新公司在香港（现在是世界首次公开募股规模最大的地方）或在其他地方上市，并最终在中国内地股市上市。没有多少人注意到，采掘业公司的市盈率已在过去的6个月在香港交易所翻了一番。需要有人来帮助新公司以把它们自己和现有的公司合并。为什么不尽可能以最有利可图的方式做这些事情呢？

- 基金管理人可以投资中国的新基础设施的建设，例如，道路以及港口、机场、仓储和房地产等物流管理设施。基金投资者可以投资在中国已建立的400多家风险资本和私募股权基金的一些公司。

- 个人和投资者群体可以购买中国开采石油、天然气、矿产或金属的公司的股票。有相当多的这样的公司的投资回报都表现强劲。许多公司已在中国以外地区的股票市场上市。新公司正在不断地形成。它们能够凭借自身的实力进行可靠的投资，额外的好处是：它们的相关资产以人民币为计价单位，其股本价值也将随人民币汇率攀升。一些公司还急需有关上市的帮助。

- 企业家可以投资于那些致力于提高能源和材料利用效率或有利可图的回收、再制造及工业原料的再利用的公司。随着供给紧张和价格上涨，做此业务的公司将随之得到蓬勃发展。

这些方法有很多都非常适合私募股权。有些方法可能不适合。但我相信我已经清楚地表达了我的观点。没多久以前，邓小平提出了"致富光荣"的口号并受到全体国民的重视。那也导致了一些问题。但在我看来，中国对自然资源的需求似乎对那些私募股权的投资者展现了一些真正的机会，借以鼓励中国人像他们一样冒一两次风险以实现邓预测的那种光荣。

亚洲一体化初步形成*

2011 年 2 月

希腊人因很多事情遭人诟病。尽管不是所有的，至少其关于"亚洲"的想法就有点荒谬。在希腊战略家提出欧洲中心论概念之后的几千年，许多居住在欧洲大陆的非欧洲人还丝毫不知，他们本应该享有"亚洲人"的身份。毕竟，除了在蒙古统治下的亚洲近似于统一的时期外，他们彼此几乎未打过交道。阿拉伯人和中国人，像印度人、日本人、马来西亚人、波斯人、俄罗斯人、土耳其人及其他人一样有不同的历史、文化、语言、宗教和政治传统。他们的经济只是被陆海丝绸之路两条纽带连接起来。

但所有这一切都在改变。"亚洲"已离开希腊神话的领域并正在变为现实。亚洲人随着财富和权力的崛起正在向一起靠拢。他们的公司及其影响力现在扩展到乃至超越整个大陆。在 20 世纪，世界不得不适应美国主导下的全球政治经济。美国人现在必须要适应日益以亚洲为中心的政治经济。

在很多亚洲国家，最晚到 20 世纪的最后几十年，后殖民主义的遗留问题使针对西方态度的爱与恨的政治关系交织在一起。这不难理解。毕竟，从土耳其到中国，西方殖民主义降服了军队、粉碎了尊严、抑制了价值观和社会的政治传统。

---

* 2011 年 2 月 17 日在缅因州卡姆登举行的卡姆登会议上发表的题为《亚洲的挑战》的演讲。

在西亚，土耳其人、阿拉伯人和波斯人逐渐从贪婪的欧洲人那里获得了他们的自主权、领土和民族尊严。在印度，英国推翻了穆斯林统治，强加了一个单一主权并使这个一度被孤立的次大陆陷入了欧洲的争吵之中。在南亚，长期贡献了全球经济的 1/5 的国家都要在英国的统治下服从英国的重商主义的指导。

东印度群岛和印度支那也沦陷在欧洲帝国主义的铁蹄之下。在东亚，只有泰国和日本两个国家接受了西方化的核心要素，但仍足够灵活地与西方多少保持一定距离。日本在这种利益驱动的影响下也开始蠢蠢欲动，它很快就把其自身的殖民统治强加给朝鲜和中国的部分地区。在日俄战争和第二次世界大战期间，日本开始论证，如果军事传统与现代技术相结合，它就会使日本名义上的军事和经济实力得到应有的发挥。

俄国吞并了中亚。随着西方列强对俄罗斯的东部和南部进行蚕食，俄国也开始侵占中国北方领土。外国势力在中国划分势力范围，占领其部分领土，把其划分成条条块块并置于治外法权的管辖之下。我们说，欧洲人和美国人只有这样做才能够行使我们向对统治者持有复杂心理的中国人民兜售毒品和使之信仰外来宗教的权利。

亚洲的殖民秩序崩溃于第二次世界大战之后。尽管亚洲其他地区强烈反对外来控制，但美国占领了日本并将其置于我们的托管和保护之下。中国人民在从国土上驱逐外国势力及其影响力后坚强地"站了起来"。东南亚起来反抗殖民统治者及其美国盟友。印度与巴基斯坦分离，两国在摆脱了英国的殖民统治后走向民族独立。伊朗重新成为一个具有狂妄野心的地区大国。土耳其占据了地理上的优势并成为欧洲防御苏联帝国扩张的坚强的东部堡垒。一个新的时代开始了。

只有在西亚（非洲、亚洲和欧洲交会的地区，犹太教和基督教起源的地区，以伊斯兰教为中心的地区和世界能源资源集中的地区）依然存有二战前秩序的主要特征。在殖民主义的最后挣扎时期，欧洲犹太人征服了圣地的 4/5 并移民，取代了原住居民。在该地区的巴勒斯坦人和其他人对欧洲的反犹主义和帝国主义时代达到的意想不到的高峰感到震惊与恐惧。这种震惊与恐惧尚未被以色列和西方的外交缓解。

在冷战期间，中东国家陷入了争夺扶持自己代理人的超级大国暗战的困境之中。除了以色列，在该地区的领导人都以其宿命地遵从强大的外国庇护势力及其对欧洲、苏联和美国对他们统治下的民族的主权、独立和文化认同上的侮辱而表现出种种软弱无能而著称。这种新殖民主义秩序结构的第一个裂缝是被 1979 年伊朗的伊斯兰革命撕开的。这结束了伊朗作为美国在中东地区的"宪兵"的角色并迫使美国转到对沙特阿拉伯和埃及的军事依赖。几乎同时，埃及在美国斡旋下与以色列的和平使该地区独裁现状的维持成为美国政策的优先考虑事项。

就算对《戴维营协议》草草一读，也能发现它蕴含一个尖锐的提示：该协议是明确基于以色列结束其对约旦河西岸和加沙地带的占领并促进巴勒斯坦人民族自决的承诺为前提的。相比之下，确保以色列和埃及之间的和平的失败却使其成为一场无法让人感到温暖的冷和平。巴勒斯坦人未从屈辱和不公中得到任何慰藉，他们的反抗变本加厉了。与以色列的和平使他们失去了在埃及或其他地方获得合法权利的任何机会。在很大程度上，以色列和美国由此已受到埃及或其他阿拉伯人以及作为整体的伊斯兰世界的彻底谴责。

美国用现金、武器和道义上的支持来确保穆巴拉克的独裁统治和约旦的哈希姆家族统治的意愿使戴维营框架至少在表面上具有了持久性。美国用避免冲突代替达成和平的真正努力的能力可能随着穆巴拉克政权的结束而消失殆尽。因为以色列继续坚定不移地选择扩大其与巴勒斯坦人或邻国的和平边界，而且没有一个超过 10 年的重大的"和平进程"的存在，所以现在还不清楚美国将如何继续稳固和阻止以巴冲突。实际上，如果有的话，现在还不清楚我们美国人将在整个地区施加多大影响力。

最近阿拉伯公民反抗其统治者的起义已经抛弃了对阿拉伯人长期困扰自己的外国势力的软弱无能和谄媚顺从的宿命意识。他们认为，美国一直在支持玩世不恭的独裁政府以确保以色列的安全并防止阿拉伯人对其行为产生反感。无论是以色列的利益还是美国的利益都不是这些革命的直接目标。但是，埃及人和其他阿拉伯人对其自己未来的掌控的决定将对以色列人和美国人产生影响。伊朗革命 30 年后，中东地区的后殖民秩序最终瓦解了。

西亚动乱的蔓延是在美国关于 21 世纪开放的 10 年中的政策彻底使其名誉扫地、军事实力下降并巩固了伊朗在伊拉克、黎巴嫩、加沙和叙利亚的影响力之后发生的。随着美国从伊拉克撤离而留下一个被世俗的欲望和不确定的战略定位破坏的满目疮痍的国家，区域性的政治变化也在发生。与此同时，美国的武装部队在当地制造的恐怖分子要比其在阿富汗和巴基斯坦杀死的还要多。就是在这种背景下，西亚与大陆其他地区的联系在加深。有些人可能会认为这是不祥之兆。

西亚的阿拉伯人、土耳其人和其他人正试图减少对美国的依赖，甚至当前的事件说明了他们会多么蔑视我们的虚伪以及美国话语目前在他们中间有多么小的影响力。当然，他们清楚地意识到，他们无法避免对美国某种程度的依赖。美国仍然是世界唯一的军事强国，它即使不强加其意志于地球的各个角落，也有能力入侵它们。美国人的消费占全球 1/5 以上，并且他们是世界上最大的债务人。美国或许不再是从前管理世界与地区事务的全球新思路的来源，但其有能力阻止他国的改革举措。因此，像其他亚洲人一样，中东人与美国的关系是处在一种天主教的婚姻状态。尽管其中一些人，例如伊朗人，或许希望与美国分手，但没有离婚的可能。但当然，他们大多是穆斯林，并不为一夫多妻制所困扰。因此，他们正忙于缔结新的关系以抵消其与美国仍然存在的那种实质性关系。

中国和印度特别乐意效劳。它们不仅是世界上增长最快的大型经济体，也是对波斯湾石油和天然气需求增长最快的市场。在未来 10 年，中国和印度的能源需求预计占到全球增长总量的一半以上。勤劳的东亚和南亚的强力崛起促进了能源丰富的西亚的繁荣。在其国内具有建设庞大基础设施项目能力的中国的建筑公司正在建设从麦加到德黑兰的一些大型项目。如果美国目前在该地区的标志是轰炸机、地面

253

上的靴子①和致命的武装无人机，那么中国越来越让人联想到的是塔式和门式起重机、工程师和满载消费品的集装箱。

中国人基于与美国人以前一样的理由正成功地在该地区发挥影响力。他们对生意伙伴支付现金、提供物有所值的产品，而且不要求其信奉他们的价值观、支持他们的政治倾向或帮助他们推进帝国议程。在这些方面，美国已遇到了一个对手，并且它就是"我们"——如我们曾经的那样。但即使中国因其明显的谦逊和能力受到钦佩，在该地区，更不用说在亚洲的其他地区，也没有一个国家会将其视为一个相关政治理想的榜样，相反，即使不是大多数，也有许多国家曾把美国视为此方面的典范。

这凸显出亚洲一体化的一个重要特征。它是由经济和金融因素而非政治或意识形态驱动的。在波斯湾地区、中国和印度之间的贸易在过去10年一直以每年30%~40%的速度增长。在同一时期，中国的经济规模从占美国的10%升至40%。到2050年，距今只有40年，中国的经济规模或许是美国的2倍。印度的经济规模将与我们的相当。我们刚才谈到的亚洲经济的快速增长具有严重的地缘战略影响。

石油、工程师和消费品并不是东亚吸引西亚的唯一要素。阿拉伯的投资者手里拥有充裕的现金。他们曾经有一个非常强烈的偏好，就是使其手中的资金在美国发挥效用。美国的伊斯兰恐惧症和古伊斯兰与中国、中亚、东南亚的关系的复苏将充分地消除这种偏好。同时，阿拉伯人在中国的石化行业、服务、银行、电信、房地产上的公共和私人投资已大幅上升。在印度也出现了同样的趋势，不过，它因像我们的政客一样私下存在肮脏的特定交易的印度政客的贪腐丑闻和明显无能而受阻。

亚洲新发现的一体化不局限于贸易和投资。现在更好地规避了杠杆和衍生品交易的伊斯兰银行无论在马来西亚还是在波斯湾都具有一样的金融特征。它正在进入中国和其他地方。旅游、朝圣、学生交流

---

① 即陆军地面部队。——译者注

254

和语言学习也在快速上升。

几年前，有人吃惊地看到中国国家主席胡锦涛在中国最好的工程学院的一群讲中文的沙特毕业生的陪同下参观了世界最大石油公司沙特阿美公司。中国现在有几十所大学和研究所在教阿拉伯语。数百名中国学生正就读于阿拉伯大学。在中国的一些贸易中心，如浙江义乌，阿拉伯语与英语一并成为中国商人的第二种语言。中国中央电视台提供 24 小时不间断的阿拉伯语节目。

讲一口流利的阿拉伯语的中国官员出现在像半岛电视台这样的卫星新闻服务机构上早已不再是新鲜事。中国石油公司在伊拉克成功地获得勘探权和生产权在很大程度上归功于中国官员和商人对阿拉伯语的精通。同样，俄语（中亚的通用语言）的流利程度也已是中国确保在中亚扩大能源供应的关键。总的来说，赴中国的留学生人数一直是以每年 20% 的速度增长。这些学生多数来自包括韩国在内的其他东亚社会，但现在也有几千印度人在中国留学。为了提升竞争力，印度正在全国小学开设中文学习课程。

这一发展反映了中印关系的惊人进步，尽管印度认为自己是中国在亚洲的战略竞争对手。中印贸易从 1989 年的 2 亿美元增至去年的 600 亿美元。2007 年，中国超过美国成为印度最大的贸易伙伴。2015 年，中印计划将双方贸易额提升至 1000 亿美元。中印经济合作的前景非常广阔。两国经济在交叉投资方式上存在广泛的互补，可以使服务业较强的印度和工业生产较强的中国发挥各自的优势，从而更好地进行合作。投资问题的解决一直拖到去年年底。但是，温家宝总理年底到南亚的访问就是中国对印度和巴基斯坦几乎分别给予 160 亿美元的新投资承诺的契机。

中国和印度都依赖从非洲和拉丁美洲进口原材料和从非洲和中东装运能源的水平的增长。然而，尽管它们在确保海上交通线上存有明显的共同利益，但我们有充分的理由怀疑它们之间是否能够进行军事合作。中印边界的长度差不多与美国和墨西哥的相当，却远不如其和平安宁。它是目前中国未能通过和平谈判解决的唯一的一块陆地边界。

255 中印在 1962 年打过一场短暂的边界战争，并且它们仍因彼此的军事越境巡逻而频繁发生冲突。印度对中国日益增长的军事力量的担忧如同其与巴基斯坦的敌对关系以及在克什米尔的有关冲突一样，现在对推动其国防现代化起着很大的作用。

印度对中国的忧虑已推动其加强与美国的军事关系，并致使其开展了与其东部的具有同样忧虑的国家（如越南和日本）的安全对话。1868 年明治维新以来，日本已一直习惯于亚洲"第一"的称号。但去年，中国取代日本成为世界第二大经济体。中国的崛起已使日本心理失衡及在战略上更加困惑。日本仍不确定如何应对其在亚洲正在变化的地位。随着日本长期依赖的美国全球政治经济领导地位的不断削弱，东京的某些人已把日本与印度的防御合作关系视为对抗中国的一项有用的措施。

2010 年 9 月，一艘中国渔船与日本海岸护卫舰在有争议的钓鱼岛海域的相撞使许多日本人感到惊慌。它至少在一段时间内拉近了东京与华盛顿的距离。它加速了日本自卫队的重新部署以应对中国的潜在"威胁"。它也刺激日本探索与韩国进行军事合作的前景，尽管双方之间在某些方面的根深蒂固的相互排斥早已使其在政治上成为不可能的事情。尽管如此，包括其未来繁荣对中国经济越来越依赖在内的很多因素继续拉近日本与中国的距离。中日贸易额已超过日本对外贸易总额的 20%，几年前，中国超过美国成为日本最大的经济伙伴。中韩贸易额年增长率在 25% 以上，韩国对中国市场的依存度甚至更大。

整个东亚（包括日企和韩企以及中国和东南亚的企业）现在已是供应链环节上不可分离的组成部分。印度正开始被吸引纳入这些关系以及和东亚发展其他关系的过程中。印尼总统作为首席贵宾出席今年在新德里举行的共和日庆祝活动就是一种明显的预兆。

东南亚作为亚洲经济一体化的熔炉的重要性难以言表。在融合了海外华人商业和金融文化的许多要素的当前中国社会的创建中发挥了关键性作用。套用卡尔文·柯立芝对 20 世纪初美国的犀利描述的话，这一泛中国共识是，"中国及其人民的要紧事就是做买卖"。这有利于搁置领土诉求和其他潜在的冲突，以使人人都能赚钱而不是参加战争。　256

正如邓小平希望的那样，他关于"致富光荣"的思想已孕育了一个大中华地区。它正在消除海峡两岸中国人之间的裂痕。大中华地区由中国大陆、香港、澳门和台湾这些制度不同的政治经济体组成。它的意识形态，在某种程度上只有一个，已更好地于新加坡的有序的精英政治和产业政策的务实运用中体现出来。大中华经济体、东盟成员国与在一定范围内奉行传统贸易保护主义的日本和韩国现在正形成一个巨大的自由贸易区，印度和其他南亚国家非常感兴趣使它们自己与其联系在一起。

亚洲的其他大国（俄罗斯）与这些一体化的进程有点不相干，但并不完全如此。它仍然是印度和中国的武器系统和技术的一个主要来源。它正在成为中国以及欧洲的重要的能源供应国。海南岛、越南和印度的海滩现在是俄罗斯中产阶级的冬季游乐场。有很多俄罗斯人正在中国和其他亚洲国家学习和工作。

莫斯科与北京及中亚国家共同创建了上海合作组织（简称"上合组织"）。上合组织试图消除该地区的大国对抗、宗教极端主义及中国分裂势力的存在。但俄罗斯似乎更注重与欧洲和亚洲的关系。中国与中亚的能源供应和运输通道的连接正在削弱俄罗斯在那里的传统主导地位。其人口稀少但自然资源丰富的远东地区正被纳入中国、日本和韩国的经济轨道。西伯利亚的农业越来越依赖中国的移民劳工。俄罗斯未来与亚洲其他国家的关系仍然是个未知数，与俄罗斯的身份、政治制度或其在欧洲和中东的角色一样不确定。

亚洲正在崛起为一个更加一体化的经济体和社会的影响刚刚开始显现，但希望是巨大的。亚洲化很可能加入全球化行列成为 21 世纪的一种典型现象。我们正在把亚洲供应链经济的崛起过程中呈现的这种事实视为全球贸易的心脏和循环系统。大多数金融分析师预计，像人民币一样的亚洲货币将迟早会作为贸易和国际货币储备进而削弱美元当前的主导地位。一个更加一体化的亚洲的人力资源和自然资源的多

257 样性将为在迅速提高的生产力当中的经济持续扩张奠定坚实的基础。

我们最优秀的银行家和经济学家指出，在 2050 年，距今不到 40 年，中国的国内生产总值以现价美元计算将达到 70 万亿美元。相比之下，美国的国内生产总值现在约为 14 万亿美元，到 2050 年，或许高达 35 万亿美元。他们告诉我们，印度在同年的国内生产总值将与美国相当，甚至超过美国。其他亚洲经济体的国内生产总值，如印度尼西亚，也将按比例相应增长。这些数字或许是有争议的，但没有理由怀疑，到 21 世纪中叶，世界经济的重心将在亚洲，或者在中国，或者在印度。阿拉伯人、印尼人、土耳其人、日本人、印度人、美国人、欧洲人、非洲人、拉美人及其他人将向中国人看齐。正在崛起的中国和印度现在提升了亚洲人的地位。亚洲已开始领先世界。

三个世纪前，欧洲以及紧随其后的美国，取代了亚洲在科技创新上的长期卓越地位（例如，零、指南针、火箭、纸币、活字印刷术、化学、美容院和银行支票的发明。这些分别是印度人、中国人、韩国人、阿拉伯人和穆斯林对人类文明的贡献）。但是，受过良好教育的亚洲人的数量正在猛增，可以把理念转化成产品的机构（如研究型大学和风险投资企业）也已开始在大陆扎根。在 21 世纪，随着时间的推移，将没有人对看到亚洲恢复其领头羊地位而感到惊讶。

亚洲文化的声望和影响力也有望增加。我们很少思考亚洲方式在多大程度上已经渗透到我们的日常生活中。上一代美国人觉得，我们对寿司和生鱼片的热衷是难以想象的（"紫菜卷饭团和生鱼肉的晚餐？不会当真吧？"）。印度风格的人体穿刺和吊饰，一度被视为淳朴的异国风情，现在让美国人（青年人和老年人）感到其更富美感或有损形象（取决于你的观点）。水烟店已进驻我们的城市。数独游戏也风靡一时。人们开始留意风水，我们的孩子也学起了武术。接下来还有什么会来自亚洲？肯定还有现在看似不可能的东西。过不了多久，我们将使它理所当然地变成"我们的"而忘记其亚洲之源。

在我结束演讲之前，我想对每个美国人都最热衷的主题（对看似取苏联而代之的敌人的搜寻）提出几点看法。那个由俄罗斯人主导的帝国极不负责任地退出了主宰世界的竞赛而留下我们国家"主宰世界",但这让我们患上了一种糟糕的敌人缺失综合征。我们需要一种现实存在的威胁以找到使我们的军事开支比世界其余地区军事开支总和还要大的合理化的理由,并进而证明在即将来临的国家破产所必需的预算削减中排除国防开支是合情合理的。俄罗斯就不必再考虑此事了。因此,我们想到了两个要搞垮我们的候选对象,分别是亚洲西部和东部的中心,即伊斯兰国家和中国。但哪一个都没有真正上升为我们已指定的角色。

258

穆斯林渴望重新发挥在世界事务中的重要作用。他们之间关于如何有效控制社会的争吵在不断升级,偶尔还很激烈。一些穆斯林强烈反对我们的文化对他们施加的影响并想要将其排除在外。其他穆斯林,如突尼斯和埃及的实例所显示的,接受基于现实的现代西方政治制度的理想元素,但不希望采纳我们的模式或我们的习俗。所有穆斯林都憎恨美国支持以色列而反对其盟友,不过,也有少数穆斯林对我们武装入侵伊斯兰国家及其造成的后果感到恐惧。大多数穆斯林希望我们离开,这样,他们就可以解决其内部分歧。几乎没有穆斯林存在想让我们转而皈依他们的信仰的任何愿景。没有一个伊斯兰国家有能力征服我们。伊斯兰国家不具备现实威胁能力。伊斯兰国家不挑战世俗的美国的独立、价值观和安全,但对我们在军事上控制信奉伊斯兰教的国家是一种威胁。

至于中国,我们似乎最重要的是担心它或许会变得和我们一样,一个被崇尚武力、配有力量投射的军队及拥有把其价值观强加给世界的冲动而驱使的国家。在中文里,组成"中国"这个词语的两个表意文字意味着"中央之国"。在 21 世纪,中国很有可能在人类所努力的许多领域再一次实现这一词语蕴含的意义。但是,中国在其他方面也处于被瞩目的中心地位。它已被军事强大的邻国所包围,如俄罗斯、印度、日本、朝鲜和越南,当然还有美国。美国在正对着中国 12 海里的领海边界驻有强大的海军力量,在阿富汗和沿着其西部边界的其他地方还驻有强大的陆空部队。中国必须应对许多危及其国家安全的挑战，其中只有少数直接涉及美国，而且集中在边界地区。

简而言之，中国面临着太多直接的军事、社会和经济的发展问题，所以，在试图主导世界（即使它想这样做）时其无法追随美国。21 世纪亚洲的安全环境将以赞成和反对与中国的联盟为特征。在这方面，亚洲与 19 世纪的欧洲相似。如果美国想借鉴英国当时的经验的话，它也将为其提供离岸平衡的机会。无论何时何地，只要大陆的行为体需要增援以阻止邻国的野心，英国都会给予支持，但很少直接干预。政府出面运作并不是坏事。

最后再举一个新兴的亚洲军事现实的复杂性的例子，我想简要地考虑其核方面的事情。不包括美国（其国土的三个方向上有核部队驻扎）的话，在世界其他 9 个核武国家中有 6 个属于亚洲。随着时间的推移，许多人怀疑，伊朗可能成为亚洲第 7 个拥有核武的国家。即使没有伊朗，亚洲的核格局也已经非常复杂了。中国、俄罗斯和美国以彼此为目标。朝鲜以日本和韩国为目标，要是有可能的话，它还会以美国为目标。印度以巴基斯坦和中国为目标。巴基斯坦以印度为目标。中国亦不例外。尚未有核武国家把以色列作为目标，但以色列把其核武对准了其周围的每一个国家。印度、以色列和巴基斯坦都不是《核不扩散条约》的缔约国。朝鲜仍对其不屑一顾。这是美国对防止核扩散的持续关注现在看来是如此怪异的一个原因。老虎正从笼子里逃出。亚洲是核威慑理论面临最终考验的地方。在此背景下，俄美从我们的冷战相互确保摧毁的试验中继承下来的不可思议地过度建设核武库是无意义的并且绝对会造成一种巨大的资金浪费。

同样的问题也适用于美国的一些但不是所有的关于非国家行为体的核攻击已经确定的歇斯底里症。每个拥有原子弹的国家都对其进行了大的投资建设，但都面临一个更为迫切的其原子弹是否转移的安全问题。没有一个国家会放弃这么珍贵的东西。如果不是妄想，那么对核武器被故意转移到恐怖分子手里的担忧似乎被严重夸大了。

但是，存在一种可能，即拥有核武器的国家的国内秩序崩溃可能会给心怀叵测的一群人或凶残的极端主义分子提供窃取一两颗原子弹的机会。在该背景下，目前的巴基斯坦武装分子或以色列定居者会浮现于我们的脑海中。在未来的几十年中，还可能存在其他一些这样令人担忧的情况，除非激发狂热与极端的冲突根源能被消除。因此，保持警惕是有道理的。对亚洲和其他地区范围内的解决文明间的冲突、消除压迫以及构建和平、公正与繁荣的重新关注也是因为如此。

　　总之，美国的挑战就是让亚洲的进步为我们所用，而不是主宰亚洲大陆或阻碍其进步。亚洲的繁荣对美国的财富和福祉至关重要。亚洲的勤劳智慧和经济生产力应当促使我们提高我们自己的绩效标准，而不是试图降低它们的绩效标准。亚洲的创新必须满足美国对科学技术的新承诺，而非向封闭思想和保护主义看齐。亚洲内部的动态变化会使美国外交更加灵活，在抑制那里的冲突而非武装干预的同时还能减轻我们的国防负担。

260

　　如果我们不承认希腊人所界定的"亚洲"在几千年的衰败后再重新崛起，我们将只好认输。一个符合上述描述的"庞然大物"实际上正在兴起。我们不能指望制服这头野兽（让我们把它想成大象），我们有一个解决其尾部而不是其躯干、头部、腿部或腹部的对策就可以了。亚洲的每一部分都有自己的问题并需要找到对应的政策工具，但在某些方面，我们面临的最大挑战也许就是把亚洲大陆视为一个整体并设想我们的战略进而采取相应的行动。无论是我们的院校和政府组织，还是我们以往的经验，在这方面将不会有所帮助。但我们必须做到。了解亚洲日益增加的互动联系是在未来几十年恢复美国在那里的领导地位和进行有效的全球治理的一个先决条件。两者都是极为重要的。

东亚与波斯湾阿拉伯国家的接触 [*]

东亚与波斯湾阿拉伯国家的接触*

2011 年 10 月

没有人对西亚和东亚国家的快速靠近而感到大惊小怪。双方对推动经济合作与政治和解的热衷是引人注目的。尤其是海湾国家，无论是其阿拉伯方面还是其波斯方面，东亚的诱惑力早已不是什么新鲜事。如今，像过去一样，它是受宗教关系和从经济交流中获利的欲望所推动的。

公元 650 年，哈里发奥斯曼·本·阿凡指派先知穆罕默德（PBUH）的一个弟子担任新建立的唐朝的传教士。那一年标志着伊斯兰教传入中国的开始。从那以后，穆斯林对中国社会发挥了重要作用。明朝海军统帅郑和于 15 世纪初期率领舰队访问阿拉伯就是一个很好的例子。他的祖父和曾祖父都是虔诚的穆斯林。郑和是波斯人赛典赤·赡思丁（在元代初期为云南设立行省后的第一任行政长官）的六世后裔。

很多证据表明，认为自己是穆斯林的中国人的数量已超过一亿人，不过，官方统计的人数仍不到它的 1/4。正如郑和的例子所表明的，中国的穆斯林长久以来一直积极地维持其祖国与阿拉伯人、波斯人、土耳其人和其他穆斯林之间的交往。

当然，这种跨文化联系因西方殖民主义对国际关系的重新定位而中断。中东的后殖民时代和中国在财富和权力上的崛起正在促进恢复这一联系。2010 年，大约 13500 名中国人前往麦加朝觐。现在已开通

261

---

* 2011 年 10 月 16 日在巴林麦纳麦的国际战略研究院论坛上发表的论文。

了从北京、乌鲁木齐、兰州、银川和昆明到麦加的直达航班。

与此同时，海湾与世界上穆斯林人口最多的国家（印尼）及其马来姊妹国（马来西亚和文莱）的联系也一直很密切。海湾与东亚的关系的主要驱动因素一直是商业、航海、朝圣而非政治和安全事务。阿拉伯半岛处在非亚欧三大洲的交会处。从罗马时代到欧洲殖民主义时代，其大部分财富与作为地中海地区进口亚洲丝绸和香料的中间商的当地商人的作用密切相关。作为亚非欧贸易的一个重要桥梁，迪拜的出现就是这一战略定位的一种现代表达。

该地区因近乎垄断了诸如乳香和没药等商品而一度被认为是一块天赐宝地。现在，它拥有超过世界已探明的石油储量的 1/2 和天然气的 1/3。但即使没有这样的资源，海湾阿拉伯国家作为贸易枢纽和交通走廊的天然地位也将使其成为欧亚非的战略利益的要地。造就海湾合作委员会六国的国内生产总值的航空、物流管理和港口服务的快速增长就见证了这一地缘地位的重要性。

然而，对于亚洲和世界其他地区而言，海湾首先被看作世界能源生产以及日益成为包括化肥在内的石化产品的中心。阿拉伯人和波斯人生产石油和天然气，亚洲人是这两种能源的主要消费者。这种互补性是不可避免的。无论海湾阿拉伯国家还是伊朗的国际定位都不会不受其能源和化工产品的增长最快和最大的市场是在东亚和南亚（尤其是中国）的事实的影响。中国作为全球经济重心的崛起正在把亚洲的各个地区联合起来，这在以前是不可想象的。西亚地处偏远，所以中国在海湾的影响力有所减弱，尽管如此，它的影响力仍非常明显并呈现日益增长之势。

目前，仅中国就约占了世界人口的20%，全球经济产量的10%及能源需求增长的40%。在 10 年内，其经济规模有望超过美国并赶上欧盟。中国已经成为世界上最大的能源消费国以及仅次于美国的第二大石油进口国（中国大概直到 21 世纪 20 年代末才会超过美国成为最大的石油进口国）。目前中国近 3/5 的石油进口来自海湾。同时，日本、印度、韩国和中国台湾也分属世界第三、第五、第六和第十大石油进

262

口国/地区。

亚洲除了作为能源市场的重要性之外，它现在也占海合会非能源产品出口的40％。这种出口正在快速增长。例如，沙特阿拉伯最近已成为中国纺织行业的最重要石化供应商。东亚不仅是海湾出口导向型经济体的未来，在很大程度上，它也是其现实导向。

石油、天然气、石化、航线、航运和该地区恢复了作为中介贸易中心的角色已导致海合会经济体财富呈爆炸性增长。这种增长一直伴随着不仅要在人力和基础设施上还要在国防装备和服务上进行大规模的投资。

在海湾阿拉伯国家现代化的早期阶段，这些国家以及伊朗主要是依靠美国人和欧洲人来提供工程服务、施工管理、设备和耐用消费品。欧洲和美国的工程师与技术人员现在仍活跃在海湾的阿拉伯国家，但在很多方面已相继被日本、韩国，以及现在日益被中国的企业和劳动力取代。

政治对抗和制裁同时消除了美国在伊朗的存在并极大地减少了欧洲的存在。亚洲企业填补了这一真空。30年前，日本和韩国的制造商开始从其美国和欧洲的竞争对手中抢占市场份额。它们继续在海湾包括炼油厂和海水淡化厂的建设在内的重型机械项目和象征该地区跃进到现代化的大型办公和住宅大楼的建设中发挥着主导作用。

日本现在绝对是沙特阿拉伯最大的外资来源地。韩国人在阿拉伯联合酋长国新核电站竞标中胜出。在过去的几十年中，中国已经主导了海合会的消费品市场。中国的建筑企业现在随处可见。除了近300万菲律宾和孟加拉工人和超过200万巴基斯坦海外工人外，越来越多的中国劳工正在和600万印度海外工人一道出现在海湾地区。

然而，中国工人在海湾的人数不可能达到菲律宾人或南亚人那么多。海合会成员国终于开始认真讨论相比输入外籍劳工更加青睐本土劳动力的必要性的问题。未来几年应该会看到海合会对外籍工人的依赖会减少而非增加。数以千计的中国企业已在迪拜安家落户，并已在该酋长国设有展厅和配送中心以更好地实现其在西亚和非洲市场的

263

营销。

　　海合会成员国内部的一些飞地对外国人给予一些豁免，使其不受性别不平等的限制，强制戒酒并放弃导致他们要求额外的工资和辛劳补贴的宗教和社会孤立政策。这些做法无论是继续还是甚至扩大到什么程度，这些飞地仍将是竞争激烈的地区，亚洲以及西方企业都可以在此实现充分的发展。

　　海合会国家除了贸易中心的作用之外，它们也像伊朗和伊拉克一样已成为东亚重要的汽车和其他制成品的市场。海合会与新加坡在2008年首次签订了集体自由贸易协定（FTA）。它已经与中国、日本、韩国、印度、巴基斯坦、澳大利亚和新西兰就自由贸易协定的附加条款进行了谈判。30年前，海合会与欧美之间的贸易占其对外贸易总量的4/5，而现在，该地区的贸易约1/2是与亚洲进行（与日本和韩国的贸易占1/4，与东盟成员国、中国和印度的贸易占1/4）。

　　在1973年阿拉伯石油禁运和石油价格上涨后，海合会成为包括北美和欧洲在内的世界的重要资本来源。在2001年9月11日纽约和华盛顿的恐怖主义袭击事件发生后，美国已不再是富裕的穆斯林投资者和机构进行投资的一个广受欢迎和安全的目的地。最近，尽管出于多种原因，欧洲也被认为是一个更具风险的投资地。这样一来，海湾阿拉伯资金就会越来越多地流向亚洲。阿拉伯资金在整个亚洲都受到追捧，韩国逐渐增加发行苏库克（伊斯兰债券）这一事实就是明证。

　　在东亚和阿拉伯海湾之间随着新机构和金融实践的发展，还出现了大量的幕后金融合作。马来西亚开创了很多伊斯兰银行业务的新方法，它们已经成为无论是全球金融机构还是海湾地区金融机构的日趋突出的部分。吉隆坡仍然拥有世界上最大的伊斯兰债券市场（它即将首次发行以人民币计价的伊斯兰债券）。因为西方大萧条的爆发，各国对非杠杆性的融资方式的兴趣自然大大增加了。伊斯兰银行的做法因此远远超出了伊斯兰教领域。同时，中国已把海湾主权财富基金视为自己的样板。中国主权财富基金已效仿并大大受益于海湾地区非常专业的管理基金的非正式建议。

264

海湾和东亚之间扩大金融和商业往来的影响远不止上述那么简单。文化交流的进展还不是很快。据说先知穆罕默德曾规劝穆斯林，"学问虽远在中国，亦当求之"。然而，近年来，海湾地区还没有多少人开始这一知识之旅。亚洲人为掌握阿拉伯语和理解海合会的历史和文化已投入的时间和精力要比海湾阿拉伯人愿意致力于学习中文、日语、韩语和马来语投入的时间和精力多得多，尽管有些阿拉伯人已这样做了（人们想到了来华学习中文并获得了中国大学学位的沙特阿美石油公司的几十个工程师）。

在缺乏训练有素的口译和笔译人员的情况下，东亚人有时表现出来的贫乏的英语语言技巧可能并且的确会造成相互失望和误解。不过，亚洲非穆斯林似乎相对摆脱了令人困窘的伊斯兰恐惧症和对"9·11"以来一直影响很多西方人的对当地习俗的抗拒的影响。亚洲两端的生意正在加速进行。迄今为止，这一生意不包括很多在武器装备和国防服务上的贸易，尽管韩国和中国一直向海合会出售一些武器（日本仍禁止武器出口，尽管这种情况或许就要发生变化。其他亚洲国家主要是军事技术进口国而非出口国）。

东亚人或许在该地区长期以来一直由欧美供应商主导的军火市场中迟早会成为有力的竞争对手。但无论是南亚人还是东亚人都不愿意在海湾的安全方面发挥作用，这与19世纪和20世纪的欧美人类似。唯一的例外是巴基斯坦，它长期以来一直是海湾地区的军火供应商或为其提供军事技能和人员培训，以及寻求与其他伊斯兰国家进行密切交往以寻求对抗印度的战略纵深。随着时间的推移，出于自身利益以及与巴基斯坦竞争的需要，印度也可能参与向海湾地区派遣军队和提供安全保障。在殖民地时期，英属印度（包括现在的孟加拉国、印度和巴基斯坦）深陷海湾地区的泥潭就是一个先例。但中国人、印尼人、日本人和韩国人并不十分愿意参与对海湾及其航海自由的防卫。

一般情况下（马来西亚有时是一个明显的例外），东亚人设法在政治问题上避免采取有争议的立场或避免使自己卷入扰乱西亚和平的各种冲突之中。这些冲突包括以色列人和巴勒斯坦人及其他阿拉伯人之间的冲突、以色列人和伊朗人之间的冲突、以色列人和土耳其人之间的冲突、阿拉伯人和伊朗人之间的冲突，以及逊尼派和什叶派之间的教派纷争。从海湾阿拉伯人的视角看，这种不明确的立场只会使亚洲人获得有限的合伙人资格。他们比思想上坚定和地缘政治上要求苛刻的美国人和欧洲人更容易对付。但是，出于同样的原因，他们也不热衷做出军事承诺。亚洲人很容易被招募成为军火供应商，但不是作为盟友或安全保证人。

　　目前，没有一个东亚国家具有干预该地区所需的力量投放能力，即使它有此倾向。东亚国家在该地区没有帝国历史。它们似乎还不具有帝国野心。种种猜测表明（主要是印度过于沉迷与中国竞争的结果），中国或许在未来会发展这种能力，但没有证据表明，它确实打算这样做。中国还未明确宣布这样的目标。

　　尽管东北亚在海合会的能源和商业利益有所增加，但在可预见的未来，这些国家都不太可能成为西方的竞争对手或发展类似北约一样的军事集团组织作为海湾安全或区域军事平衡的安保力量。海合会国家很想淡化其对美国和其他西方大国的依赖，但令它们失望的是，东亚和海湾之间的军事关系很有可能仍是交易性的而非广泛协作性的。亚洲国家对海湾安全架构的贡献与军售不同，它的缺乏必然会限制其影响力，尽管它们之间有许多共同利益。

　　在对腐朽的国际秩序进行重新塑造的过程中，东亚、西亚和南亚国家之间有广阔的合作空间。它们在将冷战后的美国"单极世界"的残余有效且有序地替换为更能反映它们利益的安排方面拥有共同的利益。目前全球治理的危机影响了这些利益，因此，需要对广泛的国际机构、组织和惯例进行重塑。

　　世界面临的挑战体现在政治、经济及人类物种对自然环境的影响上。它们包括在处理失败国家、宗派纷争、恐怖主义、海盗、调解与和平维持等问题上发展更好的策略。它们包含国际货币和金融体系、贸易和投资流动的进一步自由化及能源和其他自然资源的生产和消费的有序管理的改革要求。它们必然要求开发缓解或修复人类活动引起的全球气候、环境和生态的变化的有效手段。如果没有海湾富裕的伊斯兰国家或东亚和南亚新兴大国的参与，这些问题不可能成功地得到解决。有关各方的接触似乎注定会增多。

266

虽然建立密切的外交、商业、金融和文化关系的进展一直迅速而稳健，但这些新的关系仍处于初期阶段。它们的未来发展面临着重大挑战。尽管对古代交往的复兴呈现怀旧之情，但是，海合会和大多数亚洲国家（尤其是东北亚的工业化国家）在政治和商业文化、宗教传统、社会环境和社会经济结构上仍存在根本差异。双方刚刚开始互相接近，摩擦是不可避免的，因此，为了实现共同利益它们必须学会相互合作。

这样的摩擦对能够观察商业和金融交易的任何人而言都是显而易见的。海湾阿拉伯人的生活仍受宗教日历、个人的家庭义务、贵族生活以及其他保护网的约束。东亚地区今天的生活把充满怀疑的深情怀念、与西方发明的商业日益交融在一起的本土传统、对组织的忠诚和相互的责任融合在一起。同辈亲戚和族谱在海湾小型共和国所发挥的作用，与政党和意识形态在中国所起的作用是类似的。海湾地区的多种关系在很大程度上是按等级排列的。在东亚，它们却是更平行的。海湾和东亚分享着主人对客人尽职的奉献精神，但与东亚强调个人"颜面"形成鲜明对比的是，阿拉伯国家更重视家族荣誉。所有这一切给它们蕴含的各种关系、履行义务及争端解决方法都带来了困惑。

那么，随着时间的流逝，两个地区在很多方面的差异和经常的不相容的累积就会越来越深。在某些方面，今日阿拉伯的商业文化与19世纪和20世纪初中国的商业文化相似。那时，中国人非常不守时，对谈判和执行协议的准备充满了随意性，并对不支持他们自己的合同规定的条文毫不在意。相比之下，今天的中国人、日本人和韩国人特别守时，对规划谨小慎微并亲自了解（如果不满意）国际交易的法律上的复杂程序。亚洲统治者和商业巨头当时雇用专家（他们在中国被称为"买办"）管理其与外国企业的互动并借此与它们保持一定的距离。

出于同样的目的，今日海湾地区的富人和权贵也依赖外籍专家来与外贸和投资伙伴打交道。

西方人和海湾阿拉伯人一直能够成功地应对商业交易和金融合作上的障碍的事实有力地表明，随着时间的推移，在双方的共同努力下，这些合作上的禁忌和壁垒能够并将被克服（当然，还有基于相互误解和误会的失望而出现的可感知的合同成本的风险问题。随着时间的推移，中国人，像其经验更丰富的日本和韩国竞争对手一样，将会学到很多有利于其在海合会的项目上投标的东西）。然而，除了商业文化的问题，合作的障碍在很多方面似乎没有像与西方的那些障碍那样难以克服。

伟大的蒙古领袖成吉思汗和他的后代征服和掠夺了亚洲（最终包括阿拉伯和伊斯兰世界的大部分）。蒙古人挑选东亚人作为技术顾问、围城工程师和后勤辅助人员。除此之外，东亚人没有在中东和北非有殖民和帝国冒险主义的历史。他们没有参加以色列犹太国植入该地区的斗争。他们仍对巴以冲突及相关争端保持观望。他们在海湾既没有军事干预的历史也没有任何不切实际的想法（如前所述，假如说他们与海合会军队的距离限制了其潜在的影响力，那么它也限制了其政治风险）。亚洲人在海湾没有必须趋向于施加其利益的附庸国。他们既不认同十字军东征也不认同像远征福音传道这样的暴力趋于弱化的形式。他们并不倾向干涉该地区国家的内政以改革其政治、社会和道德观念。他们并不信奉其认为是普世的而对其他人而言是邪恶的并且不会被采纳的原则。

现在，中东和北非已进入后后殖民时代，冷战后美国主导的全球秩序正在衰退，而亚洲正在重新崛起为全球财富和权力的中心。东亚人不应担负西方主要大国的政治包袱。为应对这些变化必然导致的国际议题，海合会需要它们的合作，它们也需要海合会的合作。在这种情况下，东亚和海合会之间的合作前景似乎无限光明。

印度、巴基斯坦和中国[*]

2010 年 12 月

我被邀请对印度、巴基斯坦和中国（南亚的三个大国）之间的战略互动发表自己的看法。大英帝国和冷战早期的遗产在确定该地区的战略格局中的作用超越了喜马拉雅山脉和喀喇昆仑山脉。在这一格局的框架中，主要的行为体形成并遵循它们各自的国家安全政策。到目前为止，海权在它们互动中的作用比实际更具冒险性。在这种情况下，陆权和空权最有可能确定在印度洋周围要发生的事情。

英国人在历史上首次把整个次大陆统一于一个主权之下。这样，他们取代穆斯林统治者拥有了权力。当英国人撤离印度的时候，穆斯林占多数的地区并未接受占大多数的印度教徒统治下的政治从属地位，而是寻求巴基斯坦国的自治。在许多方面，印巴互动就像一场未结束的内战，甚至可以说超过了一场国际冲突。在此背景下，持续的克什米尔争端一直是南亚教派冲突的重要根源。同时，以德里为中心的英国统治霸权的存在要依靠该地区的所有国家，除了从属于德里托管的巴基斯坦和中国西藏之外。

在成为印度的统治者后，英国人试图把中国西藏和阿富汗确立为纳入其统治轨道的缓冲国。为此，他们多次派英裔印度人军队去征服它们。他们还在不熟悉的地形图上标示界线以划定印度的势力范围。

---

* 2010 年 12 月 13 日在弗吉尼亚州亚历山大由海军分析中心和印度国家海事基金会共同举办的会议上发表的演讲。

在这些范围内，他们试图实施直接或间接控制以抵御毗邻印度的地区大国竞争对手的战略优势。

印度和巴基斯坦独立后，它们都声称把英国单方面强加的分界线作为其法律边界，不过，印度随后重划麦克马洪线以把其边界最远推向传统上西藏当局享有的领土境内。中国和阿富汗从未接受这些边界的合法性。在很大程度上，英国人划定的分界线（但没有划定克什米尔的界线）以及总督们采取的政策是南亚持续紧张的根源。

在20世纪50年代，中国提议根据依法占有原则（根据实际控制而非以殖民主义者划定的地图确定的边界）解决其与印度之间的边界问题，但遭到印度的拒绝。1962年的中印战争恢复了由中国早些时候提出的实际控制线，但也引起了印度和尼泊尔之间的相关领土争端。解决边界问题的断断续续的讨论没有解决中印和印度与尼泊尔之间的分歧。在中印处于敌对状态之后，巴基斯坦于1963年根据依法占有原则与中国达成了一项临时边界协议，以待克什米尔地位问题得到解决（后执行）。如今，印度的北部边界再度处于政治军事升级的紧张状态。

20世纪50年代，印度与美国合谋，旨在通过打破西藏稳定进而从战略上转移中国注意力来更好地实施美国的隐蔽行动的计划。在这些计划并未导致1959年西藏叛乱成功之时，达赖喇嘛从西藏叛逃国外，印度成为其盘踞地。1961年，贾瓦哈拉尔·尼赫鲁总理采取了一项军事挑战的"前进政策"以解决中国在喜马拉雅山麓控制线北部地区的领土争端。他确信，独立的印度如英属印度一样，要致力于挑战对中国西藏的控制（这一次得到了美国和苏联的鼓励），但1962年中国最终把印度军队推离边界。

这种悲惨情景的很多元素如今又开始重现。在印美没有任何秘密行动计划的情况下，中国对国际社会支持达赖喇嘛和同情西藏暴乱者的误解很容易形成另外一种场景。印度继续沿着中印边境增加部队并不断加强巡逻。这似乎是就实际控制线再次向中国发起挑战。中国已加快了铁路和公路建设，这将有利于其部队一旦需要就能快速部署至

269

边境地区。

与此同时，关于解决边界争端问题的谈判的重新恢复，推动双方各自重新发表新声明，其内容遭到彼此的愤怒拒绝。印度许多人似乎一直在叫嚣，要采取某种补救措施以报复自己的国家在大约50年前被中国施加的军事羞辱。目前尚不清楚这应如何引起两国政府的高度重视。然而，尽管中印经济上的相互依存快速增长，但在喜马拉雅山麓的不断升级的紧张局势形成了值得密切关注的危险局面。它们有可能使美国和印度之间的战略合作走向复杂化。

克什米尔不断恶化的局势也是如此。印巴之间核僵局的出现使印度对巴基斯坦的压倒性常规军事优势不如以前那么明显了。这使两国之间的军事竞争转向了非常规和非对称领域。巴基斯坦不满足于克什米尔不断升级的骚乱只钳制印度几十万军队和安保部队。同时，克什米尔的局势激发了在那里活动的各种恐怖团体（印控克什米尔和巴控克什米尔都存在很多活跃的恐怖组织）对印度实施恐怖主义活动。印度，就其本身而言，更加活跃于阿富汗（巴基斯坦的战略后院），因为印度支持的北方联盟是卡尔扎伊过渡政府的非常强大的政治基础。

如果印度与中国西藏地区的互动在许多方面是类似于该国英属时期双方之间的互动，那么巴基斯坦也已继承了英属印度的政策。伊斯兰堡已寻求战略否认阿富汗的敌人，无论是俄罗斯（20世纪80年代为苏联）还是当代印度。如美国人正深入领会自己深陷的困境一样，忽略印巴战略竞争的南亚政策（特别是那些针对杜兰德线周围区域的政策）根本不起作用。

自巴基斯坦于1947年独立以来，它从印度教同胞那里确保其独立的问题就一直被特别关注，更强大的印度共和国在1971年"肢解"了巴基斯坦。这使得巴基斯坦与美国结成了一个不稳定的联盟以反对其共同的敌人：巴成为《巴格达条约》的一员，U–2侦察机飞越苏联领空的起飞点，参与反对苏联占领阿富汗的圣战，以及最近对其阿富汗边境地区辐射全球的恐怖分子的极力抵抗。1962年中印对抗公开化催化了巴基斯坦对中国长期的战略依赖。

在有些时候，巴基斯坦已能够成为美国和中国的共同合作伙伴。当然，1971 年美国对中国的开放是由巴基斯坦进行斡旋的，同时中国是巴斯基斯坦在美国支持下努力从阿富汗驱逐苏联的一个全面合作伙伴。然而，巴基斯坦断续进行与美国和中国合作的并行计划的能力从未使其设计出中美联合行动或发展其与华盛顿乃至与北京长期可靠的伙伴关系。

中国与印巴的互动在过去的几十年一直表现得非常稳定。中国在该地区的利益被为了避免对其领土的一部分（使中国成为南亚的一部分的西藏）的主权和领土完整的挑战的愿望所主导。从根本上讲，这是一种防御姿态，与中国致力于维护其周边的和平的国际环境是一致的。安宁的边境对中华民族努力实现复兴、发展和繁荣是相当重要的。

鉴于这些利益，在所有条件都相同的情况下，中国能够被指望全力支持南亚的现状。中国事实上已经控制了其要求的与印度有争议的西藏的边界，包括克什米尔以及其与巴基斯坦的边界。它的目的是确认而非改变这些边界。尽管德里存在严重忧虑，但在对抗中国问题上，印度缺乏来自外部的支持，而事实上中国并没有试图挑战印度在孟加拉国、不丹、马尔代夫和斯里兰卡的实际霸权地位。当然，它也没有准备援助和支持印度对缓冲国（如尼泊尔）或战略对手（如巴基斯坦）的主导权。

但是，一旦印度与和中国敌对的大国结盟，正如在英国统治时代或在印度与美国冷战时的特殊关系以及与苏联事实上结盟的时期，中国就会做出反应并采取措施全力对抗印度。中国在 20 世纪 60 年代甘愿加强对巴基斯坦的支持就是一个很好的例子。中国并没有因巴基斯坦的美国盟友仍决心孤立并推翻北京政府而却步。中国人已把竭力削弱印度的南亚霸权的目标铭记在心。一些人提出的亚洲反华协约国（把印度、日本、越南、美国联合起来以抗衡中国）的形成可能需要付出很高的代价。冒险刺激中国旨在改变南亚现状的政策是符合印度还是符合美国的利益？无论以何种标准来衡量，现状对印度都是非常有利的。

271

在这方面，值得注意的是，印度显然将中国视为其在亚洲影响力的主要竞争对手，但中国并没有以同样的观点看待印度。中国仍然从南亚地区的视角而不是泛亚洲的视角来看待印度。对中国而言，印度既是南亚的主导力量，又是西藏自治区潜在的干涉主力，而不是在欧亚大陆及其邻近海域的更广泛领域里的竞争对手。印度和中国在其国家安全战略中彼此分配力量的不平衡使很多印度人感到被羞辱，因为他们把它视为中国轻视其国家的表现。但这对印度无疑是比其他选择要安全得多。

大多数预测显示，在2050年，中国的国内生产总值相当于美国或印度的2倍，而印度在经济规模上将会达到与美国持平的水平。已成功达至那种规模的印度就不必再对巴基斯坦有任何忧虑。已增长到那种程度的中国将不惧怕与美国人和印度人对抗，但应继续看到与两者合作的优势。这样的结果将有利于提早结束关于在喜马拉雅山麓的控制线的争斗以及在克什米尔确立被其居民接受为合法的秩序。哪一项任务都不是轻而易举就能实现的。但是，实现这两项任务，而不是演变为实力的较量或开创新形式的敌对关系，应当是中国、印度、巴基斯坦和美国政策的重点。

第十章
军事互动

冷战后初期是亚洲武装力量快速现代化的开端。因为该地区国家的地位越来越接近发达国家，所以它们渴望建立一支与欧美和在其之前就实现工业化的其他地区相媲美的武装力量的想法是很自然的。亚洲各国牢记西方列强传给它们的主权概念。因此，它们希望通过界定防卫后殖民界声称并确保其主权安全也是再自然不过的事情。在整个地区，曾专注于维持国内秩序的军队现在日益就对外防御明确其使命，这是一项需要更高水平的军事能力的任务。

中华人民共和国是亚太地区国家当中的一个特例。中国的经济改革和军事重组几乎迟早会在成为一个经济和军事方面的强国（即中国将成为经济和军事影响力遍及全球的一个国家）的这种普遍期待中发生（北京是否在政治上达到与之匹配的地位取决于其是否在经济改革后进行使中国对其邻国和世界不再缺乏吸引力的政治改革）。在紧急情况下，准备军事占领台湾的要求已给人民解放军的现代化呈现了其之前缺乏的专注重点。这一要求比什么都重要，目前正在驱动中国的军事重组、培训、研发及其装备和技术的引进。

中国的国防现代化以及该地区对中国崛起的忧虑一直是大多数亚洲国家军力重组及现代化的驱动力。到 2012 年，全球五大武器进口国都是亚洲国家。2007～2011 年，印度是世界上最大的武器进口国，占全球军火贸易的 10%。紧随其后的是韩国（占 6%）、巴基斯坦（占 5%）、中国（占 5%）和新加坡（占 4%）。同样是 2012 年，亚洲的国防开支首次超过了欧洲。在此方面的一个重要因素就与中国有关——中国的军事预算每 5 年就增长一倍。

中美关系的短板以及问题最多的元素就是其军事层面。1989 年风波后，美国人实施制裁并不断提出要在意识形态上积极立法以禁止与人民解放军多种形式的军事交流。这些因素结合起来表明，美国人对人民解放军知之甚少——我们与之打交道要比我们与苏联红军在冷战高峰期间少得多。两军彼此了解的缺乏会导致双方在紧张或突发事件发生时出现严重误判。有很多这样的例子，包括 1996 年双边台海军事对抗，1999 年中国驻贝尔格莱德大使馆被炸，以及 2001 年美国侦察机和一架中国战斗机在海南岛附近的空中碰撞。这预示着如果出现台海危机、朝鲜半岛危机和中国南海危机，控制危机升级的前景很暗淡。

在冷战期间，美军和人民解放军有着稳定密切的关系，但这种关系在 1989 年戛然而止，因为苏联帝国的崩溃终结了中美战略合作的基础。1989 年中国政府对学生运动采取的措施以及民主在中国台湾地区取得的进展使美国再一次采取了针对中国的意识形态对抗政策，进而使中美关系逐渐降温。中美两军交往从 1989 年 6 月中断直至 1993 年 11 月初开始恢复，当时，我作为助理国防部长，前往北京以重新开启美军与人民解放军的军事对话。

恢复军事关系的目的，如果不是排除的话，就是减少那种已阻碍中美互动的相互敌对的状态。尽管考虑到双方的利益，但我几乎 20 年前就提出的通过交流与演习发展针对搜救行动、抢险救灾、打击海盗和反恐行动及对联合国维和行动的支持的合作能力的议程至今仍未实现。相互猜疑、法律障碍和追求共同目标的军事合作的任何一方提议的缺乏（以及中国对中美军事对抗和美国对台军售的反应）都会继续阻挠增进相互理解的努力。

在下面两篇文章的第一篇即《美国在中国的经济和安全利益》

中，我考察了美国在 1996 年台海危机余波后形成的海峡两岸军事关系中的利益。它提出的要素对双边关系仍然有效。[①] 自北京 1999 年意识到其必须发展军事能力以在摧毁台湾的同时也能牵制美国以来，中国的国防开支每 5 年就增长一倍。[②]

在第二篇文章即《北京、华盛顿与声望转移》里，主要探讨美中目前的军事互动。有关所谓美国的亚洲"支点"的讨论，请参阅第一章第一节（《美中关系 40 载》）和第十一章最后一节（《跨太平洋视域下的印度洋—太平洋地区动态》）。

275

---

① 在英文中可参阅的中国预算做法的最详细研究仍然是 2006 年 11 月在我的主持之下美中政策基金会研究小组对中国的研究报告，报告的题目是《中国国防相关支出：初步分析以及与美国之比较》，http：//bit. ly/SBh5jk。

② 可参阅第四章。

美国在中国的经济和安全利益[*]

1997 年 1 月

现在，大多数美国人都承认，中国注定在 21 世纪初期将恢复其 1850 年以前作为世界最大经济体的国际地位。^① 他们还认为，它也将成为世界级的军事强国。然而，他们对中国财力和权力的崛起对美国利益的影响尚未达成一致意见。许多人担心，中国不断增长的军事力量可能会打破亚太均势，挑战美国的领导地位并在该地区逐步扩大自己的影响范围。其他人则认为，中国军队的现代化及其积极参与国际事务有可能会促进地区稳定和维护全球秩序。许多人还担心，中国的经济增长或许会扰乱在过去 50 年期间美国领导下形成的国际贸易和投资体系。还有一些人认为，如果北京的经济规范能被全球经济的规范所同化，中国经济的快速发展就可以帮助提升美国的生活水平。

美国在 1846～1848 年的墨西哥战争和 1939～1945 年的第二次世界大战之间的近一个世纪的进程中出现在世界舞台上。这一时期恰逢中国处于衰退的世纪（从 1839～1842 年的鸦片战争到 1946～1949 年的内战）。50 年的过渡（大约与美国专注于冷战的时间相当）已把中国推上了再次增强其一直追求的"综合国力"的道路。美国难以适应

---

* 这最初是为经济战略研究所于 1997 年 1 月 16 日在华盛顿举办的主题为"美国在亚洲的利益：经济与安全的重点"的第四次研究小组会议而准备的工作报告。

① 经济史学家估计，在整个近代时期，中国经济占全球国内生产总值的 30%～40% 甚至更多。他们对罗马帝国在其鼎盛时期拥有比中国更大的经济规模也提出了质疑。

300

中国肯定会成为一个独立的行为体的这种非两极的世界。对中国而言，中国现在尚未学会如何负责任地行事以保证成为一个强大而自信的国家而不是成为一个敏感怀疑的软弱并饱受创伤的国家。

对美国安全利益的影响

无论中国崛起引起的力量均势的转变是危害还是有利于美国的安全，它们都可能在未来几十年挑战美国长期的既得利益。在美国的安全利益中，尚未确定的有：

● 美国控制全球敏感技术转移和抑制可能会威胁美国军事科技优势或美国在中东和波斯湾等地区的盟国和朋友的武器系统（"大规模杀伤性武器"）转移的能力；

● 美国在中国不能以武力把统一强加于其失去的台湾省上的单方面保证；

● 美国军事干预东亚而毫不畏惧其本土遭受报复的自由；

● 美国作为在朝鲜半岛和东南亚占主导地位的外部行为体和安全合作伙伴及其对南亚政治军事平衡具有主要影响的地位；

● 日本作为美国在二战后的辅助者而不是作为在西太平洋的一个独立的军事行为体的地位；

● 美国阻止由另一个大国控制欧亚大陆任何一端（也就是说，东大西洋和西欧或西太平洋和东亚）的世纪利益；

● 美国冷战后在安全方面作为世界唯一超级大国（也就是说，作为唯一的军事影响力遍及全球的国家）的地位。

当然，对美国安全利益的这些挑战的发生首先取决于中国经济资源旨在增强其军事实力的程度。迄今为止，在这方面的证据并不令人担忧。尽管中国经济快速增长，但其国防预算就中国人民解放军面临的挑战而言仍是适度的。这反映了中国把军事置于了相对于现代化的其他方面的次要位置。

几乎在各个方向，采取防守部署的人民解放军都面临着要比其最好的部队明显更先进和更有能力的军事力量（中国的国防决策者们必须考虑到来自俄罗斯、印度、越南，以及其他的东盟国家、中国台湾地区、韩国、日本，更不用说美国对其安全的威胁）。尽管如此，人民解放军在配给不足的情况下还被迫通过裁员和简陋的装备来追求现代化。在过去15年中国经济快速增长的时间里，该国的国防预算一直处于持平或下降态势（扣除通货膨胀后）。与此同时，中国的中央人民政府财政收入占国内生产总值的比重一直在下降。这引发了人们对中国资助一项重要的军事现代化计划（优先考虑向这个方向转变）的能力的质疑。中国的军事努力及其运用可用资源资助这项计划的程度或许会再次提高，但中国军队能够在质量上与其邻国的军队——更不用说与美国的军队——相匹敌，还将需要很长时间。①

然而，安全挑战并不是由经济的相对规模决定的，战争的结果也不是仅仅由技术水平决定的。当日本反抗美国制裁（旨在传递华盛顿反对东京在东亚的霸权的信号）而偷袭珍珠港的时候，日本的国内生产总值约为美国的1/10。即便如此，日本却证明了其是美国一个艰难战胜的敌人。美国经济和技术的绝对优势并未使美国取得在朝鲜的战争的胜利，也未能避免其在越南的失败。显然，在战争中，其他因素可以超过经济和技术因素。

对竞争双方之间的激情的平衡就是这些因素之一。当冲突一方认为其国家生存或至关重要的利益（诸如领土完整）等最高利益受到威胁，而另一方对冲突的结果却缺少强制性的战略利益的时候，其愿意做出的不相称的牺牲能够克服其在经济实力或技术上的差距等技术因素。意图以及战略智慧即使在核时代也仍受到重视。

因此，如果要评估中国的挑战，人们就必须首先从考虑中国国家意图以及与其有关的热衷程度开始。我们没有理由怀疑中国在寻求"一个和平的国际环境"以继续其经济重建上的诚意。为达到这一目

---

① 在短期内，鉴于中国的东亚邻国/地区的军事现代化（尤其是中国台湾地区）的步伐，人民解放军和其潜在对手的质量差距实际上是在拉大。亚太地区目前在国防上的支出比全欧洲还要高（不包括苏联原来的各个加盟共和国）。东亚与中东在争夺国际最大的军火出口市场。

标，中国已解决了与俄罗斯的领土争端，并正在与它建立广泛的伙伴关系。它已与日本和西欧国家发展了互利互惠的经济合作和安全对话。中国愿与美国建立同样的稳定关系。它的区域目标与美国是一致的。北京已试图避免朝鲜半岛生乱生战，维持巴基斯坦作为印度称霸南亚的竞争对手，并增进与东南亚国家的友好关系。中国的军事目标仍保持低调并（在它看来）局限于对中国主权和领土完整的捍卫。

人民解放军肩负的使命是：

278

- 捍卫中国目前控制的边界和领土，反对外国进一步企图对其改变或分离；

- 支持中国的外交努力，以避免永久性的分离并最终恢复大国从中国手中夺取的领土，如欧洲对香港和澳门的占领、日本对台湾和钓鱼岛及其附属岛屿的吞并，以及美国于冷战时期在台湾培育一个对抗中共政权的国民党政权的努力；

- 建立中国安全和公认的海上边界，中国长期以来声称的这一边界现在受到挑战，特别是菲律宾、马来西亚、文莱和越南独立后对南海的岛屿和珊瑚礁以及朝韩两国和印度尼西亚对大陆架和其他海底资源的诉求；

- 一旦中国和平努力失败（不像香港和澳门，中国已成功对其恢复行使主权），就以武力收复台湾；

- 保护其他边界以防其遭遇军事挑战（例如，遭到俄罗斯、印度、越南或其他东盟成员国的挑战）；

- 保证中国免受来自其他大国的外部干涉、胁迫和支配；

- 支持中国最终崛起为一个具有"综合实力"的世界强国。

值得注意的是，许多使其他大国（如美国、德国、日本和苏联）崛起进而破坏国际和平与安全的愿望和目标并未出现在这一细化的使命中。中国不主张"天定命运"或半球排斥论。它没有激发领土扩张欲望的生存空间思想。它的复仇主义并未延伸到非中国人居住和声称拥有主权的地区。中国并不寻求把其他的少数民族（非汉族）都控制在边境之内。北京没有一套解释给自己民众的普世的价值观和信仰，更不用说一种试图强加给他人的意识形态。中国似乎相信，可以通过开放的国际贸易体系而不是力量投放来更好地保证获取遥远的资源。① 它没有殖民地和卫星国，也没有建立它们的明显冲动。中国没有把军队驻扎在其边境之外。当北京的力量对其邻国足以产生威慑的时候，它却强烈否认其建立与前西方殖民时期相似的东亚秩序的愿望。

279　　然而，不管中国的目标多么有限，其中一些却直接影响了美国及其盟国，尤其是日本的利益。中国坚持其独特的政治制度的决心违背了美国坚持扩大宪政民主的自由主义价值观范围的欲望。最终，中国的愿望与美国理解的作为全球唯一超级大国不受任何挑战的愿望存在冲突。

　　不过，中美两国之间的主要问题起因于中国在努力消除过去的外国干预对其肢解的野心，具体而言，就是把台湾重新纳入一个中国主权之下。这一要求可以视为现代中国民族主义的精髓所在。尽管北京倾向于坚持台湾与中国其他地区的关系问题的政治解决，② 但毫无疑问的是，如果迫不得已，它就必须对台诉诸武力。北京已明确表示，如果被美国或其他势力（例如日本对台湾分离主义的支持）辅佐或教唆的台湾政治似乎是正在使台湾走向"独立"或破坏台湾最终在一个主权下与中国大陆重新组合的可能性，它将进行军事干预。

　　很不幸，北京认为台北现在的走向就恰恰与此吻合。阻止台湾分离主义及美国对它的可能的军事支持的需要已给中国军事现代化带来

---

①　"力量投射"作为外国军事理论课程的一部分已成为中国军事院校教学的一个重要的知识点。中国寻求在尽可能有利的条件下加入现有的国际组织，而不是推翻或取代这些机构。

②　与用武力夺取果阿邦的印度和用同样手段夺取伊里安查亚省和东帝汶的印尼不同，中国愿意等待通过谈判的方式来解决香港和澳门问题。北京对台开放统一的提议承认，台湾的经济和政治制度在统一后将保持不变，台湾可以保留自己的军队，大陆文职或军事人员在统一后将不进驻台湾。因此，台湾在统一后将拥有比香港和澳门更大的自治权。台北自然会对中国大陆立场的诚意和可靠性产生怀疑，因为这些将象征性地使台湾屈从北京。

了其此前缺乏的紧迫感和发展的重点。北京早已有能力通过战争以外的军事手段来恐吓台湾，正如它从 1995 年 7 月至 1996 年 3 月所展现的那样。人民解放军在 1996 年 3 月后热衷于征服台湾并能够击沉美国航母的能力建设，如果必须这样做，那么它在 10 年左右时间也不会获得可靠的侵入能力。然而，它最终定会获得。

好消息是，中国对台湾的关注转移了可能一直致力于增强力量投放能力的资源并给北京带来了在不重要的边界问题上与其邻国解决冲突的激励（最近中国对中亚、印度和东南亚的外交就反映了这一点）。不过也有坏消息，中国正准备可能需要在引爆它和美国之间武装冲突的某一个问题上使用武力，并且这些准备工作包括构建强大的两栖作战能力。由于北京意识到对台军事行动将需要付出沉重的代价，所以它仍不愿意对台湾诉诸武力，除非被那里的事态发展而引发。然而，台湾人对从中国分裂出去的国际地位的追求实际上确保了这样的挑衅即将到来。

北京和台北的政策现在（就 1997 年来说）似乎截然相反并以对抗而非以包容为前提。 280

北京：

* 努力使一个中国原则成为美国、日本、东南亚国家及其他国家对台政策的基础，并说服外国人不要对海峡两岸中国人之间的争吵进行干预；

* 已对台北静观其变，这表明它保留了由于台北或许进一步努力使自己与中国分离或改变台海现状而惩罚台湾的权利；

* 积极推动海峡两岸经济和文化相互依存以为未来统一之路创造便利条件；

* 试图推迟与台北的政治对话，直到香港和澳门已被同化，李登辉已卸任，并且台北也已同意讨论的基础将是"一个中国，两种制度"；

* 一旦通过两岸对话谈判实现统一的努力最终失败，就要寻求构建可靠的军事能力以"征服"台湾。

台北：

● 企图建立一项"一个中国，两个对等政治实体"的正式原则，并作为一个从中华人民共和国分离的国家以"中华民国"的名义加入联合国。与此同时，台湾的主要反对党为获得对台湾"独立"和以"台湾共和国"的名义加入联合国的支持进行国际游说；

● 在对北京保持警惕的同时，在国际上无论在哪以及无论以何种方式都在努力累积其"独立国家"的属性；

● 现在正式反对与中国大陆的经济与文化相互依存，尽管遭到继续通过海峡两岸的贸易和投资发展这种相互依存的台湾商界的反对；

● 要求作为一个"对等政治实体"与北京进行政治对话以确立其作为一个从中华人民共和国分离的"国家"的地位；

● 正寻求从美国购买更多的先进武器以加强威慑并巩固美国关于台海一旦爆发战争就对其援助的承诺。

281　　在正式缔结统一的谈判条款之前，台北推行"法理台独"和北京坚持一个中国法理现状的决心将确保台湾问题继续不时爆发。

这意味着随着 21 世纪的开始，美国或许面临着日益严峻的抉择：是准备在台湾的国际地位上最终与中国开战，还是推动巧妙处理引发战争和随后中美冲突的危险的两岸关系的政治解决。为与日益强大的中国可能发生的战争做好准备将需要美国大幅增加国防开支。中美台海冲突不一定是地方性的或区域性的，它有可能逐步升级为全面的跨太平洋战争。[1] 然而，即使没有台海武装冲突，中美在台海问题上的情感冲突也有可能破坏华盛顿和北京之间的关系并引发它们之间产生敌对的不合作和竞争，首先在亚太地区，随着中国实力的增长，继而在全球。

---

[1]　在 20 世纪 50 年代，美国曾三次对中国威胁使用核武器。从这样的战略讹诈中获得主动的渴望是中国目前进行适度核威慑力量建设的主要激励因素。中国没有可靠的首轮核攻击能力，由此产生了"不首先使用"核武器的政策。然而，中国已指出，它现在可以通过对美国本土或美国海外基地的反击来报复美国对其领土的核或非核打击。

　　然而，促进台海政治和解以避免这种不愉快的前景发生，对总统的领导能力提出了更高的要求。总统将不得不在历史上使美国人产生分歧的一个问题上达成一种很大程度上的美国国内共识。中国内战及其遗留的台湾问题在历史上一直是国会和行政部门之间特别有争议的问题。促进和平将需要美国不仅仅局限在台海战争所带来的威慑力问题上。它将很有可能要求总统在意识形态上采取一个令人不快的主张，来反对台湾寻求自决，因为这会构成中国在台湾海峡发动战争并实现中国统一大业的理由，即使美国会继续警告中国不要通过使用武力手段实现这一目标。

　　假设美国外交还是能够以某种方式恢复海峡两岸中国人之间和平解决问题的临时协定和可信的前景，那么美国，就像中国的邻国一样，也仍将面临如何处理中国崛起所意味的地区力量平衡的巨大转变的问题。中国和其邻国之间争议的具体事务小到它们争夺的无人居住的岛屿和珊瑚礁的主权。只需要轻微的领土调整就能解决这些争端。不过，这样的调整如何发生对该地区未来的政治格局以及美国在其中的角色都有很大的影响。

　　中国一直试图通过搁置而非压制来打消邻国在确定其海上边界的谈判上的疑虑。然而，韩国人、日本人和东南亚人不无忧虑地审视中国人的搁置战略，也是情有可原的。他们认为，中国或许希望等到直到该地区的力量平衡朝着有利于自己的方向转变（再来解决问题）。中国可能会寻求把解决方案强加给邻国，而不是与它们妥协。对于美国在该地区的持续、积极和自信的军事存在同样面临这种风险。但是，如果没有这样的存在，亚太国家的联合就不可能有最终制衡中国权力的希望。中国的邻国除了安抚它将别无选择。这些现实就体现在地区对"中国霸权"的忧虑当中，并没有因北京对"中国威胁的错误理论"的谴责而减轻。

　　美国的盟国和朋友认为，美国能否在该地区保持军事存在和发挥平衡作用首先取决于美国人民是否愿意承受这个负担。然而，它还取决于中美政治军事关系的性质。如果这些关系是建设性的和友好的，

282

那么亚太国家在与美国军方持续的合作中就将以较少的成本而获得更大的利益。但是，如果台湾问题或其他因素导致中美关系呈现紧张和敌对态势，亚太国家就将把与美国持续的密切军事关联视为冒险卷入与中国的冲突之中。如果有的话，很少有国家愿意承担那种风险。比起其他原因，这更是对中国的军事"遏制"（对抗或孤立）对美国而言并不是一个可行选择的原因。

对美国经济利益的影响

如果中国的军事遏制对美国不是一个现实的选择，那么经济遏制也是如此。① 无论如何，中国都将在地区和全球经济中显然发挥越来越大的作用。问题不在于这是否能被预防，而在于其结果会如何。美国应注意的问题是：第一，如何确保中国的经济增长不会对美国利益产生不利影响或如何减少这种不利影响；第二，如何确保美国人享有开放和非歧视性（"最惠国待遇"）的中国日益增长的市场准入。②

中国经济增长对美国经济利益的挑战如下：

• 美国在过去 50 年的经济领导地位基础上建立的全球贸易和投资体系的完整性和有效运作的维护，美国的繁荣已逐步依赖它的日益开放的市场和对经济冲突的有序管理；

283

• 美国在全球经济体系中无与伦比的领导角色和议价能力，尤其是随着中国经济增长而超越美国的经济规模并最终超越美日的总和；

• 美国经济（以及与其有关的就业）的行业（特别是劳动密集型

---

① 当美国对苏联采取遏制政策的时候，美国的国内生产总值约占全球的 2/3。今天的美国的国内生产总值约占全球的 1/5。美国现在也不再享有 50 年前所拥有的无可争议的技术优势和垄断地位。苏联一直致力于经济的自给自足。相比之下，中国却把重点放在日益开放的贸易经济上。其他国家将不会效仿美国削减与中国的贸易和投资关系。

② 具有讽刺意味的是，鉴于美国更加开放的经济，它做出了对外国企业提供国民待遇的承诺，对政治操纵的相对免除以及为反对不公平贸易行为提供法律保护，美国从中国那里获取最惠国待遇（MFN）比中国从美国那里获取这种待遇有更大的利害攸关性。无歧视性地接受中国市场的问题并非一个新问题。最惠国待遇的概念被创造并首次用于避免在 19 世纪中国贸易中的不公平竞争。

产业）稳定性，而中国在这方面享有比较大的优势（例如，在劳动力
成本和对环境与其他社会支配的生产成本方面）；

- 美国的出口增长——政治紧张将导致美国的制裁或中国反对美
国对占全球整体市场的比例越来越大的中国经济的倾销；

- 美国长期对某些第三国国外市场的主导地位（将受到影响），
如果中国不受约束地采取掠夺性的营销手法；

- 美国经济持续的核心竞争力的知识产权的保护；

- 美国经济对廉价能源的持续性的结构依赖，而随着中国需求增
长国际能源价格将被抬高；

- 美国运用外国资本为其预算和经常账户赤字融资的能力，因中
国对全球资本流动争夺的比例不断提高而被削弱；

- 中国对快速工业化的环境影响的忽视导致对美国和全球生活质
量的威胁。

上述一些挑战是一个重要的新行为体在全球贸易和投资舞台上出
现而导致的不可避免的后果。美国工业和农业结构的巨大费力调整的
发生就是响应国际贸易和金融模式的变化，而不只是因应中国崛起产
生的变化。然而，如果这样的调整能够归因于一个特定外国的发展或
行为模式，它们就会产生特殊的政治影响。随着美国市场的特定部门
来自中国进口的增加，能够感知到中国与美国国内产业的不公平竞争、
失业和高度可视的美国与中国的双边贸易逆差，所有这些都将迫使美
国在与中国的短期贸易和投资问题上持强硬立场。这反过来能创造一
种双边对抗的氛围。消除两国贸易和投资争端影响的唯一方法就是要
保证这种关系的其他元素足以抵消它。

然而，其他来自中国的可能的经济挑战将极大地受到美中关系的 **284**
性质和美国对中国在全球经济中的角色的政策的影响。中国人和美国
人把他们之间视为进行一场零和竞争还是进行互动以促进共同繁荣会
有很大的不同。在这方面，关键在于美国在其帮助创造并继续发挥主
导作用的国际规则的制定机构中是设法包含还是排除中国。

如果作为世界最大经济体的美国不完全是目前的全球贸易和投资

体系的一部分并不准备按其规则行事，那就很难想象它能够有效运作。如果中国不完全是这一体系的一部分并不按其规则行事，一旦中国的经济实力增长到堪比或超越美国的程度，那么它也将无法有效运作。这就是美国人和其他外国人在支持而非抵制与其合作的基础上力争使中国加入世界经济机构和监管机制①的原因。中国的议价能力与其经济一道正在快速增长的事实使它有希望通过谈判而尽早被纳入其中。这样更加如此，因为中国与众不同的经济增长模式正在让中国组织机构和个体创造一种更加广泛的既得利益，这与北京政府将不得不做的、符合全球规范的、痛苦的内部调整相违背。此外，随着自信心的不断增强，中国进行实质性让步以实现被国际接纳的意愿正在削减。

安全与经济互动之间的关系

如果中美之间的安全关系变为持续对抗，很难想象这两个国家之间的经济关系能够顺利发展。中美在安全问题上的争议引发了民族自豪感和造成政治紧张的问题，如果不是不可能，这对双方建立那种促进它们之间的更加自由的贸易和投资的框架将变得越发困难。这种紧张局势对双方的商业交易产生了政治干扰。② 它们降低了两国政治家冒着可能使彼此在经济以及政治问题上做出让步的风险的意愿。

然而相反，某种经济合作关系不能保证非对抗的安全关系和政治

---

① 其中包括世贸组织、七国集团、瓦森纳协定（巴黎统筹委员会的替代者）、导弹及其技术控制制度和核供应集团。

② 美国对中国禁止出口的制裁使中国做出了禁止从美国进口的决定。美国关于从中国进口的制裁使中国做出了关于从美国进口的限制。在这两种情况下，美国的出口遭受了重大打击。中国在美国的制裁下通常（但并非总是）能够通过转向类似产品的非美国的供应商来弥补其失去的进口（尽管有时出现产品不合适或质量差以及成本较高的情况）。这种彼此适得其反的游戏已使很多中国人对依赖进口或与美国公司其他形式的合作保持谨慎，导致他们把美国视为一个不可靠的合作伙伴从而使美国公司处于竞争劣势地位。它还阻碍了美国出口商在中国长期发展其产品市场。

合作。历史上有许多这样的例子，具有较强和日益密切的经济联系的国家之间仍会发生战争。在贸易和投资问题上的双边经济对抗也不一定转化为军事紧张。美国与日本和欧盟成员国等盟国就没有这样的经历。 285

可以肯定的是，某种双边关系可以因经济紧张而损坏，但是，只有在安全领域的紧张局势才有可能摧毁它。更重要的是，美中两国为确定双方都满意的关系而遇到的困难源于任何一方都未能投入太多的精力与另一方建立政治互信。自从 1989 年风波以来，美中之间的互动就一直被大多数美国人视为政治上的不正确。从那时开始的 7 年的时间里，美国设法展现其对中国政治体制的蔑视以及对中国领导人的反感和不信任。① 中国采取了忍受、抗议、猜疑和报复等适得其反的综合手段作为回应。1993 年，政府制定了一项公开与中国全面接触的政策，但未能付诸实施。这并没有成为中美关系中的建设性或富有成效的时刻。

走向"全面接触"？

实际上，美国现在已显然决定把其公开与中国全面接触的政策付诸实践。国务卿克里斯托弗 1997 年 5 月在纽约的一次演讲和 11 月在上海的一次寓意深刻的演讲凸显了美国以两国之间相互尊重的对话取代贬损谩骂的决心。他呼吁举行定期首脑会议并实现其他高层交往的制度化。这些演讲以及国家安全委员会顾问莱克于 7 月对北京的访问

---

① 在此期间，没有美国总统访问北京，也没有中国国家主席访问华盛顿。两国领导人之间的接触只发生在像亚太经合组织（APEC）和联合国大会一样的国际会议上（安排中国国家主席访问华盛顿的努力因美国不愿意对他提供最高的外交礼仪而失败）。两国外长之间没有建立有效的工作关系，进而集中探索两国之间的差异而非共同之处。美国企图阻止北京举办 2000 年奥运会（成功了）。华盛顿在联合国人权委员会上每年都设法实现国际社会对中国的谴责，以及把联合国妇女大会视为上演对中国人权做法现场抗议的一次契机（没有成功）。美国国会企图迫使总统承认西藏作为一个独立于中国的国家（不成功）。不接触就不会使彼此有更多的深入了解，这样，一方会误解以及错估（或没有察觉）另一方正在发生的变化。无知容易产生怀疑，而怀疑容易导致令彼此敌视的忧虑。

（自 1989 年以来这种高层次的官员访问北京还是第一次）开始系统地阐述中美关系的组织原则（这样的框架需要很长时间以替代倒塌的华盛顿—北京—莫斯科战略三角）。美国政府现在将与中国一道努力以使其作为一个负责任的大国充分融入国际体系之中。与此同时，它已经采取了一种更为谨慎的方法来处理台湾问题。现在的问题是政府的新政策是否能在其外交政策团队的变动中保留下来；中国人是否在经历了近 7 年对华盛顿的失望与不满后准备继续与美国合作；中美积极接触是否能在它期望面对的来自两国和台湾的政治力量的不可避免的挫折和攻击后还能继续下去。①

如果是这样，两国之间已改善的政治氛围将还有机会允许美国：

286

• 控制台北和北京以使它们摆脱现在实施的对抗路线并重新制定一项临时协定，这样它们能够恢复一种双方都接受的长期合作关系的探索；

• 达成一项中美都可接受的关于中国加入世贸组织的协议，逐步使中国坚持治理国际贸易和投资的全球规范并开放中国经济以极大地满足美国扩大出口的需求；

• 结束美国制裁和中国采取抑制双边贸易尤其是抑制美国对中国出口的抵制措施的循环；

• 与中国合作以降低朝鲜半岛和印巴之间的紧张局势；

• 促进中国与东盟各国展开积极谈判以解决在中国南海的岛屿和资源纷争；

• 把中国纳入能够为国际敏感技术的转移设定标准的导弹及其技术控制制度（MTCR）和其他国际机构，从而在这些问题上以当前和未来的规范来限制中国；

---

① 未来的爆发点包括：台湾还时时具有再爆发一场冲突的可能性；也许会把重点置于阻止政府有关中国入世谈判的努力之上的国会一年一度关于最惠国待遇的辩论；（即使不存在直播的公关灾难）将很可能产生系列反华言论以及中国媒体对此形成过激反驳的 1997 年 7 月 1 日香港的回归以及由巴拿马政府召集的邀请比尔·克林顿和李登辉参加的 1997 年 9 月巴拿马峰会。

- 帮助中国消除现代化的障碍（如健全的司法体系的缺失）并解决其经济快速发展给自身、邻国和国际社会带来的问题（如对其自己的领土造成的环境损害以及对全球变暖负有不可推卸的责任）。

美国的安全和经济利益及其与亚太盟国的关系将最好建立在一个针对这些目标的协调良好的美国政策之上。

北京、华盛顿与声望转移*

2011 年 5 月

以关于中国在其"近海"的主张和能力为主题的这次会议的组织者邀请我发表自己对这一问题的看法，因为我一直关注这一领域，堪称见证历史的"活化石"。作为一个从过去的外交地层中挖掘出来的已被认证的古董，他们认为我免不了要从历史的视角审视这些问题。尽管我曾一直在思考当今海军的事情，但他们相信，我的思考不会偏离中心并将追忆一些历史事件。我不想让他们失望，因此请耐心听我讲完 40 年前的今天（1971 年 5 月 10 日，周一）所发生的事情。

那时我刚刚结束华语和闽南语培训返回。除了其他方面之外，这在某种程度上被认为是使我有资格成为美国与中国大陆实际上几乎不存在的经济互动的主管官员（在整个 1971 年，双边贸易还不到 500 万美元。而现在我们与中国在一个小时里就有更多的贸易发生）。在 40 年前的那个周一，我没有专注于我的本职工作，而是正忙于其他事情。像国务院亚洲共产主义事务办公室里的其他几个同事一样，我在写文章支持亨利·基辛格对"北平"（因为"政治正确"当时要求我们这样称呼它）的秘密访问。美国花了 20 多年试图动摇和推翻人民共和国，支持其在中国内战中被打败的对手注定失败的事业，并阻挠它参与国际组织。

---

* 2011 年 5 月 10 日在位于罗得岛州新港市的美国海军战争学院中国海事研究所发表的演讲。

这仅仅是我们当时对苏联长达 1/4 世纪之久的遏制大战略中争取中国的一个重要依据。从对抗转向试图合作反映了我们对所处的国际环境和作为一个国家的发展轨迹的现实判断。尼克松总统认识到,我们的利益将最好是先放弃失败的政策和偏见。他试图大胆地抓住以前对我们的国家来说意想不到的战略优势。令许多人惊讶的是,他最终大功告成。

为了与中国达成和解,美国不得不在我们长期对台北的政治军事承诺和我们受到冷战影响的国家利益的需求之间做出抉择。如同现在一样,台湾问题仍制约着我们与北京的关系。它会使中国的民族主义和美国的军事力量最终走向兵戎相见。无论何时,战争都将会给双方带来灾难性的后果。华盛顿和北京的友好关系通过尊崇我们之间关于开战理由(台湾与中国大陆其他地区的关系问题)的决议而得到了修复。这个问题与美国在其中的角色仍悬而未决。无论是中国的民族主义问题还是台湾问题都没有得到解决。

中国一直耐心地坚持了 40 年,但它现在正积极思考如何更好地把美国在海峡两岸关系当中的无益的、残存的军事作用(从北京的角度来看)中排除掉,以便北京与台北的谈判代表能够解决台湾问题。我认为,这就是据说中国准备推出的对美政策的国家关注的主要焦点。美国人不能完全假定中国最近对美国向台湾出售武器或我们的其他军事行动的反对是"老调重弹"。至少我们很快就会再次面对在自我施加的长期政策束缚和我们的长期战略利益需要之间进行抉择的重要性。

当前的根本问题与 40 年前毫无二致,在美国旨在阻挠中国实现国家统一的核心目标的成就的政策和我们与中国减少敌意并增加合作的需要之间仍存在矛盾。但是,我们今天解决这一矛盾的环境是完全不同的。美中之间声望的平衡(如果不是权力的平衡)已经发生转变了。

在国际事务中,声望就是塑造制度、态度、趋势和事件的国家权力的投影。它是由一个国家的政治体制、经济实力和其领导人的远见与智慧及其军事实力而产生的。声望是一个国家维持昔日特权或掌控

288

未来的自由能力的决定性因素。在这方面，目前的趋势对中国而非美国有利。

这不仅仅是因为中国和其他国家正在重新获得其在西方殖民主义摧毁之前享有的区域卓越地位。它也是因为美国现在难以驾驭的政治格局对外国人——对本国公民也一样——不是鼓舞人心的而是令人沮丧的。美国的金融体系和经济模式已遭世界质疑。很少有人希望我们在全球或地区问题中起领导作用，无论它们是何种性质。恰好我们的军事实力已得到充分尊重。但是，正如我们在阿富汗、伊拉克和利比亚已向全世界展示的，仅凭军事力量能完成的使命还是极为有限的。人们普遍认为中国的行动步调能够保持一致。美国却被普遍视为在一系列令人沮丧的问题上陷入了巨大的泥潭，并且在其中任何一个问题上都没有太大作为，更不用说其他新出现的问题了，如果有的话。

我们的财政状况是这种看法的一个核心要素。联邦来自各种渠道的（所得税、企业税、消费税、社会保障和医疗保险税）总收入现在每年达到 2.2 万亿美元。联邦对个人失业、养老金、医疗保健等总转移支付费用已达 2.4 万亿美元。美国政府现在可用预算资金所剩无几，它甚至需要借款 2000 亿美元才能够维持其运作。它为使政府运转而花费的 1.3 万亿美元实际上都是借来的，其中大部分借自外国人。约 7000 亿美元用于国防预算。还有 3000 亿美元或更多用在与军事相关的其他预算上。美国的军费开支总额超过 1 万亿美元。我们的大多数政客仍矢口否认，但他们当中越来越多的人已开始意识到，美国已经无法继续承受这种巨额的军事支出压力。

对我们的债权人而言，美国现在看起来就像是一个巨大的、资不抵债的保险公司，其主要靠信用展期贷款来维持庞大的军事人员运转。华盛顿甚至都无法通过财政预算案，更遑论制定一项可信的计划来偿还我们的债务。越来越多的美国债权人认为，美国不是它们投资的安全港，对其投资就是一种糟糕的选择。这可不是什么好兆头。在这种情况下，正如我们同苏联军队的竞赛一样，同人民解放军展开竞赛以看看谁先把谁拖入谷底也是不明智的。

与苏联不同，中国在经济方面非常成功，并且它被广泛视为产业政策与市场经济成功组合的模式。并不是每个人都喜欢中国，人们认为它具有连贯的战略眼光。中国没有可供操纵的卫星国、没有全球力量投放的历史、没有寻求出口意识形态，也没有主张扩张以超越其传统边界。它没有配置军队来攻击我们的国土，即使它为报复我们（如果我们袭击它的国土）做好了准备。然而，中国已经在其近海开始反对它认为充满敌意的美国海军的行动。为试图否认我们进行此类活动的权利，中国破坏了我们最近已习惯的至少部分带有全球霸权色彩的演习。中国似乎执意要发展我们不能轻易击溃的防御系统。这些对"无所不能"的美国构成了威胁，即使它们未威胁到我们的国土。

中国也正在开始显示在挑战美国独创性的方式上进行军事创新的能力。值得欣慰的是，中国因此激发了美国对昂贵的新研发项目的探索。这正在成为"军事凯恩斯主义"的一个理由。但是，正如这些数据所显示的，即使没有中国作为主要的驱动力，军事开支也已经成了美国经济难以承受的负担。与此形成鲜明对比的是，中国的国防预算对其经济既没有产生也不可能成为一个重大压力。虽然在可预见的将来中国的国内生产总值似乎注定使美国的国内生产总值相形见绌，但随着中国试图对抗并击败来自美国对它的威胁，它不想过早地考虑限制资源这件事情。

美国财政目前是囊中羞涩。然而，我们正在进入与中国的长期军事对抗当中，对于这个条件，中国很容易接受，却给我们的财政带来毁灭性的影响。这种对抗对我们更加不利，因为中国的竞争明显采取成本效益的方式，而我们不是。

网络侦察没有像海军和空军探测其他国家的军事能力和地图上的目标的巡逻那样要付出高昂的代价。弹道导弹和潜射巡航导弹能够以较小的代价击沉像航母一样的主力舰。摧毁或隐藏卫星比发射、维护或保护卫星的成本更低。防御措施对人力和物力资源的要求要比抵挡它们的力量投送的要求低。

这让我们陷入踌躇顾虑之中。令人感到惴惴不安的是，中美之间

290

的竞争已不亚于冷战期间我们与苏联的较量。但与苏联财政岌岌可危、美国具有优势地位不同，这一次中国却拥有我们曾经拥有的经济强劲的优势。苏联政治和经济的弱势使其无法在除了军事以外的其他任何方面与我们相抗衡。在经济窘困的情况下与敌人展开军事竞赛的巨大费用使苏联破产并最终导致其消亡。现在回想起来，莫斯科关于最佳防御就是拥有无比强大攻势的坚定信念使其卷入了最终导致灾难的军备竞赛之中。

基于并行逻辑，我们已把高达世界其他国家开支总和的费用用在了增强军事胁迫的能力上面。我们目前的军队结构和全球军事态势并不是专门用来保卫我们的国土的，而是维持一种压倒其他国家捍卫包括其近海的国土和邻近地区的可信的能力。美国人不担心外国人会把其意志强加于我们。我们的武装力量的存在就是将我们的意志施加给挑战或抵抗它的那些人。在此背景下，中国加强防御体系的建设只是推动我们的军事战略发展的一部分。不过，中国这种防御增强的态势正日益凸显。

正如中国人对美国力量投送工具的非对称反击的强烈倾向所显示的，他们不只是寻求安全，而更是寻求负担得起的安全。或许鉴于我们的财政状况，我们也应该这样做。但很难看出，美国负担得起的安全目标如何能够与保持限制中国不断提高的防御体系的确实可靠的能力相兼容。

你们正在讨论的关于中国近海战略的主题是非常重要的。中国人已经开始明确表示，他们不准备无限期地容忍外国海军在其土海岸线附近的长期挑衅和威胁行动。因此，中国在其近海对美国统治全球提出异议的决心就是其态度的最清晰表达。这个决心并未使中国对美国构成威胁，但它强化了一点，就是中国在亚洲对美国的军事霸权构成威胁并有可能超越它。

在这方面以及其他一些方面，把这些活动降到最低限制似乎是明智的，因为这些活动能够增加而不是减少中国的以下认知，即认为需要准备在未来与美国进行作战。在一定程度上，美国和人民解放军海

291

军在中国近海的对抗日益激起中国极力保护受外国威胁的那些海域的欲望。毕竟，这是无法避免的非对称性在作怪。如果美国选择停止巡逻，它就能够对中国近海停止巡逻，但中国无法想远离就远离它们。

美国海军坚持在专属经济区（EEZs，作为我们国家维护其在世界各地占主导地位的海军力量的利益的一种重要法律支撑）进行各种活动的权利。中国通过从海上多次被侵袭的国耻的经验来审视其海上边界的重要性。在美国人眼里是一种法律原则，但在中国人眼中，是一种势在必行的防御策略。这种认知差异不太可能很快得到解决。我们也不能确保双方在认知差异问题上所发生的冲突就一定会朝着有利于我们的方向解决。

美国不是《联合国海洋法公约》（UNCLOS）的缔约国，因此它没有利用其争端解决机制的资格。国际法的不断发展反映了在军事重心、军事科技和军事均衡发展上的变化。因此，美国海军坚决抵制其全球移动的范围被控制在 3～12 海里的领土界限内。这样，随后关于建立 200 海里专属经济区的提议最初也遭到了美国的反对。很难争辩，美国的看法所享有的国际尊重今天要比三四十年前还要大。

有很多像中国一样的国家认为，保护自己免受可能来自海上的攻击是非常重要的。在后冷战时代，许多国家都对维护有利于全球力量投送或海军全球行动的条件没有兴趣。如果我们一意孤行，《联合国海洋法公约》的大多数成员国最终可能支持的就不是我们而是中国的看法。如果中国人在关岛、珍珠港、圣地亚哥和普吉特海湾附近进行挑衅性的侦察活动，就连我们自己的政客都会反对他们有这样做的权利。在一个拥有众多庞大和能力超强的海军的世界，海军行动的黄金法则的应用问题有可能是始终存在的。

总之，拥有合法权利做某事并不意味着做过激的事就是明智的。为满足其他国家进行军事准备以捍卫自身的利益要求的离岸潜伏显然是有用的。在某些情况下，它可能是必要的。但是，维护这样做的权利的最好办法或许就是克制这样做，不要过于露骨、过于频繁或过于干扰。

中国近海的敌对遭遇是恶化中美军事关系的一个重要因素，但它

292 们对美国支持台湾对与大陆的统一的抵抗的决定没有影响。台湾问题
是唯一有可能点燃中美战争的导火索。对人民解放军而言，美国与台
湾的各种计划表明美国从根本上反对中国以中华人民共和国的名义重
返大国地位。美国继续向台湾军队出售武器、提供培训并派遣军事顾
问，这对中国的自尊心、民族主义和正在崛起的力量及其军事规划者
都发出了强有力的挑战。美国的这些计划似乎是反映了美国精英们的
判断，即共产党在大陆的独裁统治是根本不合法的并应当阻止其甚至
通过和平手段把其统治扩展到中国的其他地区。美国与中国台湾和西
藏地区的互动活动证明美国官员口头承诺的"一个中国"立场是虚假
的。中国的文武精英从这些互动中得到的信息是美国想要"一个中
国"不要成为事实上（说得明确些，现在不是，或许永远都不是）而
只是停留在名义上。中国人认为我们不应当对它说三道四。

中美希望彼此那种长期友好合作的关系与我们在情感上蕴含的对
台湾问题的分歧是不相容的。这些分歧促使彼此敌视和两国那种已经
开始的毁灭性的军事对抗。我们正在达成共识，我们不能再巧妙处理
我们在台湾上的分歧。我们马上就要到了无法灵活解决我们在台湾问
题上的分歧的关键节点了。我们要么成功解决这个问题，要么不得不
承受无法解决这个问题所带来的越来越多的负面后果。

对中国人而言，在台湾问题上，中国在与崛起的声望相称的民族
自豪感和继续顺从美国衰退的力量之间面临着一种日益艰难的抉择。
随着台湾和大陆的一体化在实践中的日益加强，中国把美国的政策视
为在一个单一并受到国际尊重的主权下实现国家最终统一的最后的有
效障碍。尊严和统一已是并仍会是中国革命的核心目标。就目前来看，
中国可能会继续强调要避免与美国发生冲突，但国家荣誉的政治动力
迟早会迫使北京采取不是特别惧怕风险的政策。

对美国人而言，在台湾问题上，美国面临着要么与中国展开可能
长期的军事对抗，要么台湾与大陆事实上的政治分离（尽管存在海峡
两岸快速的经济和社会一体化）的不被接受的抉择。迄今为止，美国

已在阻止海峡两岸军事天平加速向不利于台湾的一面倾斜的这一努力的实践中优先考虑台湾。鉴于美国与中国的战略互动攸关美国的巨大利益，在一些重新审视当前局势的人士看来，美国此举很可能是一种误入歧途的选择。

如果考虑到北京已表示愿意进行谈判，美国的这种优先考虑就更加本末倒置了。这种意愿不能被认为是不可思议的。中国在其领土上包容不同的政治经济秩序的意愿已在香港和澳门得到充分展现。对台湾而言，中国将会让统一后的台湾享有更大的自治权。值得与中国爆发一场战争来阻止这样的结果吗？如果不值得，那我们为什么还表现得好像不惜一战一样？

我们的全球军事态势及应对中国的方式似乎不太可能产生好的后果。或许又到了摆脱长期政策所施加的思想上的束缚和满足长期战略利益的迫切需要的时候了。现在需要你们考虑的事情，就是如何设计美国海军在中国近海的一条发展路径。

第十一章
管理中美关系

　　美国对华政策在不同时期由不同的目标所驱使。1971～1972年的最初开放就彻底反映了其对苏联和当时正与美国作战的越南民主共和国施加战略压力的野心。1979年1月1日，中美关系正常化开启了一个五年的飞跃期，使双边关系得到全方位提升（如果没有正常化这个纽带的话，两国关系在之前30多年的发展也有可能达到这个水平）。1979年12月24日，苏联对阿富汗的入侵挑战着中美两国的战略利益。美国把与中国的双边关系提升到新高度，宣布要与中国进行长达10年之久的公开和积极的军事合作，包括对中国军事现代化和为了支持阿富汗抵抗对中国大规模武器采购的援助。

　　对抗苏联的战略合作时代于1989年宣告结束。同年的政治风波使中美关系一度降到了建交以来的冰点。美国不仅终结了与中国的军事关系，而且也对与中国的其他各种类型的合作施加制裁。1989年11月9日，以柏林墙的倒塌为象征的苏联帝国的崩溃使这一关系失去了主要的战略基础。两国之间在多边场合以外的高层访问和对话实质上也结束了。

　　1992年，美国把罗纳德·里根和邓小平于1982年8月17日达成的对台军售的约束条件放置一旁。那年的美国总统大选的突出特点就是于 11 月 3 日当选总统的民主党候选人比尔·克林顿对中国领导人的攻击。克林顿政府第一任期的对华政策几乎完全是集中在如何努力迫使中国人崇尚西方的人权观上面。尽管美中关系的再正常化的缓慢过程已逐步展开，① 但此关系在克林顿的整个第一任期（1993~1996）基本上呈跌宕起伏之势。美国反对在台湾地区炫耀武力，并因此与中国正面交锋，这提醒美国人在谨慎管理与中国的双边关系的时候，不能仅仅局限在人权领域，这是利害攸关之所在。

从那以后，中美关系的发展就已呈现不均衡态势。两国经济现在高度相互依存，如许多这样的关系一样，其特点是处于频繁的争论之中。在国际问题上的政治合作尽管是有限的，不过，它有时是有效的。但是，美中两国的军事关系发展滞后并带有相互敌视色彩。

中美关系不仅对美中两国而且对世界而言在很大程度上将决定 21 世纪的进程。本书以关于如何管理这些关系进而维护国内安宁、增强安全和促进双方社会的繁荣的一些思考作为结尾。

在本章第一节，即发表在《外交政策》杂志上的题为《回本复原》的文章，对中国政策的回顾就是努力设想那年（1996 年）晚些时候当选的总统或许将重新稳定和重振中美关系的依据。在克林顿总统的第二个任期（1997~2000）期间，美国政府的大部分时间就是期待中国政策的演变。这篇文章关于台湾问题的分析已证明是有先见之明的，但其建议多半没有成为政策。在许多方面，尽管经过十年半的光阴，我对管理美国与中国的关系所提出的问题和所建议的政策框架仍然是适用的。

在第二节，即《中美关系的前景》一文中，我回顾了实现美中合作全部潜力的意识形态和其他障碍，并提出了这种合作的议程。在第

---

① 1993 年 11 月 1~2 日，我作为负责国际安全事务的助理国防部长访问了北京。我此行的目的就是恢复两国军队之间的对话。白宫和国务院把此视为激励中国军方屈服于美国人权议程的一种手段。国防部没有提出提议，而是把对话的重启看作促使双方从互不往来到隔阂、猜疑和敌对的关系中实现重大突破并稳固下来的一种方式。最后，这些目标没有一个圆满实现。

三节，即《21世纪的中国政策》一文中，我设想了一个应对财力和权力崛起的中国的大战略。

在最后一节，即《跨太平洋视域下的印度洋—太平洋地区动态》一文中，我分析了中国的东亚和南亚邻国对其日益增长的影响力的反应，美国对其忧虑的回应，以及该地区建设更加和谐与合作秩序的前景。

在线档案资料

在全球经济萧条之前撰写的《中国：三大挑战和一个惊奇》的那篇文章提出，在我们着魔于双边和军事因素时，美国未能感知到中国的崛起已给其全球的金融和经济霸主地位、科技领导地位和政治霸权地位带来的更根本的挑战。参见网址：http：//bit. ly/interest-ing－times。

此外，在研究古代和现代欧洲语言、泰米尔语、华语（普通话和闽南话）、泰语和阿拉伯语之后的许多年，我很荣幸地受到美国西点军校的邀请为语言学习卓越的学生颁奖。于是，一篇《关于如何学习中文和其他外语》的文章就这样问世了。参见网址：http：//bit. ly/interesting－times。

回本复原[*]

1996 年 4 月

现在没有人会怀疑中国总理李鹏关于"中美关系极不稳定"的判断了。影响华盛顿和北京的关系的不确定性已对亚太地区持续和平与稳定的前景提出了一个很大的问题。在两国商界和学术界中存在着不断上升的忧虑，就是两国政府围绕着一系列广泛问题而导致的正在升级的政治和军事紧张局势可能很快会影响蓬勃发展的经济和文化互动。对北京和华盛顿而言，如今中美关系的讨论应考虑的是相互隔阂和战略敌意的不良后果而不是相互友好和谅解的益处。现在，在中国和美国都有一些人预计，21 世纪将由北京和华盛顿间的竞争所支配。很少有人对中美关系持乐观态度。几乎没有人会预想在未来几十年里美中之间广泛合作的可能性问题。

这与 1971～1989 年的冷战后期连续 5 届美国政府和中国政府努力实现中美关系的积极愿景形成了鲜明对比。这些年来，华盛顿和北京之间的关系稳步改进，尽管还有一些挫折。它们发展彼此之间的关系未离开三个基本原则。

中美友好关系的恢复

第一，用 1972 年《上海公报》上的话说，双方都承认，"两国的

---

* 本文基于 1996 年 4 月在斯坦福大学亚洲/太平洋研究中心发表并在之后被刊登在《外交政策》第 104 期（1996 年秋季）上的一篇题为《中美关系：回本复原》的演讲。经许可转载。

社会制度和外交政策有着本质的区别"。经双方协议，华盛顿和北京避免了意识形态上的争论。相反，它们进行了一次积极的对话以寻求联合、并行、协调或者至少无冲突的政策共同点。双方试图靠采用这种方法创建一个逐步缩小分歧的有利环境。这样做的效果很明显。其结果是中国的改变要比美国大得多。

第二，双方共同努力以把中国融入全球性和地区性组织中。华盛顿从而寻求扩大这些组织的有效性并把中国从对现有世界秩序的一个威胁转变为它的一个稳定因素。这样做的效果也很明显。当中国加入俱乐部时，它接受并遵守它的规定。例如，中国加入世界银行促进了它对市场经济的采纳。它在联合国的会员资格适时地使它加入了《不扩散核武器条约》，使它支持了联合国从伊拉克的侵略中解放科威特的行动并使它参与了联合国在柬埔寨的成功维和努力。

第三，双方寻求促成有益于因中国被分割成中国大陆、香港、澳门和台湾的不同社会而导致的问题的和平解决的条件。这种做法也非常有利于问题的解决。与印度通过武力强占果阿相反，中国是通过谈判解决了香港和澳门的回归问题。同时，台海紧张局势有所缓解，台湾取消了戒严法令并逐渐发展成繁荣民主的地区。台北与北京之间的和平对话与互动取代了它们之间的对抗。

中美之间的隔阂

自 1989 年以来的中美政府都已放弃了这些原则，取而代之的是不同的方法。其结果不言自明。华盛顿和北京不是继续寻找彼此的共同点，而是专注其分歧，尤其是在人权和西藏分裂主义等问题上，对本质上不可调和的意识形态差异更是如此。它们把可能存在的共同利益及政策协调的讨论推迟到似乎永远不会到来的"稍后"。其结果是双方的争吵不休和故作姿态，并不时被感觉受到轻视的每一方的偶尔报复行动或威胁所打断。因此，双方最终互不信任。

同时，无论是中国领导人还是美国领导人都未竭尽全力探寻冷战后合作关系的基础。因此，苏联解体以及随后因华盛顿—北京—莫斯 299

科战略三角的消失而留下的政策真空仍未得到填补。其结果是：中美关系呈现战略偏移态势，美国的政策由国会和特殊利益集团而非政府驱动产生，对中国的政策建立在美国寻求肢解中国、推翻中国政府以及阻挠中国的经济现代化的信念基础上。

在亚洲国家的坚持下，中国加入了包括亚太经合组织（APEC）和东盟地区论坛（ARF）在内的区域性组织。然而，美国不再做任何努力以使中国融入全球机构。像导弹及其技术控制制度（MTCR）、世贸组织（WTO）和瓦森纳协定（巴黎统筹委员会的继任组织）一样的新组织仍排斥中国。努力把中国纳入国际监管机制的终止延缓了使中国的行为符合美国倾向的全球规范的进程。这给中国留下了自己选择它将遵守的规则的时间和余地。甚至更严重的是，它使美中双边关系的问题而非多边关切的问题成为全球和地区关注的问题。美国试图充当世界良心的角色，迫使中国遵守世界规范，相比不让美国被其盟友孤立或不支持而言，前者更经常发生。

台湾新的民主政治也使其向"外交"现状发起挑战，从而扰乱了海峡两岸之前所达成的"权宜之计"。台北在推翻华盛顿和北京之间的长期协定的过程中赢得了美国国会的支持。在国会的压力下，美国行政部门一边不顾北京对其毫无根据地否认改变政策的抗议，一边改变了对台军售和与台北的"内阁"级对话及台湾领导人访问的政策。

与此同时，华盛顿减少了同北京或台北关于如何保持和加强海峡两岸和平关系前景的对话（与北京对话被视为政治不正确，与台北对话被视为外交上的尴尬）。北京对美国政府愿意坚持中美管理台湾问题的协议失去了信心，而台北却养成了利用美国国会终止美国政府运作或操纵政府的习惯。李登辉1995年6月对康奈尔大学的访问（为了获取政治利益而进行的一次私人访问）就是一个再恰当不过的例子。这一事件比其他任何事件都足以让北京相信，华盛顿可能与台北的分裂势力相互勾结以把台湾永久地从中国分离出去。海峡两岸的中国人都把这次访问解读为一个信号：台北可能指望美国国会对其挑衅北京的政策的支持，而不顾美国行政部门的意见。

300

随着中国的崛起并即将达到与美国的财富和权力相当的程度，美国人却缺乏如何管理与中国的关系的远见，这与作为一个极具经济和军事实力的中国缺乏如何管理自身的远见相当。两国都强调有会谈的必要，但两国似乎都不知道应该谈什么。实际上，美国只有在国会授权以示愤怒或威胁制裁之时才与中国进行会谈，中国只有在提出抗议或反击之时才与美国商谈。目前还没有确定一项中美关系积极议程的更广泛的对话。

为什么会谈？

台海紧张局势在经过十余年和平之后的突然重燃最终促使国务卿沃伦·克里斯托弗（在 1996 年 5 月的一次演讲里）提出要与北京进行更频繁和更密集的高层会谈，包括定期举行首脑会议。但 1996 年是美国的大选之年，所以这样的会谈必须要等到 1997 年才能进行。这给了华盛顿思考这个问题的时间。谈什么？美国想从中国那里得到什么？美国打算如何得到它？

答案是美国需要与中国就无法推进的美国利益和离开中美的参与就无法解决的议题与中国进行协商。这些快速增多的利益和问题具体包括六个。

（1）中国是世界上人口最多的国家和发展最快的经济体。大多数经济学家预测，中国将超过美国并将在未来 25～30 年之内的某个时候成为世界最大的经济体。如果把中国排除在外，那么对全球贸易和投资进行规范以确保全球共同繁荣的努力就不会成功。

（2）以欧洲国家入侵过香港和澳门，日本和美国入侵过台湾来说，中国是目前世界上唯一的、其领土的重要组成部分曾经因为其他大国的行动而脱离出去的大国。中国坚决不容许帝国主义对其领土的分离永久化。美国在香港和澳门的成功过渡中有间接但实质性的利害关系。在确保台北和北京之间的关系转变主要通过双方协议而非任何一方的单方面行动的和平实现中，美国甚至有更大的利害关系。

（3）中国缺乏安全和得到认可的边界。它感觉有建立这样的边界

301

的需要，如果可能的话，通过谈判进行；如果必要的话，通过武力得到。中国与邻国之间的领土细微调整主要包括：与朝鲜和韩国的海底界线；与日本就钓鱼岛及其附属岛屿的归属，以及在中国南海的"无人区"里与菲律宾、越南、马来西亚和文莱的领土争端，与印度尼西亚的海底争端，还有与印度悬而未决的边界问题。美国与这些争端的和平解决利害攸关。每个争端的解决只需要相对较小的妥协。然而，总的来说，这样的调整如何安排将决定西太平洋是和平还是紧张以及美中关系是合作还是对抗。

（4）中国的工业和技术能力伴随着其对国际贸易的参与也在迅速发展。如果把中国排除在外，那么规范全球敏感技术或武器装备扩散的努力就没有希望成功。

（5）中国是这个星球上温室气体排放增长最快的国家。它现在的排放量仅次于美国并将很快超过美国。如果美国和中国不完全参与解决全球环境问题，那么无论如何努力也不可能成功解决这些问题。

（6）中国是亚洲最大的国家。其领土正在被国际贩毒集团和有组织犯罪所利用。甚至还存在像两个世纪前的非洲奴隶贸易一样把中国人偷运到美国和其他国家的现象。没有美国和中国之间的有效合作，无论是毒品还是犯罪或非法移民问题都不可能被成功解决。

一项美中对话的积极议程

自1989年以来处理美中关系的做法的失败表明，两国在1971～1989年制定的原则下进行会谈是明智的。为推进美国利益，上述种种因素蕴含了美国与中国积极接触的10个议程。华盛顿和北京的领导人需要讨论的问题包括：

（1）作为世界上两个影响最大的大国和联合国安理会两个常任理事国，美国和中国维护良好稳定的世界秩序的责任是什么？这不是一个抽象问题。中美今年早些时候对联合国干预海地延期的不合时宜的争论暗示了中美之间不和谐的危险。联合国在海湾和柬埔寨的成功行动说明了和谐的中美工作关系的裨益。

（2）作为世界两大经济强国，美国和中国对贸易和投资政策进行管理以最大限度地促进全球、地区和双边繁荣的责任是什么？中美合作如何实现这些目标呢？在这方面，显然不正常的是，七国集团能容纳半市场化经济持续低迷的俄罗斯，却不能容纳市场经济快速发展的中国。同样，如果中国经济仍被排斥在世贸组织之外，那么它所设想的全球贸易体系就别抱有长久有效地发挥作用的希望。美国如何实现世贸组织的政策和做法被中国最快速可行地采纳？鉴于北京法律和行政能力的相对落后状态，中国需要援助以使它能够加速这种采纳并使其充分发挥作用吗？如果是这样，美国和世贸组织的其他主要成员国能向中国最有效地提供这样的援助吗？

（3）美国和中国如何携手合作以缓解中国的快速工业化和城市化对全球环境的影响？

（4）美国和中国如何最好地确保亚洲的战略稳定？具体地说，日本如何能被确保其国家安全不受到中国实力增长的威胁？无论中国还是美国和日本人民本身都不希望日本感到需要被迫重新武装或追求在亚洲的独立军事政策。美国和中国如何能更好地帮助日本避免其有面对这样的选择的感觉？两国如何管理俄罗斯21世纪初作为在该地区的一个巩固而非威胁亚洲战略稳定的活跃的战略行为体的必然重新崛起？美国如何促进中国与其亚洲邻国一长串相对较小的领土争端的和平解决？

（5）作为亚洲两个最大的军事大国，美国和中国能把其在朝鲜、南亚和波斯湾的战争预防和局势缓和的共同利益转变为促进这些目标的并行不悖或协调的政策吗？

（6）如果这两个国家能做到这一点，那么它们如何携手合作以防止大规模杀伤性武器及其运载系统扩散到这些地区（它们距离中国要比美国近得多）？这显然不是一直有效的，双方都坚持中国应使其政策和出口管制做法与美国的政策和出口管制做法，与导弹及其技术控制制度、澳大利亚集团、核供应国集团及新论坛的其他成员国的政策和出口管制做法协调一致。如果中国不是俱乐部的成员，它就理应不受俱乐部规则的束缚。中国需要凭借自身能力被纳入这些组织，成为其中的一员，而不是被排斥在外进而完全忽视或无视组织成员的决定。

（7）美国和中国如何能更有效地携手以抑制国际毒品贸易，打击国际犯罪，遏制非法移民，防止劫持、海盗和恐怖主义？

（8）中国可以建立中央政府机构和国家行政与司法体系以能够做我们想要它做的吗？中国无论在哪方面与美国达成协议，它都必须坚守承诺。但如果中国缺乏确保其已同意的立即、全面和有效的实施的管理技能和能力（像保护知识产权那样），它不仅不会获得好处，反而还会造成很多伤害，而美国人只会责怪中国人缺乏诚意。每一次中国与美国在执行协议受挫的时候，并没有威胁要切断美国对华数十亿美元的销售收入以及使数以万计的美国工人失业，所以华盛顿应准备花几十万美元与中国携手解决双方都同意需要解决的问题。如果美国政府找不到这笔钱做这件事情，那么它是协调私营部门以提供资金资助还是协调其他非政府组织来做这项工作呢？

（9）除了与中国在人权问题上的争论外，中美之间难道就没有合作空间吗？北京越来越认识到法治的重要性。中国想要建立一个现代的法律及司法制度。这样一种制度是至关重要的，它不仅保护每个中国人的权利，而且对市场经济里的贸易和投资决策提供必要的争端解决机制以及可预见的商业环境。就在华盛顿仍然称侵犯人权应引起台北重视的时候，它却帮助台北加强法律制度和法治建设。这种方法在台湾奏效。它在韩国的作用也很大。为什么在中国却放弃它转而支持只是基于公共惩戒和谴责的促进人权的方法呢？

华盛顿需要在中国的人权问题上投入更多的资金。如果中国孤儿院的生活标准维持在中国 19 世纪的水平，并产生了狄更斯的恐惧，美国就应毫不犹豫地唤起中国政府对这些恐惧的重视。但同时，美国人应与中国的全国人民代表大会和中国有关部委合作以帮助它们纠正这些弊端。美国人应与中国的大学和中国的司法机关合作以加强对法官的法治教育并提高司法及行政效率。对韩国人和在台湾的中国人而言，建立法治和尊重人权用了很长的时间。大陆的中国人为此也将用更长的时间。但在美国的帮助下，它会需要较少的时间。

（10）美国如何处理台湾问题并促进美国在北京与台北之间的临时协定与和平解决中的利益？台湾政治可能会有所改变，但其地理位置不会改变。台湾如果没有与海峡对岸中国人的工作关系或没有中国的强大敌人作为坚强后盾，它就无法享有安全。美国希望扮演中国的这样一个敌人的角色吗？

台湾问题重现

当 1979 年美国与台北"断交"转而承认北京并结束了与台湾的防御"条约"的时候，人民解放军和台湾武装部队之间的相互炮弹攻击也停止了。台海紧张局势大为减弱。由于对美国总体上是克制的但实际上数量庞大的防御武器销售感到放心，台湾越来越增加的安全感允许它结束戒严令。直到去年，台北和北京才假定台湾只有两种可能的未来，即要么维持现状，要么达成某种形式的统一协议。在这种情况下，双方达成了确保台海和平安宁的"权宜之计"。台湾对北京不是一个紧迫的问题。与海峡对岸中国人的关系对台北也不是一个紧迫的问题。该岛繁荣发展并成为一个富裕的民主社会。大陆中国人对此并不反对。他们也确实从中受益。

台海对话逐渐取代军事对抗。两岸中国人之间的和平互动极速增加。每年有 150 万台湾人访问大陆。大陆成为台湾最大的出口市场。台湾企业家已在那里投资了大约 250 亿美元。在大陆的任何一个地区，甚至是偏远地区，台商也参与了其现代化进程。台湾的现代化经验正被成功输送到中国大陆。海峡对岸思想的涌入，包括整个大陆的地方选举在效仿台湾民主化最初阶段的程序步骤下的推行，逐渐增加了一个更加良好的公民社会在大陆最终出现的前景。这些发展有益于中国台湾、有益于中国、有益于亚洲，也有益于美国。它们代表了美国外交政策的一项重大成就。

美国政策基于这样的认识：美国利益将更好地从海峡两岸的逐渐相互靠近而非其分离中得到满足。这些政策是推动而不是反对海峡两岸和解。它们赞成创造有利于台北和北京之间的谈判条件并且抵制来自任何一方的单边主义。

台海局势再度紧张是这一政策框架崩溃的结果。它缘起于台湾对现状的不满，因为台湾感觉其作为一个现代化的"民主社会"和一个重要的贸易经济体的现实未得到国际认可。在华盛顿未采取强硬手段制止的情况下，台北改变现状的单方面行动导致了北京也采取单方面行动实施反击。因为台北企图引入"两个中国"或"一中一台"的想法代替维持现状或统一的思想，所以双方从中受益的临时协定（以及美国在西太平洋和平与稳定中的利益）也就随之瓦解了。

美国外交官极力斡旋以促使那个"权宜之计"的恢复。如果它未被恢复，美国就将面临在加入台湾对大陆的军事对抗行列或接受台湾最终被人民解放军征服之间的一个艰难抉择。无论哪一种情况，台湾的繁荣和民主都将是受害最大的。

从北京的角度看，台北在过去三年的"务实外交"似乎有意通过"外交分步走计划"来逐步获取独立国家的属性。此"外交"试图提升台湾作为一个从中国分离的政治实体的国际形象。台北努力在一些国家发展外交关系并设立使馆（这种方法主要在非洲贫穷国家成功实施）。台北也向联合国提供 10 亿美元的援助试图获得联合国大会的一个独立席位。北京认为，这不足为奇，这些举措就是努力使台北成为一个"独立国家"的首都（但北京一直表示绝不会容忍这样的事情发生）。

北京对抗台北

当政治手段未能改变台北的努力方向，北京转向了军事手段。然而，尽管台海充满了叫嚣与愤怒，但中国的出击目标仍然有限。北京并不寻求使台湾做任何特别的事情。它的目的是规劝台湾停止做似乎是挑战海峡两岸的现状或损害其最终统一前景的事情。人民解放军在台海的行动激起了美国针对性的海军部署。美国和日本关于中国对中国台湾和其他领土问题的长期意图的担忧在不断增加。在美国和日本上升的反华情绪与在中国高涨的反美主义相当。

具有讽刺意味的是，中国并不寻求近期与台湾实现统一。中国领导人纷纷表示，只有在香港和澳门的回归已实现后，他们才将与台北探讨解决这个问题。这意味着在 1999 年之后的某个时候，由北京和台北的新一代领导人来解决这个问题。即使北京决定它没有选择不得不攻击和征服台湾，它也将至少需要 10 年时间来完成确保成功的必要的军事建设。

北京也不寻求遏制台湾的民主化，不过，台湾政客却不这样认为。即使在北京的统一建议下，它也不寻求改变台湾的政治和经济制度。对中国而言，问题不是台湾如何选择其领导人和这些领导人如何决策，而是台湾领导人所做出的决定。

和平统一的前景

307

中国的军事压力大大增加了宁愿维持现状而不是做出统一或独立决定的台湾选民的比例。作为回应，李登辉开始强调，一旦再次当选台湾地区领导人，他将寻求与海峡对岸的中国人制定一项新的权宜之计。似乎有一段时间李或许准备避免可能引发北京的进一步行动，搁置"务实外交"而加强对海峡两岸关系的强调。据说李登辉计划利用其就职演说来宣布对海峡两岸之间的直接贸易、运输和电信联络的限制做出重大放宽。中国领导人明确地释放了信号——如果李停止分裂行动，他们就重新部署人民解放军。那么，基于一中原则的两岸会谈或许会恢复。

然而，随着台湾地区领导人选举的临近，人民解放军加强了军事演习，进行导弹发射，威胁中断通过台湾主要港口的贸易。这是对美国长期防止西太平洋冲突政策的一次挑战。美国在该地区部署了两个航母战斗群，目的是强调美国在海峡两岸中国人之间和平解决问题方面的永久利益。然而，中美海军对抗的具有讽刺意味的结果是使对和解至关重要的台北和北京之间的克制和对话的前景遭遇挫败。

美国对抗中国运用次于战争的军事措施的干预减轻了台北需要关注北京的动向或适应它们的压力。这使台湾在"两个中国"或"一中一台"的政策名义下指望谋求美国（或至少是美国国会）支持其从中国分离追求的那些人再次有恃无恐。最终，李登辉的就职演说令人意外地用了较少的时间去谈两岸关系并宣布不会有任何政策改变。李发誓要"继续推进务实外交"，并指出，"海峡两岸关系之所以会产生问题，是因为中国共产党已拒绝承认……中国民国的存在"。他提出到大陆从事"和平之旅"以探讨如何结束双方的敌对状态，并把这个隐约地与统一的历史任务联系起来。因预测北京可能对此会有大的反应，台北股市下跌超过 4%。

甚至在这些事件发生之前，江泽民主席和其他的文职领导人就已认为，在台湾统一的前景仍然是可信的这一点上进行争辩是很难的。中国开始进行军事演习，因为它认为，随着岛内政治形势的发展，只有通过军事威胁才能阻止分裂并最终把台北推到讨论与中国其他地区进行某种形式的统一的轨道上来。北京方面认为，只有军事压力才能抑制台北（对台湾）作为一个国际承认的脱离中国的"国家"的追求，但它也察觉到，任何施加这样的压力的努力都将被美国抵消或瓦解。那么它对和平统一还抱有什么希望吗？现在北京很多专家得出结论：台湾继续作为中国一部分的地位只有在台湾被大陆征服的情况下才能被保证，即使冒着与美国发生冲突的危险。除非这一想法能够被改变，否则，台海持续和平以及美中之间和平的前景也一定会被认为是暗淡的。现在看来李登辉倡议的在大陆进行的会晤现在代表了重新恢复台湾地区和中国大陆其他地区之间的商谈关系的唯一好时机。

即使李展开与北京的直接对话，人民解放军现在看来也有可能增加必要的预算以在 21 世纪头十年的某个时候针对美国可能的干预获得封锁或进攻台湾的能力（中俄关系最近的调整有望使俄罗斯提供给人民解放军的设备和技术的范围不断扩大）。鉴于与台湾的战争将要付出的巨大代价，即使北京在台海扩充军备，它也将继续寻求通过和平方式解决问题。这就是协议问题和其他困境只有采取李来到海峡对岸的办法才有可能被消除的原因。然而，如果台北和北京之间的较量被重新军事化，对台湾的影响就将特别深远。在与中国大陆的非军事竞争中，台湾优越的政治和经济制度赋予其主要优势。台湾不能指望赢得一场与北京无止境的军备竞赛，即使美国在这样的军事竞赛里支持它。

虽然北京专注于发展对台湾的军事能力，但它也将尽力安抚其亚洲邻国，以使它们没有理由担心中国的"霸权主义"和"扩张主义"。中国 1996 年 5 月对《联合国海洋法公约》的批准和它对多个东盟成员国正在做出的姿态似乎预示着中国要认真努力解决中国南海的领土问题。这样的解决办法将增强东盟成员国在自身和台海任何冲突之间保持安全距离的愿望。出于同样的原因，中国或许在与日本有关钓鱼岛和与朝韩有关黄海的海底边界的争端解决方面也变得更加开放。

美国在台湾问题上的政策

最近的事件已使海峡两岸的许多人相信，尽管美国口头上支持一个中国原则，但美国已意识到支持台湾与中国其他地区永久分离的某种优势。如果信誉无法在通过海峡两岸谈判实现统一的进程中得到修复，那么统一的命题最终将可能通过战争来进行检验。恢复海峡两岸中国人之间和平解决问题的前景因此成为摆在美国对华政策面前的最紧迫的任务。

美国的政策不是助推台湾问题重新军事化，而是应找到解决促进军备竞赛和冲突问题的方案。美国人应该力求避免必须回答一旦我们的政策失败，台海重新发生武装冲突我们将做什么的问题。美国今年早些时候的行动向北京明确表示，美国人关心出现在台湾这个令人钦佩的现代化的民主社会所发生的事情。北京现在清楚，美国人或许准备发动战争来抵抗以武力对台湾的征服。台北获得了其需要与北京讨价还价的全部支持。然而，除非美国准备与中国发生长期敌对和可能的战争关系，否则，华盛顿不可能给台湾人留下他们拥有一张能用美国人的鲜血填写的"空白支票"的印象，因为华盛顿无法承受这样的代价。尽管这样做困难重重，但美国现在必须坚持台北和北京在它们之间应开始确定双方都能接受的一种关系。

完成这个目标将需要在 1997 年 1 月 20 日开始执政的美国政府的

努力下促进台北和北京之间的不断加强的对话交流。"与台湾关系法"
为华盛顿和台北实施这样的对话提供了适当的、慎重的渠道。美国与
中国领导人接触不断增加的共识为与北京开展这样的对话提供了政治
机会。美国在这些对话及对其政策的公开表达中，必须对中国的两个
政党强调，它赞成和解，鼓励谈判并寻求推动结束海峡两岸双方之间
的军事紧张和军备竞赛。美国必须明确地表示，它将保持克制，避免
一些行为的发生，因为对这些行为的判断可能会削弱目标的实现。

　　如果政府处在国会的不断攻击下并遭到代表外国政府和利益的游
说集团的阻击，它就不能成功地执行政策。布什政府通过协商与国会
达成协议，这是美国关于中美洲外交政策做出的第一件事情。在实现
了华盛顿的和平之后，国务卿贝克转而积极致力于发展中美洲的和平。
310　下一届政府将需要与中国做同样的事情。

结论

　　美中两国需要认识到，在一定程度上，如果没有它们之间的对话
与合作，对两个国家都非常重要的问题就无法解决。华盛顿和北京在
通过耐心的努力以缩小它们的立场和政策分歧的同时，都从对共同目
的的重新关注中受益颇多。这种方法非常奏效，它们之间的共同利益
越来越多，分歧点越来越少。没有理由怀疑，在双方的充分努力下，
它会发挥更大的作用。

　　然而，如果台海局势被允许陷入长期对抗，那么这样的合作将不
可能存在。美国和中国在避免此类冲突上有着重要的利益。它将破坏
中美关系，使日本冒重整军备反对中国的危险，引起亚洲战略平衡的
灾难性改变，严重损害台湾的民主和挫败中国大陆成功的经济和政治
现代化的前景。重新达成关于台海问题的"临时协定"的失败，可能
会引发中美军事对抗，其所付出的代价将与进行冷战所付出的代价不
相上下，并使中美两国重新陷入危险境地。

中美关系的前景*

2008 年 2 月

就在 36 年前的一个寒冷的灰蒙蒙的星期一早晨，我站在老虹桥机场航站楼的台阶上。我比尼克松总统提前 20 分钟抵达上海。我在台湾学习过中文，但当然这是我与中国大陆的初次邂逅。我被当时布告板上（写有"我们的朋友遍天下"）与在台北机场公然宣称的几乎一致的文字所吸引。随着空军一号停下来，关闭引擎加油并让一个中国领航员登机，随后飞往北京，这时我听到了鸟鸣声。从虹桥机场有鸟却没有飞机，我推断，中国的那些外国朋友不能通过乘坐飞机的方式对中国进行友好访问。

当我们的总统和他的妻子走下飞机被请入客厅喝茶时，我与遇到的第一位中国外交部官员闲聊起来。后来得知我也是他曾经交谈过的第一位美国官员。1972 年 2 月 21 日那一天以尼克松总统与毛主席的会见以及其与在北京的中国共产党中央委员会的很多领导的晚宴而达到高潮。这是许多中国人和美国人相互了解的一天——不只是对于参加部分或全部活动的我和其他人而言，而且是对于其成见被电视图像一扫而光的所有人。

在过去的 36 年，中国已发生天翻地覆的变化并成为世界非常重要的一部分，中美关系的各种复杂因素交织在一起，中国将不会再被国

---

* 这篇演讲是 2008 年 2 月 21 日在中国上海为纪念鲍大可和迈克尔·奥克森伯格的年度讲座上发表的演讲。

339

际社会孤立。如今在虹桥机场或浦东机场再也听不到当年的鸟鸣声。相反，每天有几百架喷气式飞机抵达这里或从这里飞往中国和世界的各个角落。2007 年，中国超过美国成为世界第三大外国游客目的地国。中美两个社会中的各个领域的人员交往从以前的稀少到今天变得更加频繁、普遍、复杂和友好。

然而，中美当代关系的开始不是出于感情，而是出于阴谋的战略考量。美国的意图是改变世界的战略格局，而不是通过对外开放来改变中国。我们之间的关系是基于地缘政治的两个敌对政党之间的"联姻"。尽管彼此在许多方面存有激烈的分歧以及极其负面的形象，但它最终还是变成了现实。

今天，当人们提起《上海公报》的时候，他们还记得它巧妙解决了中国台湾与中国大陆关系问题的分歧并指出和平解决海峡两岸问题的必要性的那种方式。当然，公报的语言设计是双方的一项重大成就。但是，在外交史上，《上海公报》最具创新性的元素不是其关于台湾的创造性的模糊性语言的运用，而是文本空前坦率地记录了美中在很多地区和全球问题上的尖锐分歧。

就我们两国广泛的国家安全和外交政策而言，实质性的段落文字与台湾没有很大的关系，而是我们共同承认，尽管"中美两国的社会制度和外交政策有着本质的区别"，但在维护一个互利的国际安全秩序以及追求符合国际法和国际礼让的共同目的的利益中，我们能够并应当搁置这些分歧。在此，我就不进行更多诠释了。

312　　这种遵循国际行为规则的现实主义和相互尊重建立在开启有能力帮助或伤害彼此的两个伟大国家之间的关系的谨慎明智的决定基础之上。它还推动产生了双方预期的战略结果。这种方法的实质就是求大同存小异，也就是防止相对较小的问题上的分歧妨碍在更重要问题上达成一致的探索。今晚，我想关注共同利益而非不和谐领域的影响。

然而，不承认中美关系充分实现全部潜能的两个长期障碍的持续挑战将是不恰当的。这些寻求更多合作的障碍是众所周知的。它们是：第一，台湾在北京和华盛顿控制以外的决策或重大事件点燃台海冲突并引发我们之间哪一方都不期望的大规模战争的可能性；第二，意识形态偏见对两国国内政治的影响。但对我来说没有必要纠缠于这些问题。两国花了太多的时间对待不大可能的突发事件和有时一方对另一方的意图的故意错误描述。今天，越来越有希望消除这些障碍以形成更好的关系。

让我先谈一下台湾，尽管偶尔有鲁莽的使用政治伎俩的情况出现，但总的趋势毕竟已向两岸一体化趋势发展。陈水扁扭转这一趋势努力的净效应已推动华盛顿和北京采取并行行动以维持两岸分歧和平解决的预期不变。为此，每一方都重申一个中国原则并反对台北抛弃这一原则。台湾越来越多的人开始直面现实，即台湾的未来取决于和中国大陆的友好合作，世界既不欢迎也不支持单方面决定台湾身份的努力。在海峡的这一边，现在也有类似明确的基础假设，即两岸关系的进展最好通过双方的协议来实现，这需要尊重台湾以及大陆的民意。尽管为了威慑目的的有限武力的使用尚未排除，但人们普遍认识到，通过强制或征服实现统一的企图不仅将无果而终而且会适得其反。

因此，《上海公报》基于台湾问题能够或应当被当作海峡两岸双方之间和平解决的前提是再恰当不过了。海峡两岸双方之间概念上的分歧似乎再次被缩小。双方开始重新创造性地思考如何确保台海和平与稳定以使两岸人民能够以智慧和耐心实现双方都同意的真正和解。所有这些因素使台湾问题已经有一段时间不再是华盛顿和北京之间争议的话题。我们或许现在处于一个短暂的高风险时期，但有越来越多保持乐观的理由。

作为我们关系发展的另一个主要障碍的意识形态分歧多年以来一直是此消彼长。在不同时期，反资本主义教条、反共产主义、"四人帮"的激进思想、对民主和人权的热情及一方或另一方的坚定信念已成为（中美关系）向前发展难以克服的障碍。不过，我们的关系一直在向前发展。随着时间的推移和经验的增加，我们似乎正在重新发现36年前尼克松开启的务实精神。两国之间还有很多争议，它们几乎无一例外地与一方或另一方的具体政策有关，而不是不可克服的原则分歧。

当然，我们的关系不是建立在共同的价值观基础之上的。这致使这里和美国的辩论家假定在我们之间展开受意识形态驱使的争论。一些愤怒的意识形态拥护者开始进行攻击。但这些纷争的倡导者是例外，到目前为止，他们进行了完全错误的推测。事实上，最让像我一样的能记住过去非常尖锐的意识形态争论的人惊奇的是，现在在美国和中国关于世界及其问题的看法之间到底有多少相似之处。

意识形态作为改善两国关系障碍地位的一个原因是美国人与中国人之间接触的大幅增加。在太平洋两岸新一代的学者和商人已大量涌现。这多亏了他们的长辈，他们使其在其试图要了解的国家就像在国内一样毫无障碍地生活、学习和工作，频繁穿梭于这些国家并容易接触到它们的官员。对彼此幼稚的先验推理仍在两国存在，但呈下降趋势。这是很重要的，因为两个国家自我们几十年前彼此再次接触以来都发生了巨大变化。特别是中国，发生了空前的改变并将继续发生改变。人不能两次访问同一个中国。因此，甚至知识渊博的美国人都认为他们对中国的了解必须根据中国不断变化的现实来进行检验。

自中美关系正常化以来，其进程也给予了足够的乐观的理由。从几十年的视角来看，尽管出现过一些曲折，但它是一次非凡的成功纪录。

在1979年中美关系正常化后，美国立即对我们的双边关系设定了两大目标。我们希望把美中关系发展到如果我们不处于30年的相互隔绝状态它们就会达到的相互接触和信任的程度。同时，我们想把中国融入我们在那个互不往来时期彻底把它排斥在外的世界秩序之中。巧合的是，这些目标几乎与中国20世纪最伟大的领导人邓小平提出的目标相吻合。邓副总理设法在改变中国的大胆努力中谋取美国的支持。他成功了。他认为，中国能够从世界银行行长罗伯特·佐利克所称的在现有世界秩序里的"负责任的利益攸关方"中获益，而不是反对这个秩序或试图推翻它。结果证明，邓先生的做法非常正确。

在20世纪80年代的最后几年，我们的双边关系已基本成熟。除了军事合作与交流的明显例外，它们能够继续存在并最终从 1989 年的挫折中恢复。那年爆发的风波使中美关系急剧恶化。苏联帝国的崩溃使其失去了战略基础。台湾的民主化使美国开始给予其身份政治的强烈支持。

尽管如此，到 90 年代中期，我们能够恢复实施第二个目标，即承认中国全面参与全球治理的地位。20 世纪以中美关于中国加入世贸组织的协议而结束。自那时起，中国经济对世贸组织全球规范的成功适应已对其经济的显著发展做出了重要贡献。随着 21 世纪的开始，中国加入世贸组织是其融入"世界管理委员会"的一个重要里程碑。此后，中国解决朝鲜半岛和其他地区安全问题的技巧赢得了全球对其外交和领导力的尊重。

随着中国崛起为一支巨大的经济和外交力量，其国际关系实现了多样化，不再像改革开放的初期阶段那样主要依赖美国。对中国而言，美国不再是衡量一切事物的标准，也不是所有问题的中心。这是邓先生改革进程成熟化的自然结果。然而，在某种程度上，它也是对一种新世界秩序逐渐显现的反映。今天，尽管美国有超强的军事垄断能力，但政治、经济、文化和信息等其他元素正日益广泛地被分散。不是美国而是欧盟现在是中国最大的贸易伙伴，而且中国人越来越指望从它（而不是美国）那里获得教育和政治启迪。韩国、日本和其他文化如今在中国的年轻人当中与美国的主导倾向形成了竞争之势。中国正在与非洲、印度、拉美、中东和俄罗斯（与美国无关）构筑强有力的合作模式。不过，在中国与世界联系的多样化过程中，中国人和美国人之间的分歧也会继续扩大并在规模和深度上呈现不断发展之势。

当代中国外交关系的复杂性现在使我们不可能简单地来描述中美关系。它们不能被降到一种简单的关于国家利益或相互影响的层次结构。实际上，它们在具体实践中还充满着复杂困惑。很难看出在什么方面会出现新的矛盾。双方都已习惯于因循苟且，对我们的关系走向没有明确的想法。这种管理双边关系的方法也没有什么特别之处；如果有，那就是维持关系以使我们避免冲突。并非所有的关系都需要一个一致性的战略概念，但这样一个概念的缺乏，确实使我们错过抓住机遇的机会，也确定使我们的互动继续让我们每一方远远达不到彼此受益的潜在可能。也许到了消除困惑的时候了，在仔细考量每一方的困惑的基础上求同存异以制定一项携手前进的议程。

美国新总统于 2009 年的上任将提供一个这样一种相互包容的机会。没有中国和美国的联合或一致的行动，就会有越来越多不能得到解决的问题和不能被抓住的机遇。在这些问题上，没有另一个国家的支持，哪一个国家都没有希望获得成功的国际响应。这样的问题现在涉及国家利益的每一个元素和国家权力的各个方面。每个国家都能从抓住与另一方合作解决这些问题的机遇中受益。如果我们缺乏这样做的意愿，两国就会遭遇无法避免的风险。

当然，最明显的问题是与环境恶化和气候变化相关联的挑战。环境恶化是一个中国极为担忧的问题，而全球变暖是美国人日益关注的问题。这些趋势会对这个星球上的每一个人和未来的生命产生负面影响。这种形势需要中国和美国发挥一定的领导作用。但哪一个国家都不准备起带头作用，并且每个国家都认为，除非他方首先行动，否则寸步难行。这令世界大失所望。尽管在我们的各自谈判条件里隐含着明显的互补性和达成或交易的机会，但双方仍纹丝不动。这是一个两国明智的领导人能够并且必须解决的双边僵局。如果我们两国一起行动，整个世界都会跟随。

作为两个驱动全球经济增长的主要引擎，我们各自经济的繁荣不只是符合美中两国人的利益而且还符合世界其他人的利益。我们就汇率一直进行的争吵就是全球货币困境新兴模式的一部分。虽然美国约占全球经济总量的 1/4，但其债务所占的比例更高。因此，美国货币不再能承受提供世界货币储备 3/5 的负担。如果美国通过恢复进出口平衡成功地阻止其经济效益大幅度下降，它也不会继续出口更多的货币而为其他国家提供美元储备。欧洲可以采取一些措施助其解决危机，但不是在整个萧条期。中国和日本在这个时候，有能力这样做，以助其解困。

对所有国家应在其中享受利益优势并承担相应负担的国际货币新秩序的需要越来越明显了。我相信，中国和美国的改革建议会受到欧洲国家、日本、沙特和其他货币大国的欢迎。一年半前开始于北京的两国部长级官员之间长达半年的战略经济对话提供了我们能够开始讨论此建议的论坛机制。

还有其他的经济问题，如贸易自由化多哈回合谈判的恢复，我们两国对它的领导是必不可少的，而且也可能对双方都是极为有利的。但对中美倡议的需求并不局限于经济领域。

美国和中国在国际社会对主权国家的国内混乱和动荡应采取的干涉手段上具有严重分歧。我们不应只是相互谴责，而应坦诚地讨论这些分歧，并在某种程度上缩小它们。我们在一些问题上有分歧的事实不应妨碍我们在其他问题上形成共同的目标。它也不应妨碍我们协助建立临时多边集团以达到互利的目的。以现存的组织来看，20 世纪遗留下来的联合国和其他的机构无法总是服务这个目的。

摆在我们面前的一些问题和机会具有地区性。例如，朝鲜半岛发生突发事件的可能性不能被排除。它们有可能打破东北亚的稳定，损害美国以及中国、日本和俄罗斯的利益，更不必说朝韩自身的安全与福祉。同样，我相信，我们与其他国家在帮助中亚享有和平与发展而不被卷入该地区的大国竞争之中上已获得了共同利益。我们一再表明，我们十分担忧南亚的核僵局问题。这些问题再加上其他地区问题对中国和美国以及直接牵连在它们之中的那些国家会产生非常大的影响。我们可以抱最好的希望，但必须做最坏的打算。开始构建我们需要在地区层面帮助管理可能的危机的地区安全协商和应急计划安排现在恰逢其时。

当然，我刚刚提到的一些问题还具有全球意义。例如，中国和美国都不想看到核武器的进一步扩散，无论是在中国的周边还是在更远的区域。然而，《不扩散核武器条约》不再提供处理公开宣称和未公开宣称拥有核武器的国家的依据，核武库不再被削减，而且随着越来越多的国家寻求对核燃料循环各个方面的主权控制，扩散的抑制也正

317

在稳步削弱。我们两国一直与他国合作以努力确保朝鲜半岛无核化，但这引出了全球大环境下的问题。如果我们不扩大合作以创建一种新的和更可靠的以及具有普遍适用性的不扩散机制，进一步扩散就是一种必然。

随着 21 世纪临近第二个 10 年，如果我们的领导人能够将这样做的想象力和意志力集合起来，中国和美国就有能力共同帮助世界解决许多紧迫的问题。我们都想维持一个和平的国际环境。但我们需要问自己：在问题出现的时候通过解决它们维持和平，还是我们应该寻求一个可以积极利用和平为我们自己和我们的后代创造更美好的生活的更和谐的世界秩序？通过迎接我们的民族和其他大大小小国家的民族的优势转变的挑战，我希望我们的领导人会回答这个问题。

从一开始，中美关系的前景就已超越了它们能给我们两国带来的双边利益。我们的互动推动了整个世界向前发展。如果能给予我们的互动一个更加广阔的视野，它们就有能力推动世界向更好的方向发展。为了我们的后代，我们一定要携手实现这一目标。

21 世纪的一个中国政策 *

2008 年 4 月

如果今天是 2009 年 1 月 20 日（在座的不少人并不希望它是），它将是美国第 44 任总统正式上任的第一天。我们的新总统将接过一个令人沮丧的外交政策混乱的清单，除非出现意外，否则，呼吁紧急修复与中国的关系的政策或许不会名列其中。在布什当政时期，美国一直与亚太地区的国家保持最好的关系，令许多人感到惊奇的是，中国也在其中。从现在到下一任总统就任前，如果一切正常，布什先生的继任者将能够重温竞选时抨击中国的记忆，但还不想把应对中国的实际战略暂置一旁。

毕竟，新总统将不得不应对经济衰退、通货膨胀、在信贷危机中不断攀升的外债、几近崩溃的公共和私人养老金体系、将到期无法维持的减税政策形成了以内在财政危险为特征的庞大的预算赤字、使美国人心烦意乱的医疗保险制度和处于崩溃边缘的商业系统、削弱而非促进美国经济竞争力的教育体制、对违反移民政策和工业行业就业岗位现在还不到我们的劳动力市场 10% 甚至还在下降的事实深感不安的劳动力、赞美自我放纵和不断加深对进口依赖的能源政策，包括坍塌的桥梁、严重拥堵的交通和吃人的坑洞在内的越来越破旧的基础设施和对华盛顿的政治家有能力处理好上述任何事情的几乎普遍的怀疑。

其次就是应对外交政策的问题。

---

* 2008 年 4 月 25 日在华盛顿国家战争学院校友会上发表的演讲。

除非有根本性的变化，否则在下一任总统就职时，奥萨马·本·拉登仍将逍遥法外并将策划不亚于9·11的恐怖主义袭击事件；我们陆战的大部分能力仍会致力于弥补在伊拉克的战略失败；还没有人提出我们如何结束对阿富汗干预的合理策略；巴基斯坦仍存在即将爆发一场灾难的可能；恐怖分子对我们侵入伊斯兰世界的报复性威胁将继续升级；过时的国际货币储备体系仍将阻碍我们的繁荣；正在失去活力的联盟将使我们的外交政策和海外行动不再拥有国际支持和庇护；以色列仍将在其区域范围内陷入被其他国家鄙视的境地，先围困他人以防遭袭，渐渐失去朋友并使世界各地的人产生反感；伊朗将会走得更远以努力完全掌握作为一个独立的核威慑力量基础的核燃料循环技术；俄罗斯将继续退化到沙皇统治的时代。土耳其几乎实现了与美国的关系疏离。跨大西洋关系存在诸多分歧，西方价值观仍缺乏其战胜竞争理念的长期一致的支持。委内瑞拉和其他拉美国家将致力于以新的和巧妙的方式来削弱美国在南半球事务中的领导地位。非洲人将继续进行与崛起的中国和复兴的印度的合作；东盟更喜欢中国的专注和恭维，而不是美国的斥责和忽视；日本仍然迷途；没有人会付出更多的代价以阻止地球变暖；美国在联合国和其他多边论坛仍将受到孤立、憎恨或忽视，同时只有很少的国家会接受美国的领导地位。

但是，我们更应关注眼下紧迫的问题。我们应如何在所有层面（全球、地区、双边、多边和国内层面）应对中国？鉴于还有其他许多事情要做，新总统可能认为，美中关系的状况对政府工作还未造成太大的麻烦，所以可以推迟开始一项全面应对中国的战略任务。但那可能就大错特错了。中国以及我们与它的关系将决定在21世纪发生以及我们如何管理的大量事件。如果中国在我们自冷战结束以来累积的艰巨的国内外挑战问题上站在我们这一边（或至少不反对我们），那将是非常理想的。更让人安心的是，确信我们不会与中国进入一场新冷战——中国是一个明显缺乏能够使我们围困苏联直至其因自身衰弱而崩溃的意识形态刚性、军事过度扩张和经济失调的国家。我们能够用一个简单的词概括我们应对苏联挑战的战略，即"遏制"。中国和它正在崛起的国际环境已变得异常复杂。我们无法描述这样一种既合作又竞争、既疏远又亲近、既警惕又友好的关系。

在经济方面，中国已经是一个世界强国。它正在开始延伸其外交到其他地区，展示其古代文化的光辉成就并恢复其对科学技术发展的历史性贡献。它是一支重要的地区军事力量，具有日趋强大的捍卫其边界及探索与之相关问题的解决途径的能力。中国是一个在联合国旗帜下对维和行动的贡献越来越大的国家。随着时间的推移，它或许会把其军力涉及的范围扩展至更远，不过，目前还没有明确证据表明这是它的本意。不过，中国注定要承担全球预期给予其一定政治影响力的世界领导角色。

美国还没有达成应该如何应对中国持续增长的力量的共识。美国政府也没有形成这样做的统一策略。国会议员像往常一样代表特殊利益集团，关注单一议题的激进分子忙于寻求支持或通过谴责决议而不去思考他们的行动如何能影响在与中国合作关系下的更广泛的国家利益。一小批议员试图把对中国的敌意等同于爱国主义。这些议员已寻求通过专门委员会及其年度报告和通过立法以禁止与人民解放军接触和对话的方式表达对中国的警觉。这些不同观点的最小公共需求确实很低，因为它们完全是精心编织的与战略相反的一点点的迎合和一大堆的诽谤。

在不和谐的声音当中，行政部门往往被视为由不连贯的部门和机构组成，每个都各自与北京做着它们分内的工作（或没有这样做）。在2005年的一次演讲中，前助理国务卿佐利克进行了积极的尝试以从所有这些官僚的布朗运动、怪异的无纪律行为和意识形态的节点中整合出一项战略。他创造了"负责任的利益攸关方"这个短语来描述我们愿与这样的中国合作，但那种政府部门之间关系的不连贯还没有真正消失。这一词语挥之不去，但不是其背后的思想。最近，美国财政部长保尔森试图在我们与中国互动的经济方面携手采取一种综合性的方法。

自以总统级别努力阐释关于对中国目标的全面声明已经很久了，

但并未形成总体规划。行政部门也未进行任何努力对公众进行我们在与中国和亚太地区的关系中所面临的和不会面临的挑战的教育。也许这反映了这样的事实：中国已成为社会名流和利益集团政治如此广泛讨论的话题以至于我们的领导人担心，说他们想与中国一起做什么或许会妨碍实际上这样做。

无论出于何种原因，缺乏一个统一的概念已留给我们和其他人去思考美国实际上正试图与中国一起还是对中国做什么。必须指出的是，中国人特别不擅长这种分析。例如，大多数中国人似乎相信，公众对西藏最近骚乱和其他少数民族的不安的反应证明了美国及其西方盟友分裂、肢解、削弱和羞辱中国的计划的存在。我希望，布什总统在面对这些事件和不愿意使奥林匹克政治化时的令人钦佩的坚定沉着将有助于说服他们，他们是错误的。但我不会指望它。在中国，反对美国和欧洲政客针对西藏的故作姿态的爱国义愤的程度已是如此激烈以至于对西藏的严加管制将在所难免，而中国公众对与西方持续合作的支持不再被认为是理所当然。

即使在奥运会期间没有更多的骚乱和指责，也仍会有人对中国的战略及其配套政策做出种种猜测。这样做在消除国外适得其反的错误印象和反驳中国本身的阴谋论的同时，有助于在行政各部门和机构中形成一种更好协调和更加自律的方法。

仅仅与中国建立关系是不够的。这些关系应立足于现实并进行预测、指导和管理以推进我们的利益，或至少使其免受损害。下一任总统需要早日找到一种场合重申我们关于中国的目标及其背后的成因。我希望他或她会这样做，不仅从现实而且从国家利己主义的角度来考量美国利益。

在我谈到这样一个目标声明的一些要素之前，鉴于听众对军事的关注，我想提出一些对后冷战时代发人深省的观察和美国对有关中国崛起的强制力的限制。毕竟，用整天幻想事实上不存在的选项来应对中国重返财富和权力地位，是毫无意义的。

即使我们想要这样做（我们应当这样做的原因还不十分明显），

我们也不能压制住中国。在经济全球化的今天，组织孤立中国的任何努力（甚至被像我们一样大的国家所实施）都不可能成功。反对中国崛起也不会使它停止。它只会使对此引以为豪的中国人民增加对我们的敌意。现代保守主义的奠基人埃德蒙·伯克的观察用在这里比较恰当。他说："外交的核心就是优雅地授予你不再拥有抑制的权力。"人们只有拉拢其无法阻止的，才能有希望指导它的发展轨迹，从而塑造对其有利的未来。

一些保证从入侵伊拉克会取得非凡战略成果的美国人继续赞成对中国的遏制。事实上，试图实现这样的政策将使美国与其盟国和朋友的隔离程度比我们的中东政策还要大得多。它将引起德里、河内、伊斯兰堡和东京对我们的意图的不信任几乎与北京一样多。从日本和韩国经东南亚到印度和巴基斯坦，向前再延伸到中亚和俄罗斯，中国周边的每一个国家都很谨慎地与其相处。中国的邻国都未把孤立、削弱或分裂它的努力视为是可行的，并且没有一个国家愿意承受企图这样做的高昂代价。

322

尽管所有国家都渴望美国继续参与亚太的权力平衡，但没有一个国家想要美国充当遏制中国权力的唯一平衡手的角色。也没有一个国家赞成美国与中国对抗或者把亚洲划分成像冷战时期那样的、分别由中美两个国家领导下的泾渭分明的势力范围。所有国家都希望看到出现一个接纳而非排斥中国、印度和其他新兴大国，以及不能永远躲在山姆大叔后面的日本的地区性和全球性平衡。亚太地区内外保持均衡才是安全可靠的。尽管欧盟禁止向中国出售武器，但它这样做是以人权而非以地缘政治为由，并出于对美国的顺从而非出于战略信念的考量。

我们的盟国赞成对中国采取战略包容的方法，这与任何人都已认同的能引发中美之间战争的唯一问题的台湾问题并不矛盾。美国在阻止北京或台北改变现状的单方面行动的作用方面已获得了地区和国际的普遍赞赏。不过，没有美国的盟友已承诺要参与捍卫台湾与中国其他地区的分离。我们在太平洋地区最坚定的盟友，在过去半个世纪的每一场冲突中与我们并肩作战的澳大利亚人和韩国人，已清楚地表明，他们不会参与这样一场战争。尽管日本对中国重返亚洲之巅再三表示担忧，但在确定台湾与中国大陆的关系的战争中，它甚至还未确定是否以及在何种程度上协助在其领土范围内的美国军事基地的军事行动。

那么，在任何人都可以想象的与中国唯一的战争中，我们实际上只能自助。鉴于我们的海军和空军比人民解放军有更强的作战能力，尽管有着朝鲜战争的不愉快经历，但我毫不怀疑，我们在与人民解放军的任何一场战斗中都将会占上风。没有人能告诉我，我们将如何限制冲突或赢得战争。不像朝鲜和我们在印度支那打的代理人战争，一场美中针对台湾的战争将不会在第三国打响。它将发生在中国人认为是他们的领土范围内。我们在中国国土上的攻击将致使人民解放军不择手段地对我们进行反击。在我们把中国军队驱逐出台湾地区后，台湾的大部分将会变成一片烟雾缭绕的废墟。中国及其民族主义将仍然有再进行重建的能力。那时，我们就会成为中国一个永久的敌人。这不是一种有吸引力的场景，对我们或其他任何人而言在其中都很难看到很多值得欣慰的事情。

这就是美国对台政策的目的是明智地确保今后不会有针对它的战争发生的一些原因。这一政策现在似乎正在产生良好的效果，因为台北和北京准备进行关于促进其经济和社会已经非常广泛的一体化并建立一种台海和平与稳定的长期框架的一系列措施的谈判。美国人需要明确，我们反对胁迫和单方面努力改变现状的必然结果，即我们愿意接受并采取行动来支持两岸双方都同意的改变。我们不应当做破坏这种改变的设计方案的任何事情。我们必须确保，台湾不能以弱势的地位出现在谈判桌上，但我们应该鼓励它进行谈判。如果台湾问题和平解决，那么亚洲乃至世界都将更加美好，美国的利益也会得到保障。

台湾问题对美中关系的发展一直产生了持续性的限制，并且是使地区稳定破坏和使我们的盟国和朋友产生惊恐的双边危机的重要源泉。讽刺的是，中美针对台湾的紧张关系的主要受益者一直是俄罗斯和与中国存在领土争端的其他国家。它们一直在北京关注台湾问题解决之际探讨与中国的领土纠纷等问题。一个结果就是沿着中国的边界达成了慷慨的边界划分协议和建立了军事互信机制。另一个就是中国发展成为与印度并行的俄罗斯最大的军火市场。当然，中国台湾也已成为美国军售的一个主要目的地，一个我们垄断的市场，因为没有其他的武器出口国准备向那里出售武器。毋庸置疑，我们的军工复合体在大谈台湾防卫需要的同时，也已从对中国妖魔化的过程中获得了既得利益。

　　令一些人感到沮丧的是，台湾最近是更加有选择地从我们手中购买武器。这反映了台湾已认识到岛内 2300 万人并不希望与 13 亿人及其人口不断增加的社会维持长期的军事平衡。即使中国不受与台湾地区无关的其他因素驱使来重新装备并使其军事现代化，这也将会变成真的。但它的确如此。尽管人民解放军建立了应对台湾紧急情况的防备措施，但它也必须沿着与 14 个国家的陆地边界和为反对包括日本在内的有侵华历史的其他强国建立可靠的防卫。具有讽刺意味的是，任何负责规划中国国防的美国军事规划者所需的国防开支要比人民解放军一直虚饰的国防开支的水平高得多。

　　北京和台北想结束其军事对抗。双方现在试图协商一条规则以允许台湾政治经济与当今在大陆、香港和澳门蓬勃发展的完全不同的制度长期和平共处。制定这样的一条符合一个中国原则的规则是于 5 月 20 日将上任的台北新"政府"的既定目标。这样做将不构成"统一"。安排协商规则的讨论可以推迟，或许是被无限期地推迟。与此同时，双方都致力于探索"正式结束两岸敌对状态"，"建立军事互信机制以避免海峡两岸的军事冲突"（我引用的话）。美国应该表示愿意帮助北京和台北之间或许达成一致并采取相应行动的新现状的安全。

　　如果台北和北京能实现它们现在希望实现的目标，台湾的民主将第一次不受到威胁，而且在该地区我们与其他国家（不只是与中国而是与其他国家）的关系的一大负担将被解除。比如韩国，我们使韩国人卷入与中国针对台湾地区的战争之中的忧虑已成为我们的联盟转变成力量投送的伙伴关系的主要障碍。一种有点类似的担忧已使我们与日本的同盟不会实现其全部潜能。显然，（如果台北和北京实现其目标）与中国建立战略合作关系，利用其能力为我们的目的服务的新的可能性也将出现。

当然，消极的一面在于，中国作为美国的一个公认的"旗鼓相当的敌手"的信誉会大大降低。我们的国防工业将重新陷入另一个"敌人缺失综合征"时期。即，当它们的敌人消失了并且它们不得不寻找新的敌人以证明其国防采办项目的合理性的时候，它们出现了那种急躁不安的感觉。我敢肯定，它们将被证明能够应对这场挑战！无论如何，为了实现西太平洋地区更大程度的安全，为了终结任何与中国爆发武装冲突的可能的前景，片刻迷失方向的军工复合体将会付出一个小小的代价。

考虑到这一前景，让我回到与中国相关的美国的目标这个更广泛的话题。我认为，这些应尽可能确保：

- 美国人从中国作为一个经济大国的崛起中受益而非受损；
325
- 中国在受制于有利于美国和中国利益的规则的国际秩序内成为一个全球治理良好实践的忠实守护者和追随者；
- 在我们解决全球、地区和跨国性问题时，中国向我们靠拢而非反对我们；
- 在台湾海峡两岸双方都能接受的条件下和平解决台湾问题；
- 包括中国与其邻国仅存不多的领土问题在内的争端也要通过和平手段来解决。

这些目标的努力追求要求我们具有一定程度的洞察力和外交创造力，就像60年前我们所拥有的一样，因为那时，我们为了那个如今已经消逝的世界创建了目前的国际机构和惯例。它需要我们认识到，我们为应对法西斯主义和苏联共产主义的威胁而建立的联盟和多边机构需要改革、补充或更换，以便能应对后冷战时代迥然不同的挑战和机遇。这些挑战无法通过联盟来得到满足，也无法通过国家之间的联合来得到满足，因为这些联合不包括那些有能力破坏我们构思的解决方案的国家，也不包括那些对于构思解决方案所不可或缺的国家。创建它们需要我们把愿景和实用主义合二为一，并需要我们不再固执于那种僵化的坚持，即在我们与那些国家合作之前，它们需要拿出证实其认同民主的凭证来。

中国与这方面十分相关。没有中国的合作与默许，就会有越来越多的问题无法得到解决、越来越多的机遇无法抓住。这样的问题现在涉及我们的国家利益的每一个元素和国家权力的方方面面。它们也许听起来很抽象，但它们能够帮助普通的美国人（或打击我们的痛处）。幸运的是，与中国在很多问题上的合作前景是很好的，特别是如果台北和北京能成功地使台湾问题逐渐摆脱中美议程的话。无论这种情况是否发生，我都要提几件事情，希望下任总统能够有效地与中国人合作来服务于我所列出的这些目标。

其中之一就是贸易不平衡和美元与人民币之间的汇率。这些问题都与政治有关联。它们现在也已成为更广泛的全球关注议题。约占全球经济的 1/4 和更高的债务比例使我们的货币不再能承受提供世界储备的 3/5 的负担。美国人需要回到用我们自己的储蓄而不是通过对外借款来为我们的经济发展提供资金的阶段。中国和其他美元高盈余的国家需要知道，它们在美元上面长期搭便车的时代即将结束。它们将不得不承担维持全球经济、国际货币及其依赖的储备体系的健康发展的公平份额。我们急需与中国和其他国家坐下来开始制定一项包括人民币的完全可兑换但还要尽可能多地保留中国、日本和其他国家来之不易的美元储备的价值的新制度。这个目标应该是开始酝酿一项我们能够提交给世界金融大国进行审议的国际货币改革的联合提案。

还要考虑国际善治和法治的问题。美国人从伊拉克吸取的教训之一很可能是，我们应当不要做试图在外国领土上传播民主的事情，而是专注于让它在那里产生效应，指望着我们培养出一个好榜样以激励他人效仿我们。但是，我们在中国法制观念内在化的程度方面拥有重大利益。这不仅因为中国正在成为一个塑造世界秩序力量的日益重要的元素，而且因为没有一个在国内藐视法律的国家能够被信任在国外遵守规则（与其相反，在国外貌视法律的行为助长了在国内投机取巧的违宪行为，正如我们自己的政府最近提醒我们的那样）。我们需要在国内树立好的榜样以增加在国外的信誉。但我们必须做的还不止这些。

我们需要与中国人合作以提高其法院执行力，增强其法制教育，提升其取证标准并使其执法实践现代化。这不是公开谴责和辱骂，我们就是这样帮助韩国和中国台湾地区成为具有高度尊重人权的民主社会的。在 1989 年政治风波 20 年之后，现在到了取消阻止我们与中国政府合作以帮助大陆更大规模的社会达到类似文明行为的标准的制裁（自愿接受的限制）的时候了。

然而，另一个考验我们愿意探索与中国的伙伴关系的挑战是环境恶化和气候变化。没有中国并行或互补性的行动，美国所做的一切将不会对全球环境恶化产生多大效果。利用这一点作为不采取行动的理由是非常容易的事情。下一任总统应当把它视为一个向中国提出加入我们的解决问题的行列的理由。

如果布什政府成功消除作为朝鲜半岛永久和平和与朝鲜关系正常化的障碍的核问题，其继任者在该地区的工作重点就是创建一个有助于危机管理和冲突解决的东北亚安全体系。中国在任何这样的安排中将是一个重要的合作伙伴，正如其在六方会谈中所起的作用一样。中国在亚太大国任何更加广泛的协调合作中也将是一个不可或缺的参与者，这些大国不仅是作为我们的盟国的韩国和日本，而且还包括印度、东盟国家和澳大利亚等。这样的协作可以对我们确保领土和其他争端通过战争以外的手段解决的目标起促进作用。

最后，非常简要地回到军事问题上来，令人震惊的是，与今天也不是没有必要成为我们的敌人的、与我们存在很多共同关切的中国人相比，我们与曾经的敌人苏联有更多的接触，也更加熟悉他们的（决策）推理过程。目前，如果在朝鲜或巴基斯坦发生突然变故或在中亚出现突发事件，在缺乏必要的互信和了解的基础上，我们就不会与中国人一起合作来解决这些问题，尽管我们双方几乎肯定渴望这样做。我们双方在军事对话与交流方面还需要做大量的工作。

美国面临着一系列艰巨的国内外挑战，但我们不指望依靠自己的力量来解决其中的很多问题。我们不能把中国与我们在这些问题上的合作认为是理所当然的，尽管在某些情况下这是必不可少的。然而，同样，我们没有预先假定中国在这些问题上的反对或漠视的依据。美国如何设想我们与中国的关系和我们如何处理这些关系将决定中国在我们关切的问题上是有所帮助还是有所妨碍。我认为，我们最近采取的做法胜过严厉批评和军国主义的做法，在这种情况下，我们会做得更好。

外交不只是关于预防问题或阻止他人制造问题，虽然二者都是其一部分。正如杜鲁门和尼克松政府在过去的一个世纪里所显现的那样，外交同样是关于应对广泛的战略挑战、重新确定世界和地区秩序、创造促进国家利益的机会，以及关于制定包含追求这些机会所需能力的战略架构。在 2009 年，中美关系重新定义、更新和扩大互利的时机可能就成熟了。

构建一个实现这一目标的全面战略和制定执行这一战略的切实可行政策的任务落在了明年 1 月 20 日就职的总统的肩上。但是，正如前国务卿基辛格曾审慎地评论的："如果外交政策诞生于少数人的头脑中并且没有被埋藏在所有人的心中，无论其多么巧妙都不会有任何成功的机会。"下一任总统也必须领导美国人民在我们如何与一个越来越有影响力的强大中国能既竞争又合作上面形成更明智的共识。

美中伙伴关系的发展潜力是很大的，而双方对抗的成本会更大。328 中国领导人已多次讲过，他们希望与美国建立战略合作伙伴关系。为了验证这个目标是否能实现，美国人必须决定我们想要从这种伙伴关系中获得什么以及什么会成为我们对这种关系的不断追求。

跨太平洋视域下的印度洋——太平洋地区动态[*]

2012 年 4 月

　　自从冷战结束以来，印度洋——太平洋地区已成为世界上最具活力的地缘政治区域。权力平衡的转变正在重塑国际认知。它们也正引发对经济、军事和政治发展趋势的担忧，正固化领土争端以及正促使美国在亚洲的经济、政治和军事角色发生转变。这些转变带来的不确定性正在致使亚洲国家寻求以确保对文明、文化和历史认同的再确认。它们正在重新界定与美国的关系。在这些复杂的互动中主要的但远非唯一的推动力量就是中国在财富和权力上的复兴。

　　中国崛起的心理影响越来越被放大，因为它具有可以同时应对眼前的棘手问题，消除未来繁荣的结构性壁垒和增强国家竞争力的卓越能力（这种观点或许因形势而改变，但目前无须去考虑它）。中国在全球和地区的竞争者对其自身显然不能取得像中国一样的成就而耿耿于怀。中国不断向前推进，而欧洲反复出现无序态势，日本政治瘫痪、经济停滞，印度得过且过，很多国家，即使不是大多数，则处在混乱和困境之中。同时，财政窘境、经济疲软和政治瘫痪也在侵蚀着美国的自信心和影响力。

　　在过去的 20 年里，亚洲经济越来越相互关联。几乎每个亚洲国家

---

　　* 2012 年 4 月 16 日，在乔治·华盛顿大学艾略特外事学院"权力、身份和安全：地区合作的美国的角色"会议上发表的演讲。

现在都明显将中国而非美国作为其最大的贸易伙伴，并且中国的份额在继续增长。就日本而言，与中国的贸易现在占其贸易总量的20%多一点，而与美国的仅占12.5%。就印度而言，与中国的贸易占其贸易总量的1/6，而美国的只占1/8。韩国对华贸易等于其与美国和日本两国贸易的总额。印尼对日贸易占14%，对华贸易占12.5%，而对美贸易只占7%。作为时代的标志，美国与包括中国香港和中国台湾在内的大中华地区的总贸易额现在要大于美国与加拿大之间的贸易额。

因此，亚洲的繁荣（世界繁荣的较小范围）与其说是依赖美国还不如说是更多地依赖中国的持续成功，尽管美国市场是亚洲腾飞的最初动力。其结果是出现了一个以中国为中心并比过去更少地依靠北美和欧洲市场的日益一体化的经济区域。美国最近接受了《跨太平洋伙伴关系协定》（TPP）。它已被描绘成一个抵消中国在亚洲影响力的举措。但TPP不会改变，更不用说扭转当前的趋势，即使它在可预见的未来能够实现（由于多方面的原因，这似乎不太可能）。

亚洲国家仍与美国保持密切的关系。例如，中国赴美留学生接近16万人，来自印度的超过10万人，来自韩国的接近7.5万人，来自中国台湾的约有2.5万人，来自日本的也超过了2万人。相比之下，中国目前只有1万名印度留学生。而令人惊奇的是，对于一个只有最近才向外国人开放大学的国家，中国现在拥有更多的日本留学生和跟美国一样多的韩国留学生（目前，赴中国大陆的台湾学生要比赴美的多）。趋势和未来似乎很明显。

说得更直接一些，中国的邻国以及台湾地区等都已与它一起积极地参与到一系列事关共同关心或感兴趣的重要的论坛、对话和协商之中。尽管如此，中国作为一支稳固的军事力量（虽然不知道是不是一支不可抗拒的军事力量）的崛起令它们担忧。那些与中国存在激烈的领土争端的国家（包括印度、日本、韩国、菲律宾和越南）对此就深感不安。

亚洲国家对这些趋势的反应各有不同，但它们都遵循一个共同的模式。包括中国在内的亚洲国家没有一个希望看到为势力范围相互竞争的印度洋—太平洋地区的冷战式分裂。亚洲人不是靠美国的重新接受来反击潜在的中国霸权，而是寻求建立一个基于规则和关系结合的地区秩序。它们希望这不仅能提高国家战略自主性，还能够最大限度地提升经济潜力并降低政治风险。每一个亚洲国家在减少与中国或其他国家针对有争议领土的武装冲突危险的同时，都在极力巩固自己的疆界。

330 美国在亚洲的盟友和昔日对手扩大与美国的交往是它们努力适应变化的一个重要组成部分。然而，在某些方面更重要的是，它们应努力使自己适应中国正在崛起的力量。一般情况下，它们与美国的合作关系的加强，既可能导致其与中国互动关系的加强，也可能带来其与中国互动关系的减弱。与此同时，除了中国以外，所有其他亚洲国家的目标是使地区交往与全球多样化关系保持平衡。没有一个国家想挑衅中国或成为中美战略竞争中的一枚棋子。

随着中国影响力和声望的上升，美国的盟友以及其他亚洲国家反应谨慎。除了印度，很少有国家积极关注与中国军事冲突的前景。但它们都畏惧中国的巨大规模和不断增长的军事实力。

所有国家不仅在争取美国和其他外国支持的额外保证，还一直在试图增强自身的经济和军事实力。同时，它们也一直在培育与中国的友好关系。它们的目标不是排斥中国而是把中国和平地纳入印度洋—太平洋地区的稳定的权力平衡之中。在它们看来，美国的角色是稳定适应中国力量的现实进程，而不是阻碍这一进程。因此，它们与中国关于领土争端的分歧越尖锐，它们试图通过更靠近中国来抵消它们之间的争吵的机会就越多。

几乎所有的亚洲国家都与人民解放军启动了某种形式的安全对话和危机管理机制。这些活动不是以国家集团而是通过双边形式开展的。然而，一些国家除了加强其武装力量之外，也已建立了暗示未来地区内联盟的可能性的新关系。日本和越南在这方面尤为活跃，正如它们最近对印度的示好所显示的那样。

必须应对在印度洋—太平洋地区里的这个不断演变的新秩序的美

国与二战后畏缩在那里的国家简直判若两国。冷战不仅使美国外交政策军事化，而且孕育了一个对政府财政预算永不满足的美国军工复合体。这些发展的政治载体使军国主义成为当代美国国家认同的一个重要元素。我们已在主要的军事及其强制性条款中发现了安全问题。尤其在亚洲，我们可以把军事存在与影响等同起来。

但军事实力仅仅是国家安全或就此而言的影响的一个方面。权力和安全的概念在欧亚大陆及其周边地区没有我们理解的全面和深刻。尽管亚洲存在巨大的多样性，但从印度到日本达成了认同，即国家安全涉及的内容远远超过对本土实施有效的军事防御或以武力把国家意志强加于外国人的能力。使用武力被视为只是转变人们思想观念和改变其行为的众多手段之一，并且在很多方面被视为是最不可取的。

在美国以外的国家，中国也不例外，国家安全广泛地被视为是从国内安宁、社会团结、经济韧性和战略视野及从军事实力中获得的。国家安全政策把其目标定为是对中国人、日本人和韩国人曾宣称的"国粹"（是一个文明、文化、历史及有时具有种族色彩的概念，但不是一个意识形态概念）的保护。与美国相比，在亚洲，国家安全学说并未假定有出口任何价值体系或把任何特定的政治文化强加于人的需要。维护国家独立、尊严和自豪感需要合理的治国之道，只有如此，国家才能结交盟友、打击敌人和转移对确定一个国家的地理、文化特质和社会结构的国内外挑战。它不需要改变他国以适应自己国家的价值体系。安全是以公民及其家庭的福祉，在未来的信心和生活宁静程度，以及以与外国人潜在的武装冲突的预测结果来衡量的。

在此背景下，具有讽刺意味的是，尽管他国目睹了迅速上升的中国实力，但中国的领导人还担心因政策失误、外国侮辱或自然灾害导致国内不稳定的可能性。我们的军队已被培养接受"胜利没有替代品"的思想，而中国的军事传统则把这样的替代品看成是在战场上通过艰苦卓绝的努力而实现预期的政治结果。中国的执政者在大多数情况下是规避风险、保守和有耐性的。但他们都非常清楚，他们的国家正在为重振大国雄风而努力。

相比之下，美国人却越来越对其可能的声望减少和国际影响力降低的未来感到恐惧。这既容易使我们在危难之时展示出自己的实力，也容易使我们冒一定的风险。我们的政治文化使我们强调以军事和强制手段来解决问题或应对挑战。美国在亚洲的盟友和伙伴却把战争及战争威胁视为不得已而为之的最后手段。它们认为，说服比恐吓更可能产生持久的外交成功。它们不相信中国关于"永不称霸"的保证，但它们也不想把其国家安全交托给可能轻易发动战争的美国人。

美国的政策现在已正式承认，印度洋—太平洋地区是世界新的经济重心且其内部的均势格局正在不断演变。尽管我们公开宣称要稳固控制中国的军事"轴心"，但我们更多的是采取军事以外的措施来应对这种演变。为确保对该地区经济政策的持续影响，正如我提到的，我们已加入了智利和新加坡发起的 TPP 的扩展进程。

为了提高我们的政治影响力，奥巴马总统目前承诺要定期参与年度东亚峰会。伊朗石油和天然气出口高达 60% 的消费者集中在印度洋—太平洋地区的经济体内，所以美国通过制裁和军事威胁对伊朗在核问题上开列种种条件的努力就必然要以亚洲为重点。让我们的亚洲贸易伙伴遵守我们的政策是对美国领导能力的一种考验。

这些举措表明了美国对该地区的关注，然而颇为自相矛盾的是，它们还表明了破坏加强美国在亚洲影响力的努力的障碍。那些参与 TPP 扩展进程的国家都特别看好美国参与它们正试图创建的庞大的自由贸易区的前景，但许多国家反对美国坚持把其各种特殊利益议程强加于其他成员国。它们认为，这是美国作为在这个充满变化的时代过度扩张及高估制衡的典型例证（美国要求对全球知识产权规范进行彻底修改，要求应用美国式的金融自由化原则、劳工标准、环境法规，要求放弃投资争端诉讼过程中的主权豁免权，以及应用在当前已陷入困境的美国经济体系中的其他额外要素）。

还有一些国家认为，美国的提议似乎是蓄意把中国排除于 TPP 之外。鉴于中国对地区和全球繁荣的重要性以及中国正快速成为世界上最大经济体的事实，它们虽然理解美国这种惯用的伎俩，但也质疑其内在逻辑性。所有国家都很清楚美国促使其他国家做出让步以作为对美国国会拒绝履行承诺的反击的历史。大多数观察家指出，坦率地说，更适应中国发展的东亚自由贸易区的前景要比 TTP 的前景好得多。

亚洲领导人普遍欢迎美国对他们的重新关注，但其中很多领导人并不看重把美国全球议程的元素引入他们的讨论之中，特别是美国在大中东地区的政策，其中有不少观点是反伊斯兰的或单边主义的。在印度尼西亚、马来西亚和文莱，伊斯兰教在某种程度上是国家认同的一个重要组成部分。没有一个国家喜欢把政策基于强加给它的不分享的利益之上。

美国把美元作为一种主权手段来强迫他国遵守单方面制定的美国政策，这已引起了一种显著的消极对抗反应。除了作为美国货币的地位，美元还是全球贸易结算的主要单位。通过冻结与伊朗有业务往来的银行的资金，包括购买石油和天然气的转账资金，美国在自己丝毫未损的基础上就已能够颠覆我们亚洲盟友和贸易伙伴的能源战略和经济利益。我们已经大大缩小了亚洲人在这个过程中所要获取的能源供应。当然，与此同时，伊朗对以色列或美国对其攻击的回应或许就是关闭波斯湾的能源出口而使油价攀升。这已对包括亚洲在内的全球经济产生了消极影响。

美国设法征服内贾德和阿亚图拉们的一个令人遗憾的副作用已刺激中国、印度和其他亚洲国家开始探索国际贸易结算避免使用美元的解决方法。对"美元专制"的无声反抗有加速美国金融权力在全球衰退的可能。更重要的是，在与印度洋—太平洋地区的关系上，美国已展现的盛气凌人的领导风格和中国采取的更加恭顺的方式形成了鲜明对照。亚洲的权力和影响力正在全球舞台上与日俱增。美国争取亚洲对与亚洲利益不是直接有关的政策的支持的能力还未被最新的经验所增强。

除了这些政治经济的互动外，军事"重返亚洲"（现在被正式称为"亚太再平衡"）已成为美国重新关注亚洲的核心所在。基本在它被确定的同时，美国宣布了一个所谓"空海一体战"的新作战理念以阻止一切敌对国家在亚太地区对美国盟友发动军事侵略行为。没有证据表明这一概念的创作者们考虑到了一个拥有核武器的中国会如何应对这样的攻击。"空海一体战"旨在威慑的场景就是海峡两岸中国内战恢复时的场景。这被普遍地评价为越来越难以置信。所以，美国似乎是正在升级其进攻作战的能力以应对越来越有能力保卫自己的中国的下降的威胁。我们似乎已经行动起来以对抗中国的崛起，但不会改变中国的政策。

毫不奇怪，中国领导人把这视为美国已转向公开敌对的证据。他们似乎反应平淡，因为他们把重点放在了提高用于军事研发而非当前国防开支的长期融资上。美国的"再平衡"并没有减少该地区对中国军力忧虑的那些国家的国防开支。相反，它已使一些国家在增加对中国南海（目前在马尼拉被称为"西菲律宾海"）和东海（它里面的贫瘠岛屿现在被冠以日本名）的小岛、珊瑚礁和岩石的声索上面更加有恃无恐。

美国的"再平衡"原本是为了打消该地区那些国家的疑虑，但它们（以及中国的美国问题专家们）实际上一直对"再平衡"和"空海一体战"持怀疑态度。它们认为，二者定会给财政带来无法承受的巨大压力。美国已宣布了削减国防开支计划。"自动减支"① 或相关措施将进一步迫使削减更多的联邦支出，但即使这样也不会挽救美国的破产。不过，更多地削减军事开支对维持收支平衡还是发挥了至关重要

---

① "自动减支"是指一套自动生效的削减开支的措施，属于2011年8月通过的《预算控制法案》规定的内容。该法规定，如果国会到2011年11月23日没有在1.2万亿美元的赤字削减计划上达成一致，那么全面削减联邦开支将从2012年1月1日起生效。如果未达成任何协议，自动减支机制将被触发。预计总额达到1.2万亿美元的预算削减定于2013年启动，至2021年结束，均匀地分配在9年时间里。国防开支（除了战争以外的开支）和国内自由支配的开支各占这些削减的一半。如果国会未能在实现类似的预算平衡的预算上达成一致，那么2013年的削减总额预计会达到1090亿美元。

的作用。

还有，"再平衡"也预先假定，美国现在应当对中东地区不给予更多的军事关注。这似乎是一个奇怪的命题，因为美国与伊朗的战争有很大的可能性，并且以色列还面临着30多年来由美国促成的保证其安全的戴维营框架的崩溃的可能性。在某些方面，"再平衡"看起来像另一个使人担忧的美国把政府和现役军人等的特殊利益的总和与其国家和全球利益混淆的倾向的实例。

最后，还不明确的是，美国最近的重大举措与其应当支持的那些国家的战略是不是一致的或兼容的。亚太地区没有一个国家同美国一起致力于对中国台湾的防务承诺或考虑中国大陆对台湾地区日益增加的威胁。但这就是引导美国政策走向的重大方案。该地区的任何一个国家都不希望美国威胁中国或刺激它加强周边防御以防止驻扎在其亚洲近邻的美军对它发起的可能攻击。然而，完全有可能的是，美国政策的净效应现在是打算两者兼顾。

亚洲也没有一个国家试图否认中国在地区安全架构中的适当角色，但是，在中国人眼中，美国政策的目的似乎是在限制中国不越过美国新强化的势力范围边界的同时继续维持美国的主导地位。在印度洋—太平洋地区更没有一个国家希望看到该地区被分裂成两个势均力敌的霸权，更不用说被分裂成外国霸权和亚洲霸权。然而，这一结果隐含在当前美中关系的发展轨迹中。

这些问题要比那些关于中国南海、东海甚至台湾的特定问题而引起的纠纷大得多。它们太重要以至于那些深陷于设定它们的安全和其他困境之中的参与者们不能不加以解决。它们的结果将决定美国在亚洲的未来角色。印度洋—太平洋地区现在是全球地缘政治的支点。如何回答这些问题将决定我们生活在什么样的世界里以及它将如何被管理。

因此，美国人和亚洲人需要就在印度洋—太平洋地区如何建立更加和谐与合作的秩序开展认真对话。美国（也得到了其他国家的呼应）长期以来一直要求中国在其政策和行动上尤其是在军事领域应有

335

更大的透明度。同样，中国和其他的亚洲人现在有理由对美国提出这一要求。

不透明有时是透明但隐匿的意图的面具。然而，它更多时候是国家目标混乱、不一致和不连贯的真实面孔。现在到了美国人、中国人和其他亚洲人澄清各自的意图、愿望和战略的时候了，不仅对彼此，还对我们自己。

致　谢

　　我首先要对我的出版商海伦娜·科班表示谢意，因为她鼓励我把中美之间互动的一些文章和观察以及在线存储（at http：//bit. ly/inter-esting – times）的关于对出版进行补充的历史事件的评论档案汇编到一起。我还要感谢格雷编辑部（http：www. greyediting. com）的萨莎·格雷对文本的专业清理，与其合作倍感愉快。萨莎所编辑的就像是我的妻子玛格丽特·范·韦格纳·卡朋特对我现在的所有作品的细心校对一样。她对一些冗长的句子和实质上难以理解的抽象内容进行了删减和修改，不过，我还是成功地让她手下留情因而保留了一些。

图书在版编目（CIP）数据

有趣的时代：美国应如何处理中美关系／（美）傅
立民（Chas W. Freeman, Jr.）著；王柏松，王在亮译
. —北京：社会科学文献出版社，2018.1（2018.3 重印）
书名原文：Interesting Times：China，America，
and the Shifting Balance of Prestige
ISBN 978 - 7 - 5097 - 9805 - 8

Ⅰ.①有…　Ⅱ.①傅…　②王…　③王…　Ⅲ.①中美关
系 - 研究　Ⅳ.①D822.371.2

中国版本图书馆 CIP 数据核字（2016）第 239167 号

有趣的时代：美国应如何处理中美关系

著　　者／［美］傅立民（Chas W. Freeman, Jr.）
译　　者／王柏松　王在亮

出 版 人／谢寿光
项目统筹／祝得彬　高明秀
责任编辑／许玉燕　卢敏华

出　　版／社会科学文献出版社·当代世界出版分社（010）59367004
　　　　　　地址：北京市北三环中路甲 29 号院华龙大厦　邮编：100029
　　　　　　网址：www.ssap.com.cn
发　　行／市场营销中心（010）59367081　59367018
印　　装／北京盛通印刷股份有限公司

规　　格／开　本：787mm × 1092mm　1/16
　　　　　　印　张：23.5　字　数：322 千字
版　　次／2018 年 1 月第 1 版　2018 年 3 月第 2 次印刷
书　　号／ISBN 978 - 7 - 5097 - 9805 - 8
著作权合同
登 记 号／图字 01 - 2014 - 0159 号
定　　价／98.00 元

本书如有印装质量问题，请与读者服务中心（010 - 59367028）联系